T0287694

Wilber, Boff, Laszlo, Ramadan,
Gutiérrez-Rubí, Pigem, Melé,
Merlo, Torrent, Mayor Zaragoza,
y otros

ESPIRITUALIDAD Y POLÍTICA

Edición a cargo de Cristóbal Cervantes

editorial Kairós

© 2011 de la introducción y selección de Cristóbal Cervantes
© 2011 de cada autor para cada uno de los artículos
© 2003, Ken Wilber
© De la traducción al castellano (del capítulo de Ken Wilber),
Salvador Hanguindey
© de la edición en castellano:
2011 by Editorial Kairós, S. A.

Editorial Kairós, S.A.
Numancia 117-121, 08029 Barcelona, España
www.editorialkairos.com

Primera edición: Octubre 2011

ISBN: 978-84-9988-026-6
Depósito legal: B-35.480/2011

Fotocomposición: Grafime. Mallorca 1. 08014 Barcelona
Tipografía: Times, cuerpo 11, interlineado 12,8
Impresión y encuadernación: Romanyà-Valls. Verdaguer, 1. 08786 Capellades

SUMARIO

INTRODUCCIÓN

Durante mucho tiempo se ha querido separar la espiritualidad de la política. Una cosa es la irrenunciable y atinada separación entre la Iglesia y el Estado, pero otra muy distinta es el distanciamiento entre la religiosidad y la *polis*, entre lo espiritual y lo secular. Este libro invita a trascender semejante dualismo. Lo dijo Ken Wilber: «En el ámbito de lo interpersonal, en el reino de cómo tú y yo nos relacionamos con el otro como seres sociales, no hay áreas más importantes que las de la espiritualidad y la política.» Esta frase tan simple como lúcida insufla muchas de las páginas de este libro. Porque nada hay más importante en la vida que la espiritualidad y la política.

Vivimos un momento muy especial de la historia, la humanidad está de parto y todos los partos son dolorosos, es un momento de mucha oscuridad y sufrimiento, pero al final el resultado es un nuevo ser humano que ve la luz y una madre completa de felicidad. Como dice el escritor y filósofo de la ciencia Jordi Pigem, desde la inmensa sabiduría que desprende su capítulo «Un nuevo mundo quiere nacer». Sigue Leonardo Boff: «Desde un punto de vista reflexivo, se presentan dos interpretaciones básicas de la crisis: se trata de los estertores de un moribundo o de los dolores de parto de un nuevo ser».

Hay luz al final del túnel, el mundo está viviendo ahora un momento de mucho sufrimiento y oscuridad, y este libro pretende ser modestamente una fuente de luz y esperanza, una

luz y esperanza renovada por el encuentro entre espiritualidad y política. Ha llegado la hora de integrar la conciencia y
la espiritualidad en la política, y de que los grupos y personas
conscientes se integren en la política, en la gestión de la vida
en común, buscando la armonía, la justicia y la paz.

«Éste es el reto que hoy la humanidad tiene ante sí, el
reto de salir de la barbarie y redescubrir la dimensión espiritual de la existencia, una dimensión que le debe llevar a la
"experiencia" de que todos somos uno. Esa nueva espiritualidad, basada en la libertad y el amor, nos conducirá a una
nueva economía que pasará del yo al nosotros, y que liberándonos del consumismo generará recursos para todos y los
espacios necesarios para que desarrollemos esa creatividad
que nos hace tan humanos, que nos hace tan únicos. Sólo el
miedo nos induce a pensar que eso son utopías, pero el entusiasmo, el coraje y el compromiso hacen que las utopías se
conviertan en realidad.» Estas entusiastas palabras de Joan
Melé, subdirector del primer banco ético de Europa, Triodos
Bank, son la clave.

Señala María Elena Ferrer, de Humanity's Team: «Interpreto la política como un campo natural de responsabilidad
de alguien que, como ciudadana del mundo, tiene sensibilidad ética»; y Raquel Torrent insiste desde la "visión integral": «Resulta necesario y vital desarrollar la conciencia política individual. El desdén, rechazo o indiferencia de
nuestro papel como responsables de los designios de un país
es una de las peores formas de corrupción personal y social».
Necesitamos ya una "espiritualidad socialmente comprometida", como apunta nuestro amigo argentino Pablo de la
Iglesia desde su experiencia personal.

En definitiva: «La política, en cuanto a gobierno y administración de las cuestiones públicas, nos implica a todos»,
desvela Koldo Aldai desde su casa de madera en el paraíso.

Hace casi 2.500 años Sócrates afirmó: «No soy ciudadano ateniense, ni un griego, sino ciudadano del mundo». Esa conciencia planetaria la han desarrollado muy pocas personas en la historia de la humanidad, pero desde los años 60 hasta la actualidad no para de crecer y expandirse.

Mi sabio amigo Francisco Traver habla de "Eso". Suelo definir la espiritualidad de manera sencilla como la experiencia de sentir que formas parte de algo más grande y más profundo que tú mismo, algo que te conecta a todo y a todos, que te hace ver a todos los seres humanos como hermanos y al planeta como la casa común que tenemos que cuidar. Esta definición incluye "el arte de vivir" (espiritualidad) y "el arte de convivir" (política). Todos somos uno, todas y todos somos hermanos, ése es el gran cambio, la conciencia planetaria.

Nos encontramos en un momento de aceleración de la historia. La crisis que vivimos en el primer mundo la llevan sufriendo el 80 % de la población del planeta desde hace más de un siglo. Pero en el mercado global ahora tenemos que competir con ellos dispuestos a hacer nuestro trabajo por mucho menos dinero, es el bumerán de la pobreza en la que occidente ha mantenido a una gran parte de la humanidad.

Por otro lado las nuevas tecnologías han facilitado las transacciones financieras a la velocidad de la luz, un movimiento incontrolado de movimientos de capital que ha favorecido la especulación y las burbujas económicas que ahora padecemos. Además, estos nuevos modos de producción basados en las tecnologías de la información suponen un cambio tan enorme que todavía no se han producido aún los cambios culturales y sociales necesarios para adaptarse a la nuevas tecnologías.

Vivimos una "emergencia global", como asegura el ex candidato al Premio Nobel de la Paz Ervin Laszlo. «Con ello queremos decir que el sistema, como es, ha dejado de ser sostenible y ha entrado en un estado tal de inestabilidad que, para no colapsarse, se ve obligado a cambiar.»

Federico Mayor Zaragoza, que ha sido director general de la Unesco, nos advierte: «Es tiempo de cambios apremiantes. Es tiempo de acción. La mayoría de los diagnósticos y análisis han sido ya realizados y están disponibles: ha llegado el momento de aplicarlos resueltamente, audazmente [...]. Como nunca antes en la historia, el destino común reclama a la humanidad buscar un nuevo comienzo».

Ángeles Román, poeta y filósofa, lo define a la perfección, como todo lo que escribe: «La historia de la humanidad ha sido una sucesión de razones impuestas, hoy el mundo se encuentra en un momento de extrema tensión, producto del desequilibrio interior del ser humano, el conceder al dinero el valor de bien supremo y el ansia de su acumulación hacen girar una rueda marcada de injusticias contra todos los sistemas de la vida».

«Nos queda una revolución por hacer», advierte Leonardo Boff. Una nueva revolución cultural y social ha comenzado para adaptarse a esas nuevas posibilidades. Una revolución ética guiada por tres principios universales:

1. *Vida digna* para todas y todos, garantizar a toda la población las necesidades básicas. Como expone nuestro amigo y teólogo de la liberación Benjamín Forcano: «Una economía humana globalizada debe estar supeditada a las necesidades básicas de la población y no a los intereses de unas minorías que, envueltas en el egoísmo de su opulencia, viven de espaldas a la sociedad».

2. *Democracia real*, participativa, transparente y justa. «Los ciudadanos deben trabajar a largo plazo, más allá de los objetivos electorales que paralizan a los políticos e impiden la elaboración de proyectos valientes e innovadores. Cuando

el elegido se encuentra en un callejón sin salida, cuando carece de los medios para llevar a cabo sus ideas, corresponde al elector, es decir, al ciudadano, reivindicar y apropiarse de los medios que le permitan alcanzar sus ideales», nos propone Tariq Ramadan, conocido como el "portavoz" de los musulmanes en Europa.

Según palabras de nuestro amigo chileno Andrés Schuschny, «Tal vez como nunca en la historia estamos siendo testigos de una tremenda paradoja, la creciente inseguridad que experimentamos frente al futuro es percibida como una consecuencia del desarrollo económico, o sea precisamente del esfuerzo colectivo cuyo sentido no es otro que proporcionarnos dicha seguridad.

»Es necesario confirmar que las pretensiones de legitimidad de los intereses particulares pueden dirimirse en un espacio democrático, compartido y participativo. Esta estrategia sólo puede consolidarse mediante una verdadera transformación cultural que comience en las personas.

»Se trata de que cada uno de nosotros, los sujetos del "desarrollo responsable", reinvente una relación comprometida con la realidad en su propio ámbito».

3. Y por último, guiada por el principio de *sostenibilidad*, una nueva cultura de cuidado y respeto a todo lo que nos rodea, de lo que formamos parte y estamos en permanente interactuación.

Son propuestas locales y globales, asumibles por todo el mundo, no son propuestas ideológicas sino éticas, están más allá de la derecha y la izquierda, son las tres necesidades básicas para que nuestro planeta tenga un futuro mejor y todos los seres humanos puedan desarrollar todo su potencial.

«El axioma "nadie quiere ser infeliz" es aceptado por todos, pero nos parece que es algo individual; cuando hablamos de grupo, de sociedad, de la gestión y mejora de ésta, es decir, de la política, ponemos en valor aspectos contrarios. Debemos valorar la situación de una sociedad con otros ojos, con otros valores que los meramente economicistas. Tenemos que introducir como valor la política, el corazón, en la hoja de cálculo.» Este párrafo de nuestro amigo Miguel Aguado expresa muy bien cuáles deben ser los valores que impregnen lo político.

En este momento histórico hay mucha gente perdida. «Hay una nueva oportunidad. Sea en la interpretación de la sociedad del riesgo (Ulrich Beck) o en la de la sociedad líquida (Zygmunt Bauman), lo cierto es que nos sentimos perdidos, atrapados por el miedo. Y, sin las amarras de los valores morales, vamos a la deriva», es el clamor inquietante de Antoni Gutiérrez-Rubí, y sabe muy bien de lo que habla.

Muchas personas y grupos espirituales, que son las semillas del nuevo mundo que quiere nacer están desconectadas, y debatiendo ahora la necesidad de implicarse en la gestión de la vida en común, que es el significado de la palabra política, vivimos tiempos de cambios profundos, de grandes oportunidades, pero también de grandes retos, hoy más que nunca es necesario que esas semillas del nuevo mundo se encuentren, se unan, para germinar en buena tierra y permitir que emerja el nuevo mundo.

«En las nuevas circunstancias culturales, la política no necesita para nada de la religión como sistema de creencias», tal es la atrevida propuesta de Marià Corbí, director del Centro de Estudios de las Tradiciones de Sabiduría, y continúa: «resulta ser más bien un estorbo para la flexibilidad que requiere la política en esas nuevas formas de vivir colectivas. Por el contrario, necesita de la cualidad humana que le podrían proporcionar las grandes tradiciones religiosas y espirituales para poder crear y ofrecer proyectos de vida colectiva que provoquen la adhesión voluntaria de ciudadanos y grupos».

Vicente Merlo, desde la visión de Aurobindo, mantiene que «es urgente ya integrar la preocupación y la acción, política, metapolítica, transpolítica, en una concepción genuinamente espiritual e integral de la existencia».

Por otro lado, hay intentos de acercamiento desde la política a una nueva visión del ser humano y de la vida, se están dando cuenta de que la necesidad de integración de conciencia y política, de que el esquema en el que se han movido izquierdas y derechas durante los siglos anteriores ya no funcionan en el siglo XXI. Y que además la visión materialista y economicista de la vida, que comparten izquierda y derecha ya no es útil, ahora hay que integrar en la política valores inmateriales; no sólo hablar de sueldos, sino de la felicidad de las personas, por ejemplo.

El maestro Zen Dokushô Villalba, desde su centro entre pinos, señala: «El culto al dinero constituye la religión secular de los tiempos que corren. El culto al dinero se ha convertido en una religión porque la compulsión por el dinero es generada por nuestra necesidad religiosa de redimirnos de nuestro sentimiento de separatividad.

»La mera transformación de las estructuras económicas y políticas externas, sin la imprescindible transformación de los individuos, sólo conduce a cambios de decorados. Las revoluciones sociales que han priorizado la transformación de los marcos políticos y económicos exclusivamente han terminado en fracaso».

Como propone la cita de Gandhi que aparece en la cubierta del libro: «Sé tú el cambio que quieres ver en el mundo».

Antes de terminar, me gustaría decir que hace apenas unos meses este libro era sólo un sueño en mi cabeza y ahora lo estás leyendo, una prueba de que los sueños se pueden convertir en realidad con un poco de entusiasmo y esfuerzo. Y si tienes la ayuda de tu familia y amigos, todo será más fácil, les doy las gracias públicamente porque sin ellos esta obra no habría sido posible.

Tengo la suerte de ser amigo de la mayoría de las personas que escriben en estas páginas, pero cuando hice la lista de los veinte autores que me gustaría que participarán en este proyecto, no podía imaginar que los veinte iban a aceptar desinteresadamente; ha sido un pequeño milagro, yo sólo he sido el "pegamento" que los ha unido, gracias a todos los autores y autoras que han hecho posible este proyecto.

Confieso que para mí ha sido una experiencia personal maravillosa y he aprendido mucho coordinando este libro, estoy convencido de que también puede ser muy enriquecedor para ti y para muchas personas leerlo; estás invitado a "entrar".

No puedo terminar sin dar gracias a Dios por todo.

CRISTÓBAL CERVANTES

1. UNA REVOLUCIÓN
TODAVÍA POR HACER

LEONARDO BOFF

Nació en Concordia, estado brasilero de Santa Catarina, el 14 de diciembre de 1938. En 1970 se graduó como doctor en Teología y Filosofía en la Universidad de Múnich, Alemania. Durante años trabajó como profesor en varias universidades brasileras y fue profesor invitado de las universidades de Lisboa (Portugal), Salamanca (España), Basilea (Suiza) y Heidelberg (Alemania). Es autor de más de sesenta libros y fue uno de los "padres" fundadores de la teología de la liberación, lo que le valió una primera sanción de las autoridades católicas romanas en 1985. Ante una nueva amenaza de sanción por parte del Vaticano, Leonardo Boff renunció a sus actividades sacerdotales en 1992 y se autoproclamó al estado laico. En la actualidad, continúa sus aportes teológicos, con un particular acento en la temática ecológica. Es asesor del Movimiento de los Trabajadores Rurales sin Tierra (MST) y de las Comunidades Eclesiales de Base (CEB) de Brasil (http://www.leonardoboff.com).

¿CUÁL SERÁ EL PRÓXIMO PASO?

La situación actual de la Tierra y de la humanidad nos hace pensar. La aldea global se ha consolidado. Ocupamos prácticamente todo el espacio terrestre y explotamos el capital natural hasta los confines de la materia y de la vida, a través de la razón instrumental-analítica.

La pregunta que se plantea ahora es: ¿cuál será el próximo paso?, ¿más de lo mismo? Pero eso es muy arriesgado porque el paradigma actual está asentado sobre el poder como dominación de la naturaleza y de los seres humanos. No debemos olvidar que el ser humano ha creado la máquina de muerte que puede destruirnos a todos y destruir la vida de Gaia. Ese camino parece haberse agotado. Del capital material tenemos que pasar al capital espiritual. El capital material tiene límites y se agota. El espiritual es ilimitado, inagotable. No hay límites para el amor, la compasión, el cuidado, la creatividad; realidades intangibles que configuran el capital espiritual.

Éste ha sido bastante poco explorado por nosotros, pero puede representar la gran alternativa. La centralidad del capital espiritual reside en la vida, la alegría, en la relación inclusiva, en el amor incondicional y en la capacidad de trascendencia. No significa que tengamos que prescindir de la tecnociencia. Sin ella no atenderíamos las necesidades humanas, pero ella ya no destruiría la vida. Si en el capital material la razón instrumental era su motor, en el capital espiritual es la razón cordial y sensible la que organizará la vida social y la producción. En la razón cordial están radicados los valores; de ella se alimenta la vida espiritual, pues produce las obras del espíritu que mencionamos antes: el amor, la solidaridad y la trascendencia.

Si en el tiempo de los dinosaurios hubiera habido un observador hipotético que se hubiera preguntado por el próximo paso de la evolución, probablemente habría dicho: la aparición de especies de dinosaurios todavía mayores y más voraces. Pero se habría engañado. Nunca habría podido imaginar que de un pequeño mamífero que vivía en la copa de los árboles más altos, alimentándose de flores y de brotes y temblando de miedo de ser devorado por los dinosaurios irrumpiría, millones de años más tarde, algo absolutamente impensado: un ser de conciencia y de inteligencia −el ser humano−, con una cualidad de vida totalmente distinta a la de los dinosaurios. Fue un paso diferente.

Creemos que ahora, de otro paso, podrá surgir un ser humano marcado por el inagotable capital espiritual inagotable. Ahora será el mundo del ser más que el mundo del tener.

El próximo paso, entonces, sería exactamente éste: descubrir este capital espiritual inagotable y empezar a organizar la vida, la producción, la sociedad y la cotidianidad a partir de él. Entonces la economía estará al servicio de la vida y la vida se empapará de los valores de la alegría y la autorrealización, una verdadera alternativa al paradigma vigente.

Pero este paso no es mecánico. Es voluntario, es decir, es algo que se ofrece a nuestra libertad. Podemos acogerlo o podemos rechazarlo. No se identifica con ninguna religión. Es algo anterior, que emerge de las virtualidades de la evolución consciente. Quien lo acoge vivirá otro sentido de vida, vivenciará también un nuevo futuro. Los otros seguirán sufriendo los impases del actual modo de ser y se preguntarán angustiados por su futuro y hasta por la eventual desaparición de la especie humana.

Estimo que la actual crisis mundial nos abre la posibilidad de un paso nuevo rumbo a este modo de ser más alto. Se dice que Jesús, Francisco de Asís, Gandhi y tantos otros maestros del pasado y del presente habrían dado ya anticipadamente este paso.

Crisis de humanidad

¿Por qué la crisis actual es una crisis de humanidad? Porque subyace en ella un concepto empobrecido de ser humano que sólo considera una parte de él, su parte de ego. El ser humano está habitado por dos fuerzas cósmicas: una de autoafirmación, sin la cual desaparece. En ella predomina el ego y la competición. La segunda es de integración en un todo mayor, sin el cual también desaparece. En ella prevalece el nosotros y la cooperación. La vida sólo se desarrolla saludablemente en la medida en que se equilibra el ego con el nosotros, la competición con la cooperación. Dando rienda suelta a la competición del ego, anulando la cooperación, nacen las distorsiones que presenciamos y que han llevado a la crisis actual. Por el contrario, dando espacio sólo al nosotros sin el ego se generó el socialismo despersonalizante, y la ruina que provocó. Errores de esta gravedad, en las condiciones actuales de interdependencia de todos con todos, nos pueden liquidar. Como nunca antes tenemos que orientarnos por un concepto adecuado e integrador del ser humano; por un lado, individual-personal, con derechos, y por otro, social-comunitario, con límites y deberes. De no ser así, nos empantanaremos siempre en crisis, que serán menos económico-financieras y más de humanidad.

La cosmología
de la dominación en crisis

Hay un inmenso sufrimiento en todos los estratos sociales, sean ricos o pobres, producido por la actual crisis económico-financiera. Más que el asombro, es el sufrimiento el que nos hace pensar. Es el momento de ir más allá del aspecto económico-financiero de la crisis y descender hasta los fundamentos que la provocaron. De no hacerlo así, las causas de la crisis seguirán produciendo crisis cada vez más dramáticas, hasta que se conviertan en tragedias de dimensiones planetarias.

Lo que subyace bajo la actual crisis es la ruptura de la cosmología clásica que perduró durante siglos, pero que ya no explica las transformaciones ocurridas en la humanidad y en el planeta Tierra. Esa cosmología surgió hace por lo menos cinco mil años, cuando empezaron a construirse los grandes imperios, ganó fuerza con el iluminismo y culminó con el proyecto contemporáneo de la tecnociencia. Partía de una visión mecanicista y antropocéntrica del universo. Las cosas están ahí las unas al lado de las otras, sin conexión entre sí, regidas por leyes mecánicas. No poseen valor intrínseco, sólo valen en la medida en que se ordenan al uso humano. El ser humano se sitúa fuera y encima de la naturaleza, como su dueño y señor que puede disponer de ella a su gusto. Esa cosmología partía de un falso presupuesto: que el hombre podía producir y consumir de forma ilimitada dentro de un planeta limitado, que esta abstracción ficticia llamada dinero representaba el valor mayor y que la competición y la búsqueda del interés individual producirían el bienestar general. Es la cosmología de la dominación.

Esta cosmología llevó la crisis al ámbito de la ecología, de la política, de la ética y ahora de la economía. Las ecofeministas nos hicieron notar la estrecha conexión existente entre antropocentrismo y patriarcalismo, el cual ejerce violencia sobre las mujeres y la naturaleza desde el Neolítico.

Felizmente, a partir de mediados del siglo pasado, proveniente de varias ciencias de la Tierra, especialmente de la teoría de la evolución ampliada, se está imponiendo una nueva cosmología, más prometedora y con virtualidades capaces de contribuir a superar la crisis de forma creativa. En vez de un cosmos fragmentado, compuesto de una suma de seres inertes y desconectados, la nueva cosmología ve el universo como el conjunto de sujetos relacionales, todos inter-retro-conectados. Espacio, tiempo, energía, información y materia son dimensiones de un único gran Todo. Incluso los átomos, más que partículas, son entendidos como ondas y cuerdas en permanente vibración. Antes que una máquina, el cosmos, incluyendo la Tierra, se muestra como un organismo vivo que se autorregula, se adapta, evoluciona y eventualmente, en situación de crisis, da saltos buscando un nuevo equilibrio.

La Tierra, según renombrados cosmólogos y biólogos, es un planeta vivo –Gaia– que articula lo físico, lo químico, lo biológico de tal forma que el resultado es siempre favorable a la vida. Todos sus elementos están dosificados de una forma muy sutil, como sólo un organismo vivo puede hacerlo. Solamente a partir de los últimos decenios, y ahora de manera inequívoca, da señales de estrés y de pérdida de sostenibilidad. Tanto el universo como la Tierra se muestran guiados por un propósito que se revela por la emergencia de órdenes cada vez más complejas y conscientes. Nosotros mismos somos la parte consciente e inteligente del universo y de la Tierra. Por el hecho de ser portadores de estas capacidades, podemos enfrentarnos a las crisis, detectar el agotamiento de ciertos hábitos culturales (paradigmas) e inventar nuevas formas de ser humanos, de producir, consumir y convivir. Es la cosmología de la transformación, expresión de la nueva era, la era ecozoica.

Necesitamos abrirnos a esta nueva cosmología y creer que aquellas energías (expresión de la suprema Energía) que están generando el universo desde hace más de trece mil años están también actuando en la presente crisis económico-financiera. Ellas ciertamente van a forzarnos a un salto de calidad rumbo a otro modelo de producción y de consumo, que efectivamente nos salvaría, pues sería más conforme a la lógica de la vida, a los ciclos de Gaia y a las necesidades humanas.

URGE REVISAR LOS FUNDAMENTOS

La conjunción de las distintas crisis, unas coyunturales y otras sistémicas, obliga a todos a trabajar en dos frentes: uno, intrasistémico, buscando soluciones inmediatas a los problemas para salvar vidas, garantizar el trabajo y la producción y evitar el colapso; otro, transistémico, haciendo una crítica rigurosa a los fundamentos teóricos que nos han llevado al actual caos y trabajando otros fundamentos que propicien una alternativa que permita en otro nivel la continuidad del proyecto planetario humano.

Cada época histórica necesita un mito que congregue personas, galvanice fuerzas e imprima un nuevo rumbo a la historia. El mito fundador de la modernidad reside en la razón, que, desde el tiempo de los griegos, es el eje estructurador de la sociedad. La razón crea la ciencia, la transforma en técnica de intervención en la naturaleza y se propone dominar todas sus fuerzas. Para esto, según Francis Bacon, el fundador del método científico, se debe torturar a la naturaleza hasta que entregue todos sus secretos. Esta razón cree en el progreso ilimitado y crea una sociedad que se quiere autónoma, de orden y progreso. La razón promovía la pretensión de prever todo, manejar todo, controlar todo, organizar todo y crear todo. Ocupaba todos los espacios. Envió al limbo otras formas de conocimiento.

Y he aquí que, después de más de trescientos años de exaltación de la razón, asistimos a la locura de la razón, pues sólo una razón enloquecida organiza una sociedad en la cual el 20 % de la población posee el 80 % de toda la riqueza de la Tierra. Las tres personas más ricas del mundo poseen activos superiores a toda la riqueza de los cuarenta países más pobres donde viven seiscientos millones de personas; 257 individuos acumulan ellos solos más riqueza que 2.800 millones de personas, equivalente al 45 % de la humanidad; en Brasil cinco mil familias detentan el 46 % de la riqueza nacional. La demencia de la razón productivista y consumista ha generado el calentamiento global que traerá desequilibrios ya visibles y diezmará millares de especies, incluida la humana.

La dictadura de la razón ha creado la sociedad del mercado con su cultura típica, un cierto modo de vivir, de producir, de consumir, de hacer ciencia, de educar, de enseñar y de moldear las subjetividades colectivas. Éstas deben afinarse a su dinámica y valores, procurando siempre maximizar las ganancias, mediante la mercantilización de todo. Ahora, esta cultura, llamada moderna, capitalista, burguesa, occidental y, hoy, mundializada, ha entrado en crisis. Se manifiesta a través de las distintas crisis actuales, que son todas expresión de una única crisis, la de los fundamentos. No se trata de abdicar de la razón, sino de combatir su arrogancia (*hybris*) y de criticar su estrechez de miras. Lo que más necesita la razón en este momento es ser urgentemente completada con la razón sensible (M. Maffesoli), con la inteligencia emocional (D. Goleman), con la razón cordial (A. Cortina), con la educación de los sentidos (J.F. Duarte Jr.), con la ciencia con conciencia (E. Morin), con la inteligencia espiritual (D. Zohar), con el *concern* (D.R. Winnicott) y con el cuidado, como yo personalmente vengo proponiendo desde hace tiempo.

Es el sentir profundo (*pathos*) que nos hace escuchar el grito de la Tierra y el clamor desgarrador de millones de hambrientos. No es la razón fría, sino la razón sensible la que mueve a las personas para bajarlos de la cruz y hacerlos vivir. Por eso es urgente someter el modelo de ciencia dominante a la crítica, impugnar radicalmente las aplicaciones que se hacen de ella más en función del lucro que de la vida, desenmascarar el modelo de desarrollo actual que es insostenible por ser altamente depredador e injusto.

La sensibilidad, la cordialidad, el cuidado, llevados a todos los niveles, con la naturaleza, en las relaciones sociales y en la vida cotidiana pueden cimentar, junto con la razón, una utopía que podemos tocar con las manos porque es inmediatamente practicable. Éstos son los fundamentos del paradigma civilizatorio naciente que nos da vida y esperanza.

LOS FILÓSOFOS Y LA CRISIS

Curiosamente, no son pocos los que ven la crisis actual más allá de sus distintas expresiones (energética, alimentaria, climática, económico-financiera) como una crisis de la ética. "Crédito" viene del latín *credere* que significa "tener fe y confianza". Ésa es una actitud ética. Nadie confía ya en los bancos, en las bolsas, en las medidas convencionales. La economía necesita créditos para funcionar, es decir, las instituciones y las personas necesitan medios en los cuales puedan confiar y que no sean víctimas de los Madorff que pecaron contra la confianza.

Aunque la crisis exija un nuevo paradigma para ser sostenible a largo plazo, es urgente encontrar medidas inmediatas para que el sistema completo no zozobre, arrastrando todo consigo. Sería irresponsable no tomar medidas todavía dentro del sistema, aunque no sean una solución definitiva.

Veo dos valores éticos fundamentales que deben estar presentes para que la situación encuentre un equilibrio aceptable. Dos filósofos alemanes pueden iluminarnos: Immanuel Kant (1724-1804) y Martin Buber (1878-1965). El primero se refiere a la buena-voluntad incondicional y el segundo a la importancia de la cooperación.

Dice Kant en su *Fundamentos para una metafísica de las costumbres* (1785): «No existe nada en ningún lugar del mundo ni fuera de él que pueda ser considerado bueno sin reservas, excepto la buena voluntad». ¿Qué quiere decir con esto? Que la buena voluntad es la única actitud solamente buena por naturaleza a la cual no cabe poner ninguna restricción. O la buena voluntad es buena, o no hay buena voluntad. Es el presupuesto primero de toda ética. Si se desconfía de todo, si se pone todo en duda, si no se confía ya en nadie, no hay modo de establecer una base común que permita la convivencia entre los humanos.

Vale decir: cuando los G-7 y los G-20, la Comunidad Europea, el Mercosur, el BRIC y las articulaciones políticas, sindicales, sociales (pienso en el MST y en la Vía Campesina y otras) se encuentren para pensar salidas para la crisis, hay que presuponer en todos la buena voluntad. Si alguien va a la reunión sólo para garantizar lo suyo, sin pensar en el todo, acabará no pudiendo siquiera garantizar lo suyo, dado el entrelazamiento que existe hoy de todo con todo. Repito una vieja metáfora: esta vez no hay un arca de Noé que salve a unos cuantos, o nos salvamos todos o pereceremos todos.

Entonces, la buena voluntad, como valor universal, debe ser reclamada a todos. De lo contrario, no hay modo de salvaguardar las condiciones ecológicas de reproducción de la vida y asegurar razones para que vivamos juntos. En realidad, vivimos en un estado de permanente guerra civil mundial. Con la buena voluntad de todos, podemos alcanzar una paz posible.

No menos significativa es la contribución del filósofo judío-alemán Martin Buber. En su libro Yo y tú (1923), muestra la estructura dialogal de toda existencia humana personal y social. Es a partir del tú como se conforma el yo. El "nosotros" surge por la interacción del yo y del tú en la medida en que refuerzan el diálogo entre sí y se abren a todos los demás otros, hasta el totalmente Otro.

Es paradigmática esta afirmación suya: si vivimos uno al lado del otro (*nebeneinander*) y no uno junto con el otro (*miteinander*), acabaremos estando uno contra otro (*gegeneinander*).

Esto se aplica a la situación actual. Ningún país puede tomar medidas político-económicas al lado de otros sin estar junto con los otros. Acabará estando contra los otros. O todos colaboran para alcanzar una solución incluyente o no habrá solución para nadie. La crisis se profundizará y acabará en tragedia colectiva. El proteccionismo es el peligro mayor porque provoca conflictos y, en último término, la guerra. No podrá ser mundial porque ahí sí sería el fin de la especie humana, sólo regional, pero devastadora. La crisis de 1929, mal digerida, ocasionó el nazifascismo y la eclosión de la Segunda Guerra Mundial. No podemos repetir semejante tragedia.

ECONOMÍA SUPERFICIAL Y ECONOMÍA PROFUNDA

¿Hay una economía profunda? Aunque no sea la economía dominante, creo que existe, y que debe existir. En los inicios de la década de 1970, el filósofo noruego, recientemente fallecido, Arne Naess, introdujo una distinción, hoy muy aceptada en los medios ambientalistas, entre ecología superficial y ecología profunda. La superficial sería aquella que separa al ser humano de la naturaleza y lo coloca fuera, y por encima de la misma, presuponiendo que las cosas sólo tienen sentido cuando le son útiles a él. La profunda ve el entrelazamiento ser humano-naturaleza, afirma el valor intrínseco de cada ser, y se da cuenta de que todo está inmerso en un tejido de relaciones, que forma la comunidad de la vida. Hay un Todo orgánico y lleno de propósito, y el ser humano es capaz de identificar el hilo conductor que lo liga y religa todo, y lo llama Fuente Originaria de todo el ser, base de valores infinitos (veneración, amor, justicia) que llenan de sentido la vida humana. La economía profunda ayuda a la superficial a autolimitarse y a no ser destructiva.

Apliquemos estas reflexiones al campo de la economía. La economía superficial sería aquella que se centra solamente en ella misma, en los capitales, los mercados, las inversiones, el lucro, en una palabra, en el PIB, sin preocuparse por la dilapidación de la naturaleza, ni la ruptura de la autorregulación de la Tierra, ni la creciente distancia entre ricos y pobres. Eso serían externalidades, factores que no entran en el cálculo económico.

Su lógica es la de un sistema cerrado, como si la economía fuese todo en la sociedad. En efecto, como fue ampliamente denunciado por la Escuela de Fráncfort, especialmente por Polaniy, en el capitalismo avanzado la economía ha absorbido todas las instancias sociales (política, ética, estética, ciencia, etc.), transformándolo todo en mercancía, en oportunidad de lucro. Se ha establecido como el eje articulador de todo lo social. Y eso ha tenido como consecuencia el exceso malsano de la voluntad de enriquecimiento a toda costa, y nos ha conducido al caos socioeconómico actual. Es la locura de la racionalidad económica superficial.

¿Qué sería la economía profunda? Sería la vuelta al sentido originario de la economía como "técnica y arte de atender a las necesidades de la casa" –hoy, de la Casa Común, la

Tierra viva, respetando sus ciclos y su capacidad de aguante–. Se inscribiría en todo lo que constituye una sociedad. En ella habría una base que, en última instancia, aseguraría la vida material: la economía. Habría una forma de organización, de distribución del poder, y leyes que permitieran a todos vivir juntos sin demasiados conflictos. Habría un conjunto de valores morales, éticos e ideales que darían sentido a la vida social y que humanizarían las relaciones siempre tensas entre las diferencias. Y, por fin, habría un horizonte de sentido mayor, que vincularía la historia a una instancia más alta y diseñaría el cuadro final del universo: la espiritualidad.

Así, idealmente, tendríamos una sociedad que podríamos considerar verdaderamente humana, porque tendría una visión integradora de la complejidad humana.

Aquí emergería la economía profunda, aquella que sabe su lugar en el conjunto de la estructuración social, y que respondería a la cuestión: ¿cómo producir lo suficiente, de modo decente, conservando el capital natural y en armonía con toda la comunidad de la vida?

El economista profundo, ante la crisis actual, pensaría: ¿cómo podemos resolver los problemas de la humanidad?, y no: ¿cómo salvar el sistema económico que está en crisis?

El cambio de pregunta implica un cambio de respuesta. Y ésta solamente vendrá si hay una quiebra del paradigma antiguo –la dictadura de la economía– y volvemos a poner la economía en su debido lugar, en el conjunto de la sociedad. Ése sería un nuevo paradigma, sostenible a largo plazo. Entonces, la economía sería parte de la política, que sería parte de la ética, que a su vez sería parte de la espiritualidad. La economía superficial sería incorporada dentro de la profunda. Y el futuro sería diferente.

NUEVO ESTADIO DE LA MUNDIALIZACIÓN:
LA NOOSFERA

La actual crisis económica está colocando a la humanidad ante una terrible bifurcación: o sigue al G-20 que insiste en revitalizar a un moribundo –el modelo vigente del capitalismo globalizado– que ha provocado la actual crisis mundial y que, si continúa, podrá llevarnos a una tragedia ecológica y humanitaria, o intenta un nuevo paradigma que coloque a la Tierra, la vida y la humanidad en el centro y a la economía a su servicio, y entonces hará nacer un nuevo estadio de civilización que garantizará más equidad y humanidad en todas las relaciones, comenzando por las productivas.

La sensación que tenemos es la de estar siguiendo un vuelo ciego y todo puede suceder.

Desde un punto de vista reflexivo, se presentan dos interpretaciones básicas de la crisis: se trata de los estertores de un moribundo o de los dolores de parto de un nuevo ser.

Me alineo con la segunda alternativa, la del parto. Me niego a aceptar que después de algunos millones de años de evolución sobre este planeta, seamos expulsados de él en las próximas generaciones. Si miramos hacia atrás, al proceso antropogénico, constatamos indudablemente que hemos caminado hacia formas más altas de complejidad y órdenes cada vez más interdependientes. El escenario no sería de muerte, sino de crisis, que nos hará sufrir mucho, pero que nos purificará para un nuevo ensayo civilizatorio.

No se puede negar que la globalización, incluso en su actual edad de hierro, ha creado las condiciones materiales para todo tipo de relaciones entre los pueblos. De hecho, ha surgido una conciencia planetaria. Es como si el cerebro comenzase a crecer fuera de la caja craneal por causa de las nuevas tecnologías y penetrase más profundamente en los misterios de la naturaleza.

El ser humano está hominizando toda la realidad planetaria. Si la Amazonia permanece en pie o es derribada, si las especies continúan o se extinguen, si los suelos y el aire se mantienen puros o contaminados, depende de decisiones humanas. Tierra y humanidad están formando una única entidad global. El sistema nervioso central está constituido por los cerebros humanos cada vez más en sinapsis y llenos de un sentimiento de pertenencia y de responsabilidad colectiva. Buscamos centros multidimensionales de observación, de análisis, de pensamiento y de gobierno.

En otro tiempo, a partir de la geosfera surgió la litosfera (rocas), después la hidrosfera (agua), luego la atmósfera (aire), posteriormente la biosfera (vida) y por último la antroposfera (ser humano). Ahora la historia ha madurado hacia una etapa más avanzada del proceso evolutivo, la de la noosfera. Noosfera, como dice la propia palabra (*nous* en griego significa "mente" e "inteligencia"), expresa la convergencia de mentes y corazones, originando una unidad más alta y más compleja. Es el comienzo de una nueva historia, la historia de la Tierra unida con la humanidad (expresión consciente e inteligente de la Tierra).

La historia avanza a través de tentativas, aciertos y errores. En los días actuales estamos asistiendo a la fase naciente de la noosfera, que no consigue todavía alcanzar la hegemonía debido a la fuerza de un tipo de globalización excluyente y poco cooperativa, muy fragilizada ahora por causa de la crisis sistémica.

Pero estamos convencidos de que para esta nueva etapa —la de la noosfera— conspiran las fuerzas del universo, que están siempre produciendo nuevos acontecimientos. Nuestra galaxia, y quién sabe si el propio universo, está moviéndose en función de esta convergencia en la diversidad emergente. En el planeta Tierra, minúsculo punto azul-blanco perdido en una galaxia irrisoria, en un sistema solar marginal (a 27.000 años luz del centro de la galaxia), se ha cristalizado para nosotros la noosfera. Todavía es frágil, pero trae con ella el nuevo sentido de la evolución. Y no se excluye la posibilidad de otros mundos paralelos.

La crisis actual hace necesaria una salida salvadora y ésta es la noosfera. Entonces prevalecerá la comunión de mentes y corazones de los seres humanos entre sí, con la Tierra, con todo el universo y con el Atractor de todas las cosas.

Una revolución todavía por hacer

Todo cambio de paradigma civilizatorio está precedido de una revolución en la cosmología (visión del universo y de la vida). El mundo actual surgió con la extraordinaria revolución que introdujeron Copérnico y Galileo al comprobar que la Tierra no era un centro estable, sino que giraba alrededor del Sol. Esto generó una enorme crisis en las mentes y en la Iglesia, pues parecía que todo perdía centralidad y valor. Pero poco a poco se fue imponiendo la nueva cosmología que fundamentalmente perdura hasta hoy en las escuelas, en los negocios y en la lectura del curso general de las cosas. Sin embargo, el antropocentrismo, la idea de que el ser humano continúa siendo el centro de todo y que las cosas están destinadas a su disfrute, se ha mantenido.

Si la Tierra no es estable, por lo menos el universo –se pensaba– es estable. Sería como una inconmensurable burbuja dentro de la cual se moverían los astros celestes y todas las demás cosas.

Y he aquí que esta cosmología comenzó a ser superada cuando en 1924 un astrónomo aficionado, Edwin Hubble, comprobó que el universo no es estable. Constató que todas las galaxias, así como todos los cuerpos celestes, están alejándose unos de otros. El universo, por lo tanto, no es estacionario como creía todavía Einstein. Está expandiéndose en todas las direcciones. Su estado natural es la evolución y no la estabilidad.

Esta constatación sugiere que todo comenzó a partir de un punto extremadamente denso de materia y energía que, de repente, explotó (*big bang*) y dio origen al actual universo en expansión. Esta idea, propuesta en 1927 por el astrónomo y sacerdote belga George Lemaître, fue considerada esclarecedora por Einstein y asumida como teoría común. En 1965 Arno Penzias y Robert Wilson demostraron que de todas las partes del universo nos llega una radiación mínima, tres grados Kelvin, que sería el último eco de la explosión inicial. Analizando el espectro de la luz de las estrellas más distantes, la comunidad científica concluyó que esta explosión habría ocurrido hace 13,7 billones de años. Ésta es, pues, la edad del universo y la nuestra, ya que un día estábamos, virtualmente, todos juntos allí, en aquel ínfimo punto llameante.

Al expandirse, el universo se auto-organiza, se autocrea y genera complejidades cada vez mayores y órdenes cada vez más altos. Es convicción de los más notables científicos que, al alcanzar cierto grado de complejidad, en cualquier parte, la vida emerge como imperativo cósmico. Así también la conciencia y la inteligencia. Todos nosotros, nuestra capacidad de amar y de inventar, no estamos fuera de la dinámica general del universo en cosmogénesis. Somos partes de este inmenso todo.

Una energía de fondo insondable y sin márgenes –abismo alimentador de todo– sustenta y pasa a través de todas las cosas activando las energías fundamentales sin las cuales no existiría nada de lo que existe.

A partir de esta nueva cosmología, nuestra vida, la Tierra y todos los seres, nuestras instituciones, la ciencia, la técnica, la educación, las artes, las filosofías y las religiones deben ser dotadas de nuevos significados. Todo y todas las cosas son emergencias de este universo en evolución, dependen de sus condiciones iniciales y deben ser comprendidas dentro del interior de este universo vivo, inteligente, auto-organizativo y en ascendente rumbo hacia órdenes aún más altos.

Esta revolución todavía no ha provocado una crisis semejante a la del siglo XVI, pues no ha penetrado lo suficiente en las mentes de la mayor parte de la humanidad, ni en la de los intelectuales, y mucho menos en las de los empresarios y los gobernantes. Pero está presente en el pensamiento ecológico, sistémico, holístico y en muchos educadores, fundando el paradigma de la nueva era, el ecozoico.

¿Por qué es urgente que se incorpore esta revolución paradigmática? Porque ella nos proporcionará la base teórica necesaria para resolver los actuales problemas del sistema-Tierra en proceso acelerado de degradación. Nos permite ver nuestra interdependencia y mutualidad con todos los seres. Formamos, junto con la Tierra viva, la gran comunidad cósmica y vital. Somos la expresión consciente del proceso cósmico y responsables de esta porción de él, la Tierra, sin la cual todo lo que estamos diciendo sería imposible. Porque no nos sentimos parte de la Tierra, la estamos destruyendo. El futuro del siglo XXI y de todas las COP dependerá de que asumamos o no esta nueva cosmología. Verdaderamente, sólo ella nos podrá salvar.

2. LA TEOLOGÍA DE LA LIBERACIÓN FRENTE A LA CRISIS DE LA GLOBALIZACIÓN NEOLIBERAL

BENJAMÍN FORCANO

Benjamín Forcano (Anento, Zaragoza, 1935) es sacerdote y teólogo de la Iglesia católica y lleva más de cuarenta años en la brecha de la liberación. Ejerció una labor teológica puntera al frente de la revista *Misión Abierta*, que dirigió durante trece años. Comparte la creación y dirección del Centro Evangelio y Liberación, y dentro de él la de la revista *Éxodo*, creada por él y otros compañeros en 1989. Es director de la Editorial Nueva Utopía y cofundador en 1980 de la Asociación de Teólogos Juan XIII. Profesor durante más de veinticinco años en diversos centros, ha escrito bastantes libros y por causa de uno de ellos, *Nueva ética sexual*, sufrió un proceso extraordinario que duró diez años. De él ha escrito el obispo Pedro Casaldáliga: «Benjamín Forcano aborda los temas actuales como especialista en moral. Con rigor científico, pero dentro de ese rigor humanizado que la moral y la ética exigen para no dejar de ser humanas».

RAZÓN Y PLANTEAMIENTO DEL TEMA

Previo a la exposición que voy a hacer, considero importante señalar la actualidad y oportunidad del tema. Porque si bien es cierto que, desde antiguo, en el llamado "régimen de cristiandad" existía una teología legitimadora de los poderes imperialistas y colonizadores, también es verdad que en esas situaciones existían raíces y semillas de una teología cuestionadora y profética, liberadora, que adquirió carta de ciudadanía en los años inmediatamente posteriores al Concilio Vaticano II. Podemos señalar como propio de la teología de la liberación el período que va de la década de 1960 hasta nuestros días.

Probablemente, no ha existido en el período postconciliar, un fenómeno religioso tan fuerte y novedoso y que haya suscitado tanta preocupación en las esferas del poder religioso y político. Políticamente, se lo vio enseguida como un hecho peligroso y religiosamente se catalogó como sospechoso de herejía.

En 1968, Rockefeller, después de una gira por Latinoamérica, dijo: «Si la Iglesia latinoamericana cumple los acuerdos de Medellín, los intereses de Estados Unidos están en peligro en América Latina». Y, en tiempos del presidente Regan, la alarma se tornó en toque de guerra en el *Documento de Santa Fe*: «La política exterior de Estados Unidos debe comenzar a enfrentar (y no simplemente a reaccionar con posterioridad) la teología de la liberación, tal como es utilizada en América Latina por el clero de la teología de la liberación».

Eclesiásticamente, el movimiento de la teología de la liberación cobró impulso con el Concilio Vaticano II y recibió consagración oficial en la reunión del episcopado latinoamericano en Medellín. Pero no tardó en llegar la restauración y comenzaron a sonar voces de la curia romana y de la alta jerarquía que veían peligros y errores en la teología de la liberación. Fue Ratzinger, hoy Papa, pero entonces teólogo y cardenal de la Congregación para la Doctrina de la Fe, quien en 1984 escribe un documento en el que señala graves errores en la teología de la liberación. Lógicamente fueron muchos los teólogos que contestaron a este documento mostrando la falsedad de sus observaciones y argumentos.

No ha sido, pues, casual que la teología de la liberación haya suscitado alarma. Naciendo en las periferias sociales cristianas de América Latina, traía el clamor de millones de pobres, de pueblos enteros dominados y explotados. Y a su lado contaban con teólogos que, solidarios con su situación, elaboraban una teología nueva, que acogía su grito, alentaba el despertar de sus conciencias y patrocinaba el levantamiento de su dignidad con un nuevo modo de actuar en la sociedad en conformidad con el Evangelio.

Está aquí, creo, la clave para el que quiera entender la teología de la liberación. Desmontaba el viejo edificio del sistema opresor, construido por una teología cómplice, legitimadora de clases, de monopolios, de privilegios y de imperios.

La religión cristiana daba un giro radical: en lugar de seguir ejerciendo de opio, de resignación, de humillación y de fatalismo, pasaba a ejercer de inteligencia, de rebeldía, de solidaridad, de emancipación y de esperanza. La teología de la liberación ponía al descubierto las complicidades del poder eclesiástico y político. ¡Y eso no se perdona!

Esta posición ha sido común en los teólogos de la liberación. Como muestra, traigo unas palabras del famoso teólogo J.B. Metz, inspirador de la teología política y que pronunció en 1981, en Nicaragua: «Yo vengo de una cultura cristiana y teológica en la que los procesos revolucionarios se han hecho o contra la Iglesia y la Religión, o sin ellas, como la Reforma, la Ilustración, la Revolución Francesa y la Revolución Rusa... Entre nosotros, la identidad cristiana está marcada, no exclusivamente, pero sí fundamentalmente, por lo que llamaría la religión burguesa. Nosotros sólo tenemos experiencia de una Iglesia que ha legitimado y apoyado a los poderes estatales [...]. El tiempo en el cual la Iglesia legitima a los poderosos habría pasado y habría llegado la época de la liberación y de la función subversiva de la Iglesia. El tiempo de la legitimación estaría superado y habría empezado la época de la liberación» (Servicio del Centro Ecuménico Valdivieso, entrevista sobre *La Iglesia en el proceso revolucionario de Nicaragua*, Managua, 1981).

No es de extrañar que, en este contexto, la reacción tratase de organizarse para neutralizar sino obstruir el camino de esta nueva teología.

En este sentido, la teología de la liberación estaba sentenciada, se la iba a denigrar bárbaramente y conocería la persecución dentro y fuera de la Iglesia. Han sido centenares y aun miles los mártires de la teología de la liberación en los continentes de la miseria: campesinos, maestros, educadores, líderes sindicales, catequistas, religiosos y religiosas, sacerdotes, obispos, etc.

En el año 1978, a las ocho de la mañana, en la catedral de El Salvador, escuchaba yo, en medio de centenares de campesinos, la voz profética de monseñor Romero, que denunciaba los desmanes de los gobernantes contra su pueblo. Fue una hora y cuarto de homilía y el pueblo aplaudía. Aquella voz, unos meses después, el 24 de marzo, quedaba enmudecida por una bala mientras celebraba la santa misa. Y el golpe más brutal de esta persecución se asestó contra los jesuitas de El Salvador, adalides de la teología de la liberación. Cayeron acribillados por las balas de un ejército y de un gobierno apadrinado por la política del Pentágono.

¡Era muy peligrosa, cómo no, la teología de la liberación! Aquella religión no casaba con la religión tradicional, justificadora de los intereses de los ricos, de los latifundistas, de las familias adineradas, de la burguesía, acostumbradas a que les bendijera sus conciencias y sus mansiones.

Pero ¿qué es la teología de la liberación?

1. Pensar el destino
de la humanidad desde los pobres

Entiendo perfectamente que Leonardo Boff haya escrito: «La teología de la liberación es la primera teología moderna que ha asumido este objetivo global: pensar el destino de la humanidad desde la condición de las víctimas. En consecuencia, su primera opción es comprometerse con los pobres, la vida y la libertad para todos».

Y sigue: «La pobreza entendida como opresión revela muchos rostros: el de los indígenas que desde su sabiduría ancestral concibieron una fecunda teología de la liberación indígena; la teología negra de la liberación que se resiente de las marcas dolorosas dejadas en las naciones que fueron esclavistas; el de las mujeres sometidas desde la era neolítica a la dominación patriarcal; el de los obreros utilizados como combustible de la maquinaria productiva. A cada opresión concreta corresponde una liberación concreta».

2. La irrupción de los pobres
en el mundo de la teología

Ya hoy es común admitir que la pobreza no es fruto del azar o del fatalismo, sino de la lógica del sistema neoliberal, hoy predominante y globalizado.

Se trata en primer lugar de concebir la pobreza no como un elemento individual, separado de la historia y de la colectividad, sino como un elemento comunitario. La pobreza es un fenómeno colectivo generado por factores socioeconómicos y culturales.

En largos sectores de la sociedad se ha mantenido por mucho tiempo la idea de que el hecho de la pobreza era irremediable, efecto de causas extrañas o misteriosas, y que inducía a pasiva resignación.

Religiosamente se puede confirmar con cantidad de documentos este estado de cosas bastante generalizado.

El interés de la teología por los pobres es relativamente reciente y todavía hoy no es compartido por todos los teólogos. En las décadas anteriores al Concilio Vaticano II se hablaba mucho de la "pobreza espiritual", pero nada de los pobres sociológicos.

La irrupción de los pobres en la teología se realiza de verdad en el ámbito de los países del Tercer Mundo, concretamente en América Latina, a partir de 1968 (Medellín y Puebla), bajo los auspicios de la teología de la liberación. (Véase Víctor Codina, Congreso de Teología y Pobreza, *La irrupción de los pobres en la teología contemporánea*, en Misión Abierta, noviembre, 1981.)

3. La pobreza parte integrante del sistema capitalista

Quien estudie el tema verá que la realidad de la pobreza en nuestro tiempo aparece como parte integrante del sistema capitalista. El capitalismo se presenta como generador e irradiador de una riqueza que jamás antes existió, pero oculta el recorrido tortuoso hasta llegar a ella y las víctimas sin cuento que va dejando en el camino. Paradójicamente, se va cumpliendo, pero con abultada crueldad, el diagnóstico de Marx. Cualquiera que sea la superestructura cultural de una sociedad, hay que contar en primer lugar con la estructura económica que la sustenta.

El factor económico no es el único, pero es el básico y es lo que explica que la economía nacional y mundial adquiera un carácter rígido, de enorme peso e influencia, casi imposible de sustituir por otro que corrija sus perversiones y abusos.

Si es verdad, como dice Ignacio Ellacuría, que los pobres no pueden identificarse con cualquier otro tipo de sufrientes y dolientes, nos encontramos sin embargo con el dato aplastante de la pobreza tal como la están viviendo hoy mayorías populares de muchos países (véase *Los pobres lugar teológico en América Latina*, en Misión Abierta, noviembre, 1981, vol. 74, pág. 227). Y ese dato nos dice que es dentro de la estructura económica neoliberal donde vamos a encontrar la clave que explique su funcionamiento y los resultados, positivos para unos y negativos para otros.

Resulta, por tanto, que la pobreza existe como una realidad dialéctica y política. Dialéctica, porque en nuestra situación hay pobres porque hay ricos, hay una mayoría de pobres porque hay una minoría de ricos. Una pobreza fruto de escasos recursos no nos permitiría hablar propiamente de pobres. La verdad es que los ricos se han hecho tales desposeyendo a los pobres de lo que era suyo, de su salario, de sus tierras, de su trabajo, etc. Por eso, si los ricos son los empobrecedores, los pobres son los empobrecidos; si los ricos son los desposeedores, los pobres son los desposeídos; si lo ricos son los opresores y represores, los pobres son los oprimidos y reprimidos (*Ibidem*, p.227)

Ciertamente, la pobreza no es efecto de la escasez de recursos. El hecho de que el Norte tenga seis veces más que el Sur no es fruto de la escasez; el hecho de que el Norte (una cuarta parte de la humanidad) consuma el 75 % de los recursos terrestres no es fruto de la escasez y tampoco lo es el hecho de que tenga el 80 % del comercio y el 93 % de la industria; el hecho de que el PNB per cápita sea de 3, 60 dólares al año en el Sur de Asia o de ocho en África y de 206 en Norteamérica no es fruto de la escasez; el hecho de que en

África haya un médico por cada 50.000 habitantes y en los países industrializados uno por cada 450 habitantes no es fruto de la escasez; el hecho de que Estados Unidos y otros países industrializados dediquen miles de millones de dólares (y aquí uno renuncia a dar cifras) al armamentismo y nimios porcentajes a resolver las necesidades básicas de la humanidad no es fruto de la escasez. Es fruto simplemente de una relación de causalidad entre ricos y pobres.

Con ocasión de los quinientos años de la llegada de los europeos a América Latina, pudimos recoger escritos e informes estremecedores de la situación de miseria y opresión de esos pueblos. Uno de esos escritos es éste de Rigoberta Menchú: «Con amargura y tristeza constatamos que el etnocidio y el genocidio continúan. El robo de tierras y recursos naturales no ha terminado. La militarización de pueblos indígenas continúa. Asimismo, tierras y territorios indígenas siguen siendo utilizados con fines militares que nada tienen que ver con los intereses de los indígenas. La represión generalizada, la discriminación en todos los aspectos, la tortura y la muerte hacen parte de lo cotidiano de nuestros pueblos. Se sigue practicando la destrucción y la contaminación de los territorios tradicionales. Tierras indias están siendo o pretenden ser utilizadas como basureros químicos, industriales o radiactivos. Se generaliza el saqueo de los recursos indispensables para la vida de los pueblos indígenas. En nombre de un supuesto desarrollo, se destruyen y se desacralizan lugares de ceremonias y sitios sagrados. Nuestras culturas, lenguas, religiones, ceremonias, valores, contribuciones y creatividad son pisoteados regularmente» (R. Menchú, *Consideraciones ante la II Cumbre*).

Con dolorida razón escribía Sami Naïr: «Los capitales circulan del Sur hacia el Norte, y no en sentido contrario. La deuda exterior de los países pobres es del orden de 2,5 billones de dólares. La devuelven con un cuchillo en la garganta. La de Estados Unidos es de seis billones de dólares. ¡Y nadie obliga a Estados Unidos a devolverla!» (*El País*, 12 de febrero de 2002, pág. 12).

Es decir, que el pobre en nuestro tiempo no es una persona aislada, ni forma parte de grupos que son objeto de asistencia o beneficencia social. Los pobres son, en palabras de Gustavo Gutiérrez, «las clases explotadas, las razas marginadas, las culturas despreciadas» que, con conciencia de su postración, aspiran a conquistar el protagonismo que les corresponde para poder actuar como sujetos de la historia.

4. Los mecanismos del sistema para perpetuar esta situación

Han sido muchas las formas de colonialismo, pero en todas ellas hay una constante, fortalecida hoy por el modelo económico neoliberal.

El neoliberalismo –mera expresión del neocolonialismo– no hace sino implantar su dominación mediante la penetración del capital extranjero y transnacional, mediante la brutal competencia del libre comercio, mediante los ajustes y la privatización que imponen, mediante la transferencia de recursos naturales a cambio de una disminución de la deuda externa.

Esto se revela especialmente en la dimensión ecológica. La dominación del sistema actúa invadiendo territorios, saqueando recursos naturales, con el único objetivo del lucro y dejando por doquier desolación y muerte. Este arrasamiento habría que tipificarlo jurídicamente como delito de "ecocidio".

La *Declaración de Managua*, tras señalar cómo el saqueo y explotación capitalista ha convertido a estos pueblos en fuerza inagotable de acumulación capitalista y de desarro-

llo industrial y tecnológico, afirma: «Cargamos sobre nuestras espaldas los fardos de una deuda creciente, que no es más
que nuestra riqueza convertida en préstamo. Como antes, de
nuestras vetas sale el oro; de nuestras entrañas, el petróleo;
de nuestro sudor, los capitales; de nuestros sueños, las pesa-
dillas de la represión y el hambre».

5. El capitalismo no tiene soluciones

Todo un pensamiento pseudocientífico pretende enmascarar
la realidad del problema de la pobreza. La pobreza sería efecto de una desigualdad natural irremediable, ajena al funcionamiento interno de la economía y, en todo caso, habría que
considerarla como un mal menor, pues frente al capitalismo
no hay otro sistema mejor.

Sobre este punto, conviene afirmar sin ninguna ambigüe-
dad que la realidad histórica expresa todo lo contrario: *a)* una
economía, que no sirve al hombre, es un error; *b)* una economía de mercado competitivo monopolista, sustraída al control del bien común ejercido por el Estado, es un error; *c)* una
economía que produce resultados positivos únicamente para
unas minorías y negativos para las mayorías es un error;
d) una economía que se rige por la dinámica propia del egoísmo, del lucro, de la ley del más fuerte, y que impide unas relaciones individuales y comunitarias basadas en la justicia, el
amor y la solidaridad, es un error.

No hay duda de que la sociedad capitalista es una sociedad enferma, llena de contradicciones. Pero la raíz del mal
está en que el capitalismo hace imposible una ética personal
y comunitaria y corrompe las actitudes y los valores más ge-
nuinos del ser humano.

Todos sabemos cómo la orientación hoy más arraigada en
la sociedad y en la cultura es la que pretende hacernos creer

que la felicidad consiste en tener: adquirir propiedades, cosas, lucrar, conseguir poder. Eso es producto de la estructura y cultura más estrictamente capitalistas y, sin embargo, lo consideramos como lo más natural. Ser egoístas, avaros, soberbios, dominantes, lo consideramos un indicador de nuestra identidad humana.

Pienso que esta orientación es antinatural, pues la realización de la persona no está en el tener, sino en el ser. Los grandes valores no se desarrollan en el servicio al dinero, sino en ser justos y fraternos, crear relaciones de amor y liberación, no ser frívolos ni insensibles al sufrimiento ajeno, no vivir pendientes del reconocimiento y del aplauso social, dedicarse a satisfacer las necesidades primarias de los seres humanos y luchar para suprimir todo cuanto los hace sufrir. Ésas son las señas que constituyen la auténtica identidad humana.

6. El momento actual de la crisis neoliberal globalizada

Creo que todos, de una manera u otra, venimos siguiendo el curso y efectos de la crisis económica actual. Es, se nos dice, la crisis más grave desde la década de 1930, tiene carácter mundial y no hay país que escape de ella.

Poco a poco nos hacen creer que la crisis se va superando. Pero suena cada vez más en nuestros oídos una cantinela inquietante: esta crisis la están resolviendo no los gobernantes, sino los oligarcas y economistas. Ha habido un tiempo en Europa en que el principio político, representativo de la voluntad popular, actuaba con arreglo a las necesidades y derechos de la sociedad; ahora quien gobierna es el principio económico, guiado por objetivos que nada tienen que ver con los de la sociedad en general. Los propósitos del principio económico doblegan sus intereses a los propósitos del principio político.

Este cambio de tendencia le hace escribir a Jorge M. Reverte: «Una nueva ideología, la primacía del fantasma llamado "los mercados", ha venido a sustituir a la de los avances en la democracia. Con un grave efecto: que nadie conoce al nuevo sujeto y nadie, por tanto, es capaz de negociar con él. Pero se habla de ese sujeto con auténtica devoción. Se escuchan sus mensajes como se escuchaban antes los del Señor. Los mercados nos envían castigos en forma de plagas, nos avisan, y los sacerdotes se encargan de interpretar sus recados con ineficiencia humana. Unos aciertan y otros no. Ha habido un trasvase de la responsabilidad de las decisiones políticas a las decisiones no siempre bien explicadas de los gurús de las finanzas» (*El País*, «Europa acorchada», 26 enero 2001).

¿Quién es ese nuevo sujeto? ¿Son agentes de instituciones vacías de legitimidad, delincuentes de cuello blanco que trabajan con técnicos ajenos a los deseos de los ciudadanos?

Este nuevo sujeto transcurre y se organiza al margen de lo político, al margen de la ética, al margen del consenso de los ciudadanos, al margen de un proyecto ético de igualdad, justicia y libertad universales. Una economía humana globalizada debe estar supeditada a las necesidades básicas de la población y no a los intereses de unas minorías que, envueltas en el egoísmo de su opulencia, viven de espaldas a la sociedad.

Aparece entonces el punto preciso de esta crisis: no se trata, como es obvio, de una crisis económica, sino ética, la economía no está en crisis o, si lo está, es por la ausencia de ética. Es una crisis ética, humanista, espiritual la que padecemos y, por negar las exigencias de esa ética, resolveremos vanamente la crisis. Se trata de apuntalar la crisis con el fin de que este nuevo sujeto vuelva a conducir el rumbo de la humanidad, pero en realidad se la oculta de nuevo en sus verdaderas causas, dejando herida la realidad, con tendencia a una mayor desigualdad e injusticia. No se la resuelve.

La teología de la liberación frente al fenómeno de la globalización neoliberal:

EL MOMENTO PRIMERO DE LA TEOLOGÍA

Como escribe el teólogo mártir Ignacio Ellacuría: «El punto de partida de la teología de la liberación es la experiencia humana que, ante el atroz espectáculo de la maldad humana, que pone a la mayoría de la humanidad a la orilla de la muerte y de la desesperación, se rebela y busca corregirla. Y la experiencia cristiana que, basada en la misma realidad, ve, desde el Dios cristiano revelado en Jesús, que esa atroz situación de maldad e injusticia es la negación misma de la salvación anunciada y prometida por Jesús, una situación que ha hecho, de lo que debiera ser reino de gracia, reino de pecado» (*Teólogo mártir por la liberación del pueblo*, Nueva Utopía, 1990, págs. 153-154).

Es lo primero.

Me gusta citar, a este respecto, el testimonio del obispo Pedro Casaldáliga: «Después de vivir tres años aquí, andando por esos ríos y sertaos, encontrando a unos y a muchos peones, sintiendo la amargura de unos y muchos *posseiros*, y después de acudir a las autoridades de aquí o de Barra dos Garzas, de Cuiabá o de Brasilia, después de gritar, de llorar (y he llorado algunas veces enterrando peones en ese cementerio de São Félix, ahí a la orilla del Araguaia), después de todo eso, estoy sintiendo hoy, como a la persona más importante de este día, a ese peón, a ese muchacho de diecisiete años que hemos enterrado esta mañana ahí, a orillas del Araguaia, sin nombre y sin caja.

»Sintiendo eso, viviendo eso día a día, el que tenga un poco de fe, el que quiera ser fiel a Jesucristo y quiera ser sincero con ustedes tiene que rebelarse, tiene que gritar, tiene que llorar, tiene que luchar» (Cabestrero, T., *Una iglesia que lucha contra la injusticia*, Misión Abierta, 1973, pág. 186).

EL MOMENTO SEGUNDO DE LA TEOLOGÍA

Estoy convencido de que son muchos entre cristianos los comportamientos individuales y muchas las prácticas institucionales que no responden al espíritu del Evangelio. Por unas u otras razones, al Evangelio lo tenemos secuestrado o desvalorizado.

Resulta más que claro que entre Evangelio y capitalismo, teología y globalización neoliberal no hay coincidencia, sino oposición. Son dos proyectos, dos dinámicas y dos escatologías distintas. La del capitalismo apuesta por el egoísmo, el lucro, la ambición, el poder y el éxito; la del Evangelio, por el amor, la justicia, la generosidad, el compartir, el servicio fraternal y la humildad.

El capitalismo cuenta con los que buscan la seguridad y felicidad del dinero, con los que aspiran a enriquecerse ignorando la miseria y el sufrimiento de los otros, con los que no quieren cambiar por defender sus privilegios, con los que persiguen a los que intentan hacer una sociedad más justa.

El Evangelio cuenta con los desposeídos, los misericordiosos, los sinceros, los que trabajan por la paz, los que son perseguidos por no servir a los intereses del dinero. ¿Algunos criterios que ayuden a preservar la identidad del cristiano?

Indico tres:

1. El reino de Dios es ya para este mundo y tiene que ver grandemente con la política

La utopía de Jesús es que el reinado de Dios se instaure progresivamente en la vida e historia de los hombres. Los imperativos de la justicia, del amor, de la libertad, de la paz y de la felicidad son imperativos para el momento presente. Si Él hubiera renunciado a hacer efectivo su programa, no hubiera cuestionado el contenido de otros programas –el político y religioso de entonces– y no hubiera sido censurado, perseguido ni ejecutado. La ambición de los poderes que no sirven al pueblo utiliza siempre la política y la religión no para asegurar el bien y los derechos del pueblo, sino para defender su propio bienestar y privilegios, lo cual les lleva a tergiversar o vaciar la religión de su verdadero sentido.

Los evangelios nos dicen que Jesús anuncia una "buena noticia" o, lo que es lo mismo, la cercanía del "proyecto o reinado de Dios". Ambas expresiones quieren decir que Jesús anuncia una *sociedad alternativa*, que exige un cambio individual y un cambio de las relaciones humanas sociales. Surgirá así el hombre nuevo.

2. El programa del reino: las bienaventuranzas

Jesús deja bien claro cómo constituir la nueva sociedad. Su programa lo explicita en las llamadas bienaventuranzas. Hay quien, como Gandhi, considera las bienaventuranzas como la quintaesencia del Evangelio y hay quien, como Nietzsche, las considera como una maldición por ir contra la dignidad humana.

Ciertamente, en una sociedad como la nuestra, escuchar que quien vive en la pobreza, sufre, llora, pasa hambre y es perseguido debe considerarse feliz resulta absurdo. Racionalmente, no es fácil comprender este mensaje.

Cuando Jesús habla de los pobres, se está refiriendo a la realidad concreta de su país, donde hay muchos que sufren privación, marginación y exclusión por la injusticia de los ricos, según denuncian los profetas. En nuestra sociedad hay también pobres, muchos, a causa del egoísmo de los ricos. No sólo eso, todos nosotros somos pobres, tenemos muchas limitaciones que nos hacen sufrir y llorar, bien sea por causa de la naturaleza, bien sea por las acciones injustas de los demás.

3. Ante esa situación de pobreza, Jesús, que es sabio, que nos conoce y sabe lo que nos lleva a la felicidad, hace una propuesta y nos marca un estilo de vida para alcanzar la meta de la felicidad. No impone, ni dicta leyes; invita, propone, señala un camino que, resumido, podría ser éste:

Mirad, se trata de que me sigáis, obrando como yo, y esto significa:

- Que en la convivencia sepáis comportaros con solidaridad con los demás, con los que menos tienen o más sufren, no os encerréis en vosotros mismos, poneros en su lugar y veréis cómo podéis ayudarlos.
- Significa que miréis la tierra y sus bienes como cosas de todos, no os los apropiéis, no vayáis a la conquista de nada, pues todo lo habéis recibido como un regalo y debéis regalar. Así viviréis en esta tierra sin violencia y sembraréis paz.
- Significa que en todo ser humano hay como un doble de vuestro yo, haced a los otros lo que os gustaría que hicieran con vosotros, ved además que en ellos está presente el Señor, dad cauce a ese vuestro deseo de ser justos y solidarios, remediad el hambre y otras necesidades, prestad un servicio.

- Significa que nadie es mejor ni peor que tú, no los juzgues con rigor cuando los veas excluidos o postrados; sé misericordioso, comparte su suerte, ayúdales.
- Significa que tengas un corazón limpio y abierto para todos, sin límites ni barreras, que veas a todos como personas y no como enemigos; ámalos y verás cómo aniquilas la guerra y haces crecer la paz.
- Ése es el camino que lleva a la paz, sin orgullo, sin menosprecio, sin venganza, sin coacción, pero sí con mucho amor.

Dicho de otra manera: entrar en el espíritu de las bienaventuranzas quiere decir:

- Es preferible ser pobre, que ser rico opresor.
- Es preferible llorar a hacer llorar al otro.
- Es preferible pasar hambre a ser la causa de que otros mueran de hambre.
- Dichosos no por ser pobres, sino por no ser ricos egoístas.
- Dichosos, no por ser oprimidos, sino por no ser opresores.

La clave es ésta: todo esto que digo está en ti, es lo mejor de ti, es tu dignidad y valía, y es la dignidad y valía de cada ser humano. Lo que propongo no es, pues, una quimera, sino algo realmente posible.

Caminar por aquí es seguirme, dejar a un lado el afán del dinero, renunciar a la injusticia, abrir caminos de humanidad, de amor y de paz. Por paradójico que pueda parecer, mi exaltación de la pobreza tiene como objetivo el que deje de haber pobres.

El enemigo número uno del Reino de Dios es la ambición, el afán de poder, la necesidad de oprimir al otro. Recordad mis palabras: «No podéis servir a Dios y al dinero».

Mi evangelio anuncia que toda acumulación de bienes, mientras haya un solo ser humano que muera de hambre, es injusta. Los economistas dirán que no puede haber progreso sin acumulación de capital. Los sociólogos dirán que la organización de la sociedad sería imposible si no hubiera alguien que mandara y alguien que obedeciera. Las bienaventuranzas que yo propongo denuncian que la sociedad tal como está hoy montada a nivel mundial es radicalmente inhumana e injusta, aunque se cumplan al pie de la letra todas las normas legales establecidas. Mis bienaventuranzas dicen que otro mundo es posible.

Un mundo que no esté basado en el egoísmo, sino en el amor. ¿Puede ser justo que tú estés pensando en vivir cada vez mejor (entiéndase consumir más), mientras millones de personas se están muriendo por no tener un puñado de arroz que llevarse a la boca? Si no quieres ser cómplice de la injusticia, escoge la pobreza.

Por tanto, éstas son las condiciones para ser bienaventurado:

• Renunciar a toda ambición optando por la pobreza (Mt 5, 3) y mantener fidelidad a esa renuncia a pesar de la oposición que suscita (Mt 5, 10).
• Estimular desde esas condiciones un movimiento liberador. Los que se sientan oprimidos, sometidos y aspiren a la justicia encontrarán consuelo, libertad y verán colmadas sus aspiraciones.
• Crear relaciones regidas por solidaridad (Mt 5, 7), la sinceridad (Mt 5, 8) y el trabajo por la paz (Mt 5, 9)
• Proceder convencidos de que la verdadera felicidad estriba en el amor y la entrega y no en el egoísmo y triunfo personal.

Ungido para dar la buena noticia
a los pobres (Lc 4, 18)

El programa de Jesús, encuadrado siempre en el marco de su seguimiento, puede ser analizado desde diversos principios: la justicia, el amor, la fraternidad, la predilección por los últimos, etc.

Si hemos cobrado conciencia de que los pobres no son fruto del fatalismo sino de causas y sistemas bien determinados, no menos claro resulta que el Dios de Jesús es el Dios antítesis de la pobreza, consecuencia a su vez de la injusticia y que conduce a la muerte.

Los pobres, y quienes con ellos se solidarizan, ya se sabe con quiénes van a entrar en conflicto. La materialidad de la pobreza es condición necesaria para la pobreza evangélica, que exige ir coronada por una espiritualidad que tome conciencia de esa pobreza dialéctica, que obstaculiza el cumplimiento de la voluntad de Dios sobre los bienes de este mundo y hace imposible el ideal histórico del reino de Dios, imposibilitando el cumplimiento del mandamiento del amor y de la fraternidad.

Frente a la filosofía clasista y menospreciadora del capitalismo, la teología cristiana afirma que los pobres son un lugar teológico, que constituyen la máxima y más escandalosa presencia de Dios en la sociedad. En Jesús de Nazaret, Dios se manifiesta haciéndose uno de nosotros, adoptando una vida desde la justicia y el amor a favor de los desheredados, contra la explotación de los poderosos y, por eso, acaba en fracaso y asesinato. Dios, en Jesús de Nazaret, abandona toda suerte de neutralismo y toma partido contra los empobrecedores.

Confesar que Jesús es Dios, es hacerlo desde su opción por los pobres, lo cual resulta escandaloso para los judíos y para los griegos, para los piadosos y para los intelectuales.

Cuando se acusa a los teólogos de la liberación de querer privar a Jesús de su divinidad, lo que se esconde tras esa acusación es la pretensión de querer anular el escándalo de un Dios impotente y crucificado. Un escándalo que sigue vivo en la historia. Escribe Ellacuría: «Los pobres se convierten en lugar donde se hace historia la Palabra y donde el espíritu la recrea. Y en esa historización y recreación es donde "connaturalmente" se da la praxis cristiana correcta, de la cual la teología es, en cierto sentido, su momento ideológico» (Ídem, pág. 52). «De ahí que la práctica teológica fundamental de los teólogos de la liberación [...] intenta ante todo ayudar al pueblo empobrecido en su práctica activa y pasiva de salvación» (Ídem, págs. 152-153).

Consiguientemente, si los pobres ocupan esta importancia en el cristianismo se entiende que a la Iglesia se la pueda llamar con toda propiedad Iglesia de los pobres. Son ellos los que deben darle orientación fundamental a su estructura, a su jerarquía, a sus enseñanzas y a su pastoral. Y si la Iglesia está subordinada al Reino, debe estarlo también a los pobres. Los caminos de los pobres y los de Dios van unidos en este mundo.

La Iglesia, por tanto, debe estar allí donde están los pobres, no donde está la riqueza. Lo cual quiere decir que debe estar donde estuvo su Fundador, es decir, en el lugar social de los pobres.

Epílogo: la denuncia de un economista (Stiglitz) y de un profeta (Casaldáliga)

Cualquiera que lea el libro de Joseph E. Stiglitz, catedrático, profesor y Premio Nobel de Economía, encontrará que las cosas de la globalización, tal como él las juzga, andan muy a la vera de lo que nosotros hemos dicho.

Subrayo unos textos suyos que reivindican tres puntos básicos: «Mis investigaciones plantean dudas sobre la idea de que el libre comercio tiene que aumentar por necesidad el bienestar» (*Cómo hacer que funcione la globalización*). «Me parecía terriblemente injusto que en un mundo con tanta riqueza y abundancia haya tanta gente que viva con pobreza [...]. Había visto países en los que la pobreza iba en aumento en lugar de descender y había observado lo que esto significaba» (Ídem, pág. 17). «Los países ricos crearon un régimen comercial global al servicio de sus propios intereses corporativos y financieros, con lo cual perjudicaron a los países más pobres del mundo» (Ídem, pág. 18). «Sin regulación e intervención estatales, los mercados no conducen a la eficiencia económica» (Ídem, pág. 21). «La globalización pone en peligro valores culturales fundamentales» (Ídem, pág. 25).

Podría yo haber expuesto esta conferencia refiriéndome simplemente a la vida del obispo Casaldáliga, como camino y programa para combatir la injusticia global y transformar la vida de los pobres. Sería el resultado de una teología profética, liberadora, hecha a pie de vida. Siempre Casaldáliga tuvo en su corazón y en su mente la causa de los pobres. Y viene estando con ellos desde hace cuarenta y dos años en el Mato Grosso del Brasil en su Prelatura de São Félix do Araguaia. Dos textos de Pedro Casaldáliga:

> «La blasfemia de nuestros días, la herejía suprema, que acaba siendo siempre idolatría, es la macroidolatría del mercado total. Y es, puede ser, la omisión de la Iglesia, la insensibilidad de las religiones frente a la macroinjusticia institucionalizada hoy en el neoliberalismo, que por esencia es pecado, pecado mortal, asesino y suicida. [...] El capitalismo colonialista crea necesariamente dependencia y divide al mundo. El capitalismo es la culebra aquella primera,

siempre astuta. Jesús dijo abiertamente que el antidiós es el dinero. Esto no es de ningún marxista ni de ningún teólogo de la liberación. Es del Señor Jesús».

«Creo que el capitalismo es intrínsecamente malo: porque es el egoísmo socialmente institucionalizado, la idolatría pública del lucro, el reconocimiento oficial de la explotación del hombre por el hombre, la esclavitud de los muchos al yugo del interés y la prosperidad de los pocos. Una cosa he entendido claramente con la vida: las derechas son reaccionarias por naturaleza, fanáticamente inmovilistas cuando se trata de salvaguardar el propio tajo, solidariamente interesadas en aquel orden que es el bien... de la minoría de siempre».

Y concluyo con este poema del mismo Casaldáliga:

Yo me atengo a lo dicho:
la justicia:
a pesar de la ley y la costumbre,
a pesar del dinero y la limosna.
La humildad,
para ser yo, verdadero.
La libertad,
para ser hombre.
Y la pobreza,
para ser libre.
La fe, cristiana,
para andar de noche,
y, sobre todo, para andar de día.
Y, en todo caso, hermanos,
yo me atengo a lo dicho: a la esperanza.

3. EL OTRO MUNDO POSIBLE QUE AHNELAMOS

Raimon Panikkar, *Una mirada nueva*

FEDERICO MAYOR ZARAGOZA

Federico Mayor Zaragoza nació en Barcelona en 1934 y es doctor en Farmacia por la Universidad Complutense de Madrid (1958). Desde 1963 fue catedrático de Bioquímica de la Facultad de Farmacia de la Universidad de Granada, de la que fue rector (1968-1972) y más tarde fue catedráticode su especialidad en la Universidad Autónoma de Madrid; ministro de Educación y Ciencia (1981-1982); diputado del Parlamento Europeo en 1987; director general de la Unesco de 1987-1999; presidente del European Research Council Expert Group (2002-2005), y co-presidente del Grupo de Alto Nivel para la Alianza de Civilizaciones (2005-2006). Actualmente, es presidente de Initiative for Science en Europe desde el año 2007; presidente del Consejo Directivo de la Agencia de Noticias IPS desde 2008; presidente de la Comisión Internacional contra la Pena de Muerte desde 2010, y presidente del Consejo de Participación del Espacio Natural de Sierra Nevada desde 2011. En 1999 creó la Fundación Cultura de Paz, de la que es presidente.

«Escribo desde un naufragio.
Escribo sobre la latitud del dolor,
sobre lo que hemos destruido
ante todo en nosotros.
[…] Pero escribo también desde la vida.»
José Ángel Valente,
en «Sobre el tiempo presente».

«Estamos en un momento crítico de la historia de la Tierra, en el cual la humanidad debe elegir su futuro», proclama la *Carta de la Tierra* en el inicio del preámbulo. Es tiempo de cambios apremiantes. Es tiempo de acción. La mayoría de los diagnósticos y análisis han sido ya realizados y están disponibles: ha llegado el momento de aplicarlos resueltamente, audazmente. «Como nunca antes en la historia, el destino común reclama a la humanidad buscar un *nuevo comienzo*», establece la *Carta de la Tierra* en su epílogo, y nos advierte de que esta nueva etapa de la historia «requerirá un cambio de mentalidad […], un nuevo sentido de interdependencia global y responsabilidad universal». No cabe duda, lo digo con cierta experiencia, que es uno de los documentos más importantes, más inspiradores, más completos y útiles para la acción de los que disponemos en estos momentos críticos en los que el cambio es inaplazable.

Es apremiante difundir estos mensajes ampliamente para una adecuada formación a todas las escalas: alumnos de cualquier grado; ciudadanos; parlamentarios; gobernantes; etc., de tal modo que lo incorporen como guía y punto de referencia de su comportamiento cotidiano.

Se trata de forjar actitudes, de hacer posible una "mirada nueva" –como la de Panikkar– sobre el mundo en su conjunto. Recomiendo a los docentes, madres y padres, periodistas, autoridades municipales, políticos, etc., que reciban estos mensajes y reflexionen en ellos, porque, sin duda, apreciarán la calidad excepcional de unos conceptos y pautas de conducta que deben orientar actitudes y rumbos en momentos en los que son posibles las profundas transformaciones que la humanidad precisa con apremio.

Sí: grandes crisis (económica, financiera, medioambiental, alimenticia, democrática, ética, etc.) representan grandes oportunidades que no podemos desaprovechar. La *Carta de la Tierra* es un texto lúcido, breve pero comprensivo de los grandes desafíos que enfrentamos y, sobre todo, de las soluciones para resolverlos.

El "nuevo comienzo", esta nueva etapa en la historia de la humanidad, «requiere un cambio en la mente y en el corazón, un nuevo sentido de la interdependencia global y de la responsabilidad universal. Nuestra diversidad cultural es una herencia maravillosa y debemos encontrar los caminos para armonizar diversidad con unidad, mediante la participación de todos [...]. Cada persona, familia, organización y comunidad tiene un papel esencial [...]. Para construir una comunidad sostenible a escala global, las naciones del mundo deben renovar su compromiso con las Naciones Unidas». Estos son algunos de los caminos de futuro, que permitirían rectificar algunos rumbos actuales, horizontes sombríos. Es tiempo de acción. No podemos aplazar por más tiempo la adopción de decisiones, sobre todo cuando, desde la década de 1980, las ideologías e ideales fueron sustituidos –en una abdicación histórica de responsabilidades políticas– por las leyes del "mercado". Y para rectificar, para enderezar las tendencias actuales, es indispensable que aparezca en el escenario el protagonista, el destinatario de todos los esfuerzos realizados para el progreso de la humanidad y la mejora de la calidad de vida de todos los habitantes de la tierra, sin exclusión. Durante siglos, el poder ejercido por unos cuantos ha impuesto sus designios a la inmensa mayoría, que, resignada, temerosa, confusa, ha terminado –con períodos de resistencia, normalmente fugaces– por acatarlos. Tenemos hoy la fundada esperanza de que, por fin, el siglo xxi sea el siglo de la gente, de la emancipación de los ciudadanos, de la voz del pueblo, del tránsito de súbditos imperceptibles, anónimos, a interlocutores, a actores, de la nueva gobernanza.

No me cansaré de repetir que el pasado no se puede cambiar. Debemos rescatar, ciertamente, las lecciones que contiene y aplicarlas. Pero ya sólo podemos describirlo. Y debemos hacerlo fidedignamente. Lo que sí podemos y debemos cambiar es el porvenir. El porvenir está por hacer. Es nuestra tarea primordial. Es el gran reto. No debemos distraernos ni volver la vista atrás. Nuestros descendientes ya han puesto sus ojos en nosotros y nos piden que no cejemos en procurar despejar sus horizontes, hoy tan sombríos.

No podemos seguir dando vueltas a un sistema que, como era previsible por haber cometido el inmenso error de sustituir los valores por las leyes del mercado, iba a llevarnos al desastre. «Es de necio confundir valor y precio», escribió certeramente don Antonio Machado. Han sido necios. Y se les está "rescatando". Una de las razones de la gran perplejidad actual es que no había medios para la lucha contra el hambre, para evitar este genocidio amargo y silencioso –más de 60.000 muertos de inanición y desamparo cada día, al tiempo que invertimos 4.000 millones de dólares en armamento–, no había dinero para los objetivos del milenio, para la lucha contra el sida, para el desarrollo endógeno de tantos países progresivamente endeudados, explotados, humillados, pero, de pronto, se han abierto compuertas ocultas y han aparecido torrentes de miles de millones. Debemos ahora, imperativamente, "rescatar" a la gente, a los más necesitados. Debemos imponernos cómo misión inexcusable llevar a cabo la gran transición desde una cultura de imposición a una cultura de conciliación, desde una economía de guerra a una economía de desarrollo global, desde una postura de súbditos a la asunción de un papel de ciudadanos plenos y participativos; en suma, hemos de hacer valer la fuerza a la palabra.

Para este cambio esencial, que sólo es posible por una reacción popular ante la convulsión propia de una gran crisis, son imprescindibles los asideros éticos que nos ofrece, con particular clarividencia, la *Carta de la Tierra.* «Debemos darnos cuenta de que, una vez satisfechas las necesidades básicas, *el desarrollo humano se refiere primordialmente a ser más, no ha tener más.*» Por fin, el siglo XXI puede ser el siglo de la gente, en el que todos los habitantes de la tierra sin excepción, educados y por ende "capaces de dirigir con sentido su propia vida", dejen de ser espectadores resignados e impasibles para convertirse en actores de la construcción, sobre los sólidos cimientos de principios universales compartidos, de genuinas democracias a escala local y planetaria.

La situación global muestra una creciente patología medioambiental, al tiempo que la brecha entre países ricos y pobres se amplía en lugar de reducirse. La injusticia, la pobreza, la ignorancia y los conflictos violentos se multiplican y extienden, produciendo grandes sufrimientos. Todo esto requiere con urgencia la aparición de la sociedad civil, de las organizaciones en las que se integra, para ser desde ahora indispensable interlocutor, activo participante en la construcción de un mundo "democrático y humano". Para poner en práctica estas aspiraciones, debemos fortalecer el sentido de solidaridad, de fraternidad, tal como se proclama en el artículo primero de la *Declaración universal de derechos humanos.* Todos libres, todos iguales, todos dotados de razón, todos fraternalmente unidos. Todos distintos. Hasta el punto de la unicidad: *cada ser humano único, creador.* Esta capacidad distintiva de la especie humana permite eliminar el fatalismo de su trayectoria. Haber descifrado el lenguaje de la vida –la complementariedad espacial de las moléculas que rige desde la transferencia genética a su traducción en los componentes estructurales y dinámicos de todos los seres– nos permite, en consecuencia, predecir inexorablemente su comportamiento. Con una excepción: la que proporciona a cada vida humana la desmesura creadora, la que le permite, al filo de las luces y de las sombras, de las certezas y de las incertidumbres, la libertad de elaborar sus propias respuestas, de decidir por sí mismo, de "dirigir con sentido su propia vida", definición difícilmente mejorable de la educación, en palabras de don Francisco Giner de los Ríos. Tener tiempo para reflexionar, para pensar, para ser uno mismo, para no ser tan sólo espectador pasivo, receptor que deja que otros decidan en su nombre, que otros marquen –a veces desde distintas instancias mediáticas– las pautas de su comportamiento.

Es apremiante una reapropiación del tiempo. Tiempo "para alzarse", para pensar, para escuchar, para inventar un devenir que sea fruto de la semillas plantadas por todos los seres humanos convencidos, desde ahora, de que su capacidad creadora les permite hacer frente con éxito a cualquier reto. «Todo es posible y todo está por hacer… ¿Quién, sino *todos*?», dijo el poeta Miquel Martí i Pol, en un verso que considero conveniente repetir. Juntos, podemos. Con las voces y las manos juntas, guiados por principios unánimemente aceptados, podemos.

En el siglo xxi se hará realidad la frase con que se inicia la *Carta de las Naciones Unidas*: «Nosotros, los pueblos…». Por fin, los gobernantes serán, en todos los casos, representantes fieles de la voz del pueblo.

Desarrollo integral, endógeno, sostenible, humano… para una adecuada distribución de los recursos de toda índole –incluido, desde luego, el conocimiento–, para el bien de todos. La reducción de las presentes asimetrías es condición sine quae non: en el barrio próspero de la aldea global, el 20% de la población mundial disfruta del 80% de los bienes, de los frutos de la innovación, del descubrimiento, de las aplicaciones tecnológicas. Su riqueza espiritual se halla, en cambio, a la deriva. Debe abrir ventanas y puertas para conocer y comprender a quienes viven, a veces hacinados, en los barrios pobres y empobrecidos, menesterosos. Para que "vivir juntos", como nos recomendaba la comisión presidida por Jacques Delors en su *Educación para el siglo XXI*, sea pronto una realidad y piedra angular del nuevo edificio democrático mundial, es necesario que, con auténtica voluntad de conciliación, normalización, pacificación, se adopten las medidas que permitan aliviar, sin mayor demora, la situación de miles de millones de personas. Medidas para terminar con la vergüenza de paraísos fiscales, donde se "blanquea" el dinero procedente de los más horrendos tráficos: drogas, armas, ¡personas!

La construcción de la democracia exige reclamar el derecho a una información transparente y expresar sin cortapisas nuestros puntos de vista e ir sumando, con la ayuda de la moderna tecnología (Internet, SMS), múltiples voces para que sea un auténtico clamor popular el que se enfrente, victoriosamente, a la hegemonía, a la plutocracia, de tal forma que se rompa el silencio que tantos desmanes ha permitido y se instale, pacíficamente, sólidamente, un marco ético-jurídico a escala local e internacional, para que sea la palabra –que en esto consiste la democracia– de los ciudadanos la que ilumine los caminos de la gobernación hacia un futuro menos sombrío. Para que "las espadas se transformen en arados" y se transite desde una cultura de imposición y de fuerza a una cultura de diálogo y de paz.

Tiempo para pensar, para escuchar, para ser uno mismo. No hay democracia fuerte y sostenible sin ciudadanos atentos a los demás y capaces de argüir en favor de sus propuestas. No hay democracia en el silencio, ni en la sumisión ni en el miedo. La democracia y la no-violencia requieren la seguridad de la paz, y no la paz de la seguridad. No la paz de la imposición, del miedo, del silencio. Como antes subrayaba, la clave de todo sistema democrático es la interacción, la escucha, la participación. Educación para todos a lo largo de toda la vida para que se asegure la presencia, cada vez más numerosa, de los ciudadanos en la gobernación. Para que las instituciones –en particular, las universidades– sean, por su interdisciplinariedad, asesores de las instituciones democráticas (parlamentos, consejos municipales, medios de comunicación) y atalayas, torres de vigía, para favorecer la anticipación y, por tanto, la prevención. Evitar es la gran victoria. Sólo un sistema democrático en el que es el pueblo el que modula el contenido y tonos de la gobernación permite el pleno ejercicio de los derechos humanos sin excepción.

Democracia, no violencia y paz. La Declaración y Programa de Acción sobre una Cultura de Paz, aprobada por la Asamblea General de las Naciones Unidas el día 13 de septiembre de 1999, establece que «la sociedad civil ha de comprometerse plenamente en el desarrollo total de una cultura de paz [...]. Desempeñan una función clave en la promoción de una cultura de paz los padres, los maestros, los políticos, los periodistas, los órganos y grupos religiosos, los intelectuales, quienes realizan actividades científicas, filosóficas, creativas y artísticas, los trabajadores sanitarios y de actividades humanitarias, los trabajadores sociales, quienes ejercen funciones directivas en diversos niveles, así como las organizaciones no gubernamentales».

La Declaración establece la educación para todos y a lo largo de toda la vida, sin obstáculo alguno para el acceso a la misma; promover el desarrollo económico y social sostenible; promover el respeto de todos los derechos humanos; garantizar la igualdad entre mujeres y hombres; promover la participación democrática; favorecer la comprensión, la tolerancia y la solidaridad; apoyar la comunicación participativa y la libre circulación de información y conocimientos; y promover la paz y la seguridad internacionales. No puede seguir existiendo la actual contradicción entre democracias a escala local (por frágiles y vulnerables que muchas sean todavía) y oligocracia y hegemonía a escala internacional. La cooperación entre todos los pueblos, la desmilitarización, la eliminación de armamento de destrucción masiva, etc., implican necesariamente unas Naciones Unidas dotadas de la autoridad moral, de los recursos humanos financieros y técnicos que son imprescindibles para el desarrollo de su misión: «Nosotros, los pueblos, hemos decidido evitar a las generaciones venideras el horror de la guerra». Un sistema de las Naciones Unidas –con instituciones internacionales especializadas en los aspectos laborales, alimentarios, educativos, culturales, científicos, financieros, etc.– plenamente utilizado, al servicio del mundo en su conjunto, con las adaptaciones que la realidad y la prospectiva aconsejan.

Otro mundo es posible.

Al vivir en una sociedad plural desde el punto de vista de las creencias, el Estado tiene la obligación de velar por los derechos de todos los ciudadanos sin ningún tipo de discriminación, y para ello tiene que configurarse como un Estado laico e independiente. En este sentido, tiene que mantenerse neutral ante las diferentes opciones religiosas, garantizando a todas ellas el ejercicio de sus derechos, al margen del arraigo que hayan podido alcanzar o de su dimensión social. Consecuentemente, la libertad religiosa no puede estar condicionada ni subordinada a ningún criterio de tipo cuantitativo ni de conveniencia política por razones históricas.

Hasta ahora ha prevalecido, en una sociedad caracterizada por un gran predominio masculino de la adopción de decisiones, una cultura de fuerza e imposición sobre una cultura de diálogo, conciliación y paz.

La mano armada ha prevalecido siempre sobre la mano tendida.

Se ha preparado la guerra… y los inmensos beneficios que produce ha hecho que los fabricantes de armas se hayan convertido en el mayor obstáculo para intentar la resolución pacífica de los conflictos y para el correcto funcionamiento de las instituciones multilaterales (la Sociedad de Naciones, después de la Guerra Mundial de 1914-1918, y las Naciones Unidas después de la Segunda Guerra Mundial, de 1939 a 1945). Al término de la "guerra fría", en 1989, no había "dividendos de la paz", sino la imposición de un sistema que ha concentrado el poder militar, económico, tecnológico, mediático… en muy pocas manos.

Y así hemos llegado a una situación de gravísima crisis (financiera, económica, política, social, democrática, medioambiental, alimentaria, ética, etc.).

Pero vivimos tiempos fascinantes porque, por primera vez en la historia, puede tener lugar en muy pocos años una gran transformación, un "nuevo comienzo", en la rápida transición desde una economía de especulación y fuerza a una de desarrollo global sostenible (energías renovables, alimentación para todos; acceso a los servicios sanitarios; agua; medioambiente; vivienda; transporte; etc.).

¡«La voz debida»!

Voz debida hasta el último instante. Que nadie diga: «Yo ya hablé lo suficiente».

Voz para recordar a los grandes creadores de nuestro tiempo. A los grandes artistas, escultores, arquitectos, filósofos, científicos…, que se olvidan en la turbamulta de los acontecimientos "estelares" de cada día.

Voz para recordar que no pueden privatizarse las responsabilidades del Estado, ni transferirse a la escuela las que son propias a la familia.

Voz para recordar de dónde proceden los bienes de que disfrutamos los más prósperos: de los países a los que, con gran frecuencia, explotamos sin cumplir las promesas que les hicimos, sin facilitar su desarrollo endógeno.

Voz debida a los que crecen en el desamparo y la marginación.

Voz debida a quienes llegan a un paso de nosotros y contemplan nuestras vacilaciones y carencias.

Voz debida a la voz ausente de la mujer, excluida de tantos escenarios y foros donde hoy es más necesaria que nunca su presencia.

Voz debida, sobre todo, a los invisibles, a lo anónimos, a los que mueren cada día, en un genocidio silencioso, de hambre, de sed y de olvido.

Voz alta debida a quienes, situados en la cumbre, no oyen a veces, a veces no escuchan, las palabras que se elevan de los que todavía aguardan, de los que todavía esperan.

Voz debida a los que han muerto, a los que han sufrido todo tipo de inclemencias, porque nadie supo, porque nadie se atrevió a levantar la voz.

El tiempo del silencio ha concluido. Es el tiempo de "los pueblos".

4. UN MUNDO NUEVO QUIERE NACER

JORDI PIGEM

Jordi Pigem (Barcelona, 1964) es doctor en Filosofía por la Universidad de Barcelona. Hasta 1992 fue coordinador de la revista *Integral*, y de 1998 a 2003 fue profesor de filosofía de la ciencia en el Masters in Holistic Science del Schumacher College, en Dartington (Inglaterra). Mientras escribía su tesis doctoral colaboró estrechamente con el filósofo Raimon Panikkar. Colabora habitualmente en medios de comunicación en castellano, catalán e inglés. Coordinó el volumen *Nueva conciencia* y es también autor de *La odisea de Occidente*, *Buena crisis. Hacia un mundo postmaterialista* y *GPS (Global Personal Social): Valores para un mundo en transformación*.

OTOÑOS

En el otoño de 2008 la economía global se declaró en "crisis". Había otras crisis desde mucho antes, en múltiples ámbitos. La crisis ecológica, por ejemplo. Pero se suponía que el mundo iba bien. Hasta que el hundimiento de la burbuja inmobiliaria y especulativa, aquel otoño, inició el otoño de la economía global.

Aquel otoño continúa. Siguen cayendo hojas, y cuantas más caen más empieza a entreverse una nueva realidad.

Era obvio que la economía no iba a poder seguir creciendo de forma ilimitada. Como irónicamente había afirmado el economista Kenneth Boulding, «para creer que el crecimiento exponencial puede continuar indefinidamente, hay que ser un loco o un economista». Se nos dijo que se trataba de una crisis económica puntual, un momento de desaceleración propio de los típicos ciclos de expansión y recesión del capitalismo. Sin embargo, es evidente que se trata de algo más profundo. Es cierto que la economía mundial vivió una crisis todavía más intensa a partir de 1929, la llamada Gran Depresión, pero también es cierto que la crisis actual, en diversos sentidos, no tiene precedentes. Hoy el mundo está mucho más globalizado, y por tanto esta crisis alcanza como nunca antes a todas las sociedades del planeta. Y al mismo tiempo están en crisis todos los ecosistemas de la Tierra. Según el informe *Planetary boundaries* (*Límites planetarios*), elaborado por veintinueve científicos de tres continentes, las consecuencias de la acción humana han hecho que el equilibrio ecológico del planeta esté ya fuera de sus "límites de seguridad" en al menos tres ámbitos: extinción de especies (a un ritmo mil veces más rápido que antes de la Revolución Industrial), cambio climático y alteración del ciclo del nitrógeno.

Hay, sin embargo, una diferencia clave entre la crisis de 1929 y la actual. Aquélla fue una crisis estrictamente económica, causada por desajustes internos (como un exceso de oferta generado por la producción en masa). Una vez reparados los desajustes, la maquinaria económica podía seguir explotando la cornucopia de recursos que albergaba la naturaleza. Ahora, en cambio, los recursos más esenciales, no sólo el petróleo, están en declive. Hemos empezado a topar contra los límites del planeta.

La crisis económica y la crisis ecológica no son dos fenómenos independientes. Son parte de una crisis sistémica, multidimensional, que en el fondo remite a una crisis de civilización. Nos hará integrar nuestra economía en los ciclos de la biosfera. Nos obligará a revisar lo que pensamos y a reinventar lo que hacemos. A un nivel más profundo, nos invita a replantear nuestra relación con el resto de la humanidad y con el resto de la biosfera.

Durante siglos la palabra "crisis" tuvo exclusivamente un sentido médico: era el momento decisivo en el curso de una enfermedad, cuando podía cambiar súbitamente. A peor o a mejor. Según cuál fuera el resultado, se hablaba de *mala* o *buena crisis*. El mundo de dentro de un par de décadas puede ser mucho peor o mucho mejor que el de hoy. Tenemos retos sin precedentes. Pero a la vez nunca habíamos tenido oportunidades comparables a las de hoy: lo que descubrimos a través de la ciencia, lo que aprendemos al abrirnos a otras lenguas y culturas, las posibilidades que nos brinda Internet.

La crisis es el otoño de muchas estructuras marchitas con las que habíamos intentado dominar el mundo. Sus ramas irán cayendo. Algunas harán ruido. Pero también es un momento en el que se abren nuevos espacios y nuevas posibilidades. Puede hacer que broten las semillas de una sociedad más sabia y ecológica y de un mundo más lleno de sentido. Semillas que llevaban largo tiempo aguardando, privadas de luz, sepultadas bajo capas psicológicas de materialismo y consumismo. Habrá sido una buena crisis si se convierte en la primavera de un mundo mejor.

La burbuja cognitiva

Imaginemos que mañana a mediodía se produjera un eclipse de sol que nadie había previsto. No bastaría con dar un tirón de orejas a los profesionales de la astronomía. Sería evidente que la teoría astronómica requiere un cambio de paradigma, como el que en su día introdujeron Copérnico, Kepler y Galileo en la cosmología medieval. En vez de remendar la vieja teoría astronómica con más epiciclos, deferentes y excéntricas, habría que transformarla por completo.

En 1989 se dijo que todos los politólogos tendrían que dimitir por no haber previsto ninguno la inminente caída del Muro de Berlín. También se ha dicho ahora que los grandes profesionales de la economía deberían dimitir por no haber previsto la magnitud de la crisis global en la que hemos entrado. Aparte de Nouriel Roubini (tachado de excéntrico y apocalíptico), ningún economista convencional la vio venir a tiempo. Lo reconoce incluso Paul Krugman, el Nobel de Economía de 2008. No menos grave que la crisis del sistema económico es el colapso de las teorías económicas convencionales, que se han visto completamente desbordadas por la realidad. Los dioses que adorábamos resultaron ser falsos. Aunque nos empeñemos, por inercia, en seguir dando crédito a los mismos métodos y a los mismos expertos.

Un periodista del *Corriere della Sera*, Federico Fubini, hizo en el encuentro de Davos de 2008 una encuesta a directores de bancos centrales y otras figuras clave del sistema financiero global. Les preguntó si creían que habían hecho algo a lo largo de su vida que pudiera «haber contribuido, aunque sea mínimamente, a la crisis financiera». No, respondió sin titubeos el 63,5%. David Rubinstein, cofundador y director ejecutivo del Carlyle Group, comentó irónicamente: «Creí que el cien por cien dirían que no tienen nada que ver».

Al fin y al cabo, es habitual que quienes se aferran a un paradigma obsoleto no se den cuenta de su propia responsabilidad o de lo que hay ante sus ojos. Tampoco los teólogos de hace cuatro siglos veían nada cuando miraban a través del telescopio de Galileo.

Hay una burbuja mucho más antigua y mucho mayor que la burbuja financiera y que la burbuja inmobiliaria. Es la burbuja cognitiva: la burbuja en la que flota la visión economicista del mundo; la creencia en la economía como un sistema puramente cuantificable, abstracto y autosuficiente, independiente tanto de la biosfera que la alberga como de las inquietudes humanas que la nutren. En este sentido, la crisis del sistema económico tiene su origen en una crisis de percepción. La solución a la crisis económica no puede ser sólo económica.

TIKOPIA

Los habitantes de Rapa Nui (la isla de Pascua) se dedicaron durante generaciones a talar sus bosques para edificar enormes y sofisticadas estatuas rituales, los *moai*. Por lo visto, la deforestación de la isla llevó a su colapso ecológico y humano: sin árboles no podían, por ejemplo, construir canoas para ir a pescar. ¿En qué pensaban mientras talaban el último árbol? Buena parte de nuestra actividad ha estado también dedicada a construir *moai*: rascacielos, vehículos y otros artilugios de alta tecnología que prometían acercarnos al paraíso. Mientras tanto, el equilibrio del planeta se ha ido deteriorando cada vez más. ¿En qué pensábamos nosotros?

Otra pequeña y remota isla del sur del Pacífico, Tikopia, también empezó a chocar con sus límites ecológicos casi al mismo tiempo que Rapa Nui, hace ahora cuatro siglos. Pero los tikopianos se dieron cuenta a tiempo. Vieron, por ejemplo, que el consumo de carne de cerdo comportaba desequilibrios ecológicos y estaba asociado con desigualdades sociales. De modo que eliminaron todos los puercos. Los habitantes de Tikopia transformaron radicalmente sus hábitos, su organización y su horizonte.

Su cultura pudo continuar porque supo transformarse.

SÍNTOMAS

Tratar los síntomas sin atender a las causas no cura la enfermedad: sólo la aplaza.

En la mitología griega, la Hidra de Lerna era un terrible monstruo de múltiples cabezas. De nada servía cortarlas, porque una y otra vez volvían a brotar. Para acabar con Hidra, Hércules tuvo que ensartarle una flecha en el corazón.

Un dibujo que aparece en publicaciones ecologistas muestra una enorme excavadora que arrasa todo lo que encuentra a su paso; ante ella, un grupo de frágiles personas intenta interponerse en su camino. Es una buena alegoría de la ciega voracidad del sistema productivo y la lucha desigual a la que han de lanzarse quienes aúnan coraje y sentido común. Pero es imposible detener cada uno de los destrozos que causa la excavadora. Hemos de impedir los atropellos que podamos, pero lo decisivo es entender cómo funciona y detener su avance. Lo que mueve a esa excavadora es la religión del progreso, el afán de desarrollo económico ilimitado, la compulsión a producir y consumir. Mientras no comprendamos y transformemos esa mentalidad que niega la vida y corre hacia el abismo, los mejores esfuerzos sólo servirán para ganar tiempo.

En el fondo, la revolución ecológica es una revolución ontológica.

La economía, filial de la biosfera

Como Karl Polanyi explicó en *La gran transformación*, es cosa inaudita que toda una cultura esté sometida al imperio de lo económico, en vez de ser la economía, como lo fue en todos los lugares y épocas hasta no hace mucho, un área ceñida a consideraciones éticas, sociales y culturales. Por arte de magia, hemos insertado la sociedad en la economía, en vez de la economía en la sociedad. Aunque se cree por encima de todas las cosas, la economía global es sólo una filial de la biosfera, sin la cual no tendría ni aire ni agua ni vida.

En otras culturas, el propósito último de la existencia humana era honrar a Dios o a los dioses, o fluir en armonía con la naturaleza, o vivir en paz, libres de las ataduras que nos impiden ser felices. En nuestra sociedad, el propósito último es que crezca el producto interior bruto y que siga creciendo. En esta huida hacia delante se sacrifica todo lo demás, incluido el sentido de lo divino, el respeto por la naturaleza y la paz interior (y la exterior si hace falta petróleo). La economía contemporánea es la primera religión verdaderamente universal. El *ora et labora* dejó paso a otra forma de ganarse el paraíso: producir y consumir. Como ha señalado David Loy, la ciencia económica «no es tanto una ciencia como la teología de esta nueva religión». Una religión que tiene mucho de opio del pueblo (Marx), mentira que ataca a la vida (Nietzsche) e ilusión infantil (Freud). Una forma de autoengaño que ahora nos pasa factura.

El bienestar universal

En su autobiografía, Gandhi explica cómo encontró tres principios clave en el libro de John Ruskin *Unto this Last*: que el bien del individuo es inseparable del bien común; que todo trabajo tiene el mismo valor, tanto el del abogado como el del barbero, y que la vida más digna de vivir es la de quien se dedica a cultivar la tierra o a la artesanía. Gandhi acuñó posteriormente el concepto de *sarvodaya* o "bienestar universal", que implica que el bien del individuo es inseparable del bien común.

Sabemos que el verdadero bienestar no depende de la continua acumulación de posesiones materiales, sino de desarrollar una *vida llena de sentido* en un contexto social cooperativo y en armonía con un entorno natural que mantenga su integridad. Para conseguir una sociedad sostenible, es necesario desvincular el bien-estar del mucho-tener, es decir, desvincular nuestra identidad, nuestro *sentido-del-yo*, de los bienes materiales, de los que nunca podremos tener suficiente, y basar la autoestima no en el tener, sino en el ser, desarrollando una identidad más participativa, más fluida y más consciente de nuestra interdependencia con el resto del mundo.

Abraham Maslow constató, en todas las personas que él denominaba autorrealizadoras (*self-actualizing*), que estaban «dedicadas a alguna tarea "fuera de sí mismas", a alguna vocación, tarea o trabajo estimado», al que se entregaban de forma «apasionada y desinteresada». El propio Maslow compara esta característica de la autorrealización con un acto de *entrega*, «en el sentido de ofrecerse uno mismo en algún altar para alguna tarea específica, alguna causa externa a uno mismo y más grande que uno mismo».

Sólo podremos cuidar aquello que realmente amamos. Para vivir en equilibrio con el planeta es necesario sentir reverencia y *amor* por la vida. Erich Fromm escribía en la última página de *El arte de amar* que «el amor es la única respuesta sensata y satisfactoria al problema de la existencia humana». Por su parte, Gandhi afirmaba que «el poder basado en el amor es mil veces más efectivo y duradero que el poder derivado del miedo al castigo».

Una de las manifestaciones más fructíferas del amor es la *gratitud*. Podemos sentirnos agradecidos por vivir en este mundo que desborda nuestra comprensión, y por vivir en este momento histórico, con todos sus retos y oportunidades. Si conseguimos transformar nuestras actitudes y valores, emergerá una nueva civilización, mucho más sabia. La verdadera *sabiduría* nos lleva a darnos cuenta de que en el fondo no hay ninguna separación real entre el "yo" y el mundo. Gandhi, declarado seguidor del *advaita* ("no-dualidad" en sánscrito), expresaba así el hecho de que no estamos aislados: «Creo en la unidad esencial del ser humano y, de hecho, de todo lo que vive. Por tanto, creo que si un solo ser humano gana en espiritualidad, todo el mundo gana con él, y si uno falla, todo el mundo falla en la misma medida».

Joan Maragall expresó rotundamente la misma intuición hace ya un siglo: «Amar, esto es la vida. Amar hasta el punto de poder darse por lo amado. Poder olvidarse a sí mismo, esto es ser uno mismo; poder morir por algo, esto es vivir [...]. *Ama, y haz lo que quieras*. Amar es pues la causa, la seña y la justificación de la vida [...]. Ama tu oficio, tu vocación, tu estrella, aquello para que sirves, aquello en que realmente eres uno entre los hombres. Esfuérzate en tu quehacer como si de cada detalle que piensas, de cada palabra que dices, de cada pieza que pones, de cada golpe de tu martillo, dependiera la salvación de la Humanidad. Porque depende, créelo».

Los valores que sirven de antídotos a las dinámicas insostenibles de hoy son también los que más contribuyen a la verdadera felicidad personal y a la cohesión social, como hemos mostrado más arriba. Por tanto, no se trata de escoger entre sostenibilidad ambiental, armonía social y plenitud personal.

Nos encontramos en una encrucijada en la que todo lo que contribuye a la responsabilidad social y ecológica contribuye también al bienestar personal.

El verdadero bienestar es estar bien –contigo y con el mundo– y fluir con lo que pide cada momento.

DESPLEGAR

Imaginemos dos cilindros concéntricos, el espacio entre los cuales se llena con un líquido viscoso, como la glicerina. Ponemos sobre la glicerina una gota de tinta insoluble y hacemos girar lentamente el cilindro exterior, manteniendo el interior inmóvil. La glicerina permanecerá casi en reposo cerca del cilindro interior y se moverá más cuanto más cerca esté del cilindro exterior, que va girando. Debido a las distintas velocidades, la gota de tinta se irá alargando, hasta convertirse en un hilo finísimo y finalmente volverse invisible.

Se diría entonces que la gota ha desaparecido, pero si se gira el cilindro exterior en dirección contraria, lentamente, la glicerina vuelve sobre sus pasos, surge como de la nada el hilo finísimo de tinta y finalmente la gota recupera su forma original. David Bohm utilizaba este experimento como ejemplo de su teoría del *orden implicado*: la gota no desaparece, sino que queda implicada, plegada en la glicerina, y el hecho de que vuelva a surgir demuestra que ahí había un orden implícito capaz de volver a desplegarse. Del mismo modo, según él, muchos acontecimientos del mundo físico podrían responder a un orden implicado que no somos capaces de percibir.

De hecho, un orden implicado que va *explicándose* hasta que todo encaja caracteriza al arte en movimiento, como la música, la literatura o el cine. El oyente, lector o espectador será capaz de percibir un orden que al principio sólo conocía el autor de la obra. En el caso de las obras que se hacen a sí mismas, como nuestras vidas, también puede haber oculto un orden implicado e inconsciente que acaso algún día se despliegue y se explique. Quizá la gota pugna por desplegar su orden pese a la fricción de las circunstancias. Y lo mismo podría aplicarse al sentido del mundo. Como señaló Eduardo Galeano: «Dentro de cada situación de violencia hay mucha ternura escondida, dentro de cada horror hay mucha maravilla posible. Porque la realidad es lo que es, pero también es lo que ella quiere ser y no la dejan ser».

O en palabras de Heráclito: «La armonía oculta es más fuerte que la manifiesta».

ONCES

Cuando se unen dos voluntades, no suman, sino que multiplican. Uno y uno no son dos sino once.

¿Qué tienen los onces? Fuera de los estadios de fútbol, en los estadios de la historia, hay onces que dejan huellas enormes:

11 de marzo de 2001. Tras dos semanas de marcha desde las selvas de Chiapas, la caravana zapatista entra en el Zócalo de la Ciudad de México ante más de un cuarto de millón de personas. Indígenas casi todos, los zapatistas reivindican el cálido color de su piel –el color de la tierra– ante el frío color del poder –el color del dinero–. Hoy, aquí, en la plaza más grande de América, se siente cómo la historia quiere cambiar. Pocas semanas antes, en Porto Alegre, se ha celebrado el I Foro Social Mundial.

11 de septiembre de 2001. Caen las Torres Gemelas y un impacto balístico abre un boquete en el Pentágono. Cientos de millones de telespectadores quedan atónitos (sumidos en un estado de *shock and awe*, según el concepto diseñado por los militares norteamericanos). Bush y Bin Laden y quienes mueven sus hilos engañarán a más de medio mundo durante más de una década.

11 de marzo de 2004. A la tragedia sigue el depravado intento de manipularla.

11 de marzo de 2011. Después de Fukushima todo va a ser distinto. Por más que se esfuerce la inteligencia calculadora, la realidad nos desborda. Akira Kurosawa tuvo una pesadilla que reflejó en su película *Yume* (*Sueños*): seis reactores nucleares explotaban detrás del monte Fuji. Los seis de Fukushima Daiichi afortunadamente no explotan, pero tienen grietas. Grietas graves. También tienen grietas toda una serie de estructuras obsoletas, como el patriarcado, el capitalismo y el materialismo, con las que habíamos intentado dominar el mundo y someter la vida.

El mundo de hoy es insostenible. Se acaba.

Pero un mundo nuevo quiere nacer. Va a nacer.

Va a nacer a través de nosotros.

Y sólo puede nacer con un parto natural. Tendremos que esforzarnos sin tensarnos, con toda nuestra atención y toda nuestra presencia, pero la fuerza que lo hará nacer viene de tan adentro en nuestro interior que ni siquiera podemos conocerla.

Sí podemos sentirla y seguirla y serla.

---

* Este capítulo entreteje textos que he publicado antes en Kairós. Los subcapítulos 2 y 5 están tomadas de *Buena crisis* (§ 1 y 7); el 3 y el 6, de *GPS* (§ 1 y 28), y los subcapítulos 4 y 7, de *La odisea de Occidente* (págs. 132-133 y 139-140).

5. ESPIRITUALIDAD Y POLÍTICA. INDEPENDENCIA COMPLETA Y RELACIÓN PROFUNDA

MARIÀ CORBÍ

Marià Corbí es director del Centro de Estudio de las Tradiciones de Sabiduría (http://cetr.net). Licenciado en teología y doctor en filosofía, Corbí ha sido profesor de ESADE, de la Fundación Vidal y Barraquer y del Institut de Teología Fonamental de Barcelona. Ha dedicado la vida al estudio de las consecuencias ideológicas y religiosas de las transformaciones generadas por las sociedades de innovación, sociedades postindustriales. La lista de publicaciones es larga, destacamos sus últimas obras: *Hacia una espiritualidad laica: sin creencias, sin religiones, sin dioses*, *A la intemperie*, *Meditaciones sobre la unidad: más allá de los límites* y *Por los caminos del silencio*.

Nuestras reflexiones se sitúan en las sociedades desarrolladas. En ellas, los modos preindustriales de sobrevivencia han desaparecido por completo, con excepción de algunos pocos residuos; la industrialización se ha extendido a todos los niveles de la vida de los ciudadanos, y se han asentado profundamente las nuevas sociedades industriales de innovación continua y cambio, también llamadas sociedades informatizadas o sociedades del conocimiento.

La desaparición de las sociedades preindustriales y la generalización de las industrias han llevado a las religiones, como sistemas de creencias impositivas, de organización jerarquizada y patriarcal, a una crisis mortal. Con esas transformaciones las religiones han perdido el humus en el que nacieron, vivieron y se desarrollaron.

Las religiones, como sistemas de creencias, en la mayoría de los países y regiones desarrollados, además de quedarse sin tierra en la que enraizarse y sustentarse, están recibiendo el duro impacto de las sociedades del conocimiento. Llamamos sociedades del conocimiento a aquellas que sobreviven y prosperan creando continuamente nuevos saberes científicos y tecnológicos y, a través de ellos, nuevos servicios y productos.

El crecimiento imparable y acelerado de las tecnociencias supone una continua transformación de las interpretaciones de la realidad en todos sus niveles, también en los humanos y comunicativos; una continua transformación de las formas de trabajar y organizarse y, consiguientemente, una continua transformación de los sistemas de cohesión, valoración y fines colectivos. En las sociedades en que se vive de la constante creación de tecnociencias, todo cambia continuamente. Por esa razón, los colectivos y los individuos tienen que excluir todo lo que fije y estar dispuestos a cambiar lo que sea, cuando sea conveniente.

Las sociedades preindustriales vivieron durante milenios haciendo fundamentalmente lo mismo. Los cambios fueron muchos e importantes, pero no afectaron a los ejes centrales de las estructuras de esas sociedades. Los modos fundamentales de pensar, sentir, actuar, organizarse y vivir venían determinados por sistemas de programación colectiva construidos inconscientemente a lo largo de centenares de años y avalados por la religión que los sacralizó y, con ello, bloqueó los cambios de importancia y las posibles alternativas.

Las sociedades preindustriales se articulaban a través de esos programas, que las religiones proclamaban como de revelación divina y, por consiguiente, intocables y sagrados. Este tipo de sociedades se cohesionaban a través de esas creencias intocables, a las que había que someter la mente, el sentir, la acción y la organización.

Puesto que las creencias funcionaban como programa y cohesionador colectivo, no eran libres, sino impositivas. Para imponerlas se necesitaba de la coerción y del poder político para aplicarlas.

Las sociedades de conocimiento deben excluir las creencias. Llamamos creencias en sentido estricto a las que se tienen por reveladas; diferenciamos esta noción de las creencias en sentido lato, que son en realidad supuestos acríticos. Excluir las creencias supone no poderse cohesionar por la sumisión, sino por la aceptación voluntaria de proyectos colectivos. Si hay que excluir la sumisión, hay que excluir la coerción. Donde no se necesita coerción tampoco se necesita del poder político para que la aplique.

Las nuevas sociedades del conocimiento tienen que articularse apoyadas en la voluntariedad. Los miembros de las nuevas sociedades aceptan voluntariamente los proyectos colectivos que ellos mismos se construyen y proponen. Una vez aceptados, se establecen leyes que deben respetarse, aunque para ello requieran de la coerción y del poder, pero ya sobre la base de la voluntariedad.

Las nuevas sociedades deben construir sus propios proyectos de vida colectiva e individual, teniendo en cuenta, en primer lugar, las posibilidades y riesgos de las nuevas tecnociencias y de su rápido y continuo desarrollo, y teniendo en cuenta, también, la necesidad de programarse individual y colectivamente para el cambio constante y la no fijación, por consiguiente, fuera de creencias intocables.

Todos los parámetros de estas sociedades están sometidos a cambios continuos. Quienes pretendan fijar alguna de las dimensiones de la vida de los colectivos están atentando contra la lógica interna de las sociedades de innovación y cambio. La necesidad de ser conscientes y de adaptarse a esos cambios crea una nueva consciencia colectiva: todo debemos construírnoslo nosotros mismos, nada nos baja del cielo, ni nos es dado por la naturaleza de las cosas.

Esa nueva conciencia, impensable en las sociedades preindustriales, viene reforzada por la convivencia de diversas culturas, tradiciones espirituales y tradiciones religiosas, cada una de ellas con la pretensión de ser la única verdadera, o como mínimo, de ser el lugar de la revelación plena y definitiva de Dios. Ese roce continuo de tradiciones culturales y religiones se produce a nivel global, posibilitado por los medios de comunicación e informáticos y por la convivencia de toda esa diversidad en nuestros países y ciudades, provocada por la inmigración masiva y creciente.

En las sociedades de innovación, cambio y globalización, la vivencia –de modo explícito y conscientemente o implícita e inconscientemente– de que ya nadie puede vivir como sus antepasados y de que todo nos lo hacemos nosotros a propio riesgo se ha extendido a todas las culturas, a todos los países, hasta los lugares más remotos de la tierra.

Esta nueva conciencia, a medida que crece, advierte que nos movemos en una sociedad de riesgo. Nunca nuestra especie había vivido de cambiar todos sus parámetros continuamente; nunca habíamos sido conscientes de que todos nuestros proyectos de vida, individuales y colectivos, eran construidos por nosotros mismos, sin ninguna garantía externa, sea de procedencia divina o de la naturaleza de las cosas. Las sociedades del conocimiento son sociedades de riesgo; poco a poco vamos tomando conciencia de ello.

Supuesto que todo está en nuestras manos, debe preocuparnos profundamente la cualidad humana de esos constructores. Si los constructores no tienen una cualidad humana proporcionada al poder de nuestras ciencias y tecnologías, nuestras tecnociencias funcionarán sin control, como un aprendiz de brujo.

Veamos un poco más detalladamente cómo funcionó la espiritualidad, la religiosidad, en las sociedades preindustriales que nos han precedido, y podremos saber cómo se alimentaba la cualidad humana en los individuos y en la política.

La espiritualidad, cultivada en un grado u otro, era el fundamento de la cualidad humana. Espiritualidad y cualidad humana venían vehiculadas por la religión como sistema de creencias y sumisiones y no podía distanciarse de ella.

La religión funcionaba como programa colectivo, es decir, como patrón exclusivo y excluyente, de interpretación y valoración de la realidad, de actuación y de organización. Ésta era la función principal de los mitos, símbolos y rituales en los que se expresaba la religión. La función de esas formaciones no era primariamente espiritual, sino ordenada a la modelación de la realidad según un concreto modo preindustrial de supervivencia. Los mitos, símbolos y rituales proporcionaban primariamente el programa cultural que completaba nuestra insuficiente determinación genética. Ese programa, imprescindible para nuestra sobrevivencia, nos convertía en vivientes culturales y funcionaba a la manera de un *software* colectivo.

Desde ese modelador o *software* se interpretaba y vivía necesariamente nuestra noticia de la dimensión absoluta de la realidad, propia de nuestra condición de hablantes. Nuestra condición de hablantes nos proporciona un doble acceso a la realidad, un acceso en relación con nuestras necesidades, como los demás vivientes, y otro acceso independiente de la significación que las realidades puedan tener para nosotros, por consiguiente, absoluto en el sentido dado e independiente de toda relación con nosotros.

En toda la larga etapa preindustrial, e incluso hasta muy entrada la industrialización, se tuvo una interpretación de los mitos, símbolos y rituales como descripciones fidedignas de la realidad, tanto de la humana como de la divina. Se pensó que lo que enunciaban nuestras palabras, las míticas y las no míticas, decían cómo era lo real. A esa actitud le llamamos epistemología mítica porque fue generada en los mitos, aunque se prolongó en la filosofía y en las ciencias hasta bien entrado el siglo xx.

Convertir los sistemas míticos y simbólicos en sistemas de creencias intocables fue la forma de asentar e imponer programas que excluían cambios de importancia y posibles alternativas a las sociedades que vivían de hacer siempre básicamente lo mismo. Los cambios importantes y las posibles alternativas suponían un grave riesgo de alterar programas colectivos que habían sido elaborados a lo largo de centenares de años y que fueron verificados y corregidos largamente hasta asegurar de forma eficaz la sobrevivencia.

Podríamos afirmar que la epistemología mítica fue la manera de interpretar y vivir la realidad desde sociedades estáticas que excluían todo cambio de importancia. La noción de revelación divina venía a sellar, con sello divino, la intocabilidad de los mitos, símbolos y rituales, los sistemas de creencias que se derivaban de ellos y la epistemología mítica como el único modo correcto de interpretar y vivir mitos y creencias.

En este contexto cultural, la espiritualidad tenía que vivirse desde mitos y creencias. Nadie podía salirse del todo del *software*, del programa que le estructuraba y estructuraba a la totalidad del colectivo en que vivía. Nadie puede saltar más allá de la propia sombra. Además, hubiera sido una grave responsabilidad salirse de los mitos y creencias colectivas, fundamentándose en experiencias espirituales. Se pondría con ello en riesgo a la colectividad y al sistema que aseguraba, mal que bien, su sobrevivencia. En ese tipo de sociedades, las autoridades religiosas y civiles perseguían a quienes pusieran en riesgo el programa colectivo tan costosamente construido y siempre frágil.

Durante toda la época preindustrial se vivió la paradoja de que la espiritualidad y la cualidad humana venían vehiculadas por mitos y creencias, y que esa misma espiritualidad y cualidad tendía a distanciar inevitablemente de todas esas construcciones humanas. Podría afirmarse que, gracias a la religión, los más religiosos de sus miembros ponían en peligro la religión misma como sistema de creencias. La religión y la espiritualidad caminaban juntas un buen trecho para tender luego a separarse. Hay, pues, que distinguir entre religión como sistema de creencias y espiritualidad o cualidad humana honda. ¿Qué pasa, en este contexto, con la relación de la religión y la política?

Hemos dicho que la religión, en las sociedades preindustriales, funcionaba como programa colectivo, como patrón de interpretación y valoración de la realidad y de actuación y organización. Pero no podía ejercer ese papel en las sociedades estáticas, que excluían todo cambio de importancia y alternativa, más que convirtiendo el sistema simbólico en el que se expresaban, en rígido sistema de creencias.

Las creencias que cohesionan y programan a una sociedad no pueden ser libres para ninguno de sus miembros ni tampoco para la sociedad en su conjunto. Las creencias, en las que se formulan las pretensiones de los mitos y los símbolos, son obligatorias, por tanto impositivas; y si impositivas, coercitivas.

A las religiones como sistemas de creencias y como programas colectivos no les interesa tanto la profundidad de la espiritualidad como la sumisión. La profundidad de la espiritualidad puede ser peligrosa para la religión y para la sociedad. Basta con algún grado de espiritualidad o, si se prefiere, de cualidad humana, para que la religión haya cumplido su misión. Lo que realmente les interesa a las religiones como sistemas de creencias es la sumisión de la mente, del sentir, de la actuación y de la organización a los patrones revelados.

¿Cómo asegurarse esa sumisión, imprescindible para cumplir su función en las sociedades preindustriales? Identificándose con el poder político o aliándose fuertemente con él. Una consecuencia inevitable de esta alianza es la alianza de la religión con la riqueza, si no a nivel individual, que en muchos casos ha sido así sobre todo entre los jerarcas, por lo menos a nivel de organización.

Ahí se entra en un círculo, necesario en las sociedades preindustriales estáticas, pero en realidad vicioso. La religión necesita imprescindiblemente del poder para cumplir su misión de programadora de la colectividad, de cohesionadora y de cultivadora de un mínimo de cualidad humana que haga a la sociedad viable; y el poder necesita también imprescindiblemente de la religión para que lo legitime y legitime la coerción y la violencia moral y física cuando fuera necesario.

Tenemos, pues, que la religión como sistema de creencias lleva necesariamente al pacto con el poder político y, de rebote, también al pacto con la riqueza. Por el contrario, la religión como sistema de creencias, aunque fue un buen instrumento para el cultivo colectivo de unos mínimos suficientes de cualidad humana, tendió siempre a separarse de los grados de espiritualidad y cualidad humana honda. Evidentemente, siempre hubo excepciones, pero la historia atestigua la regla general en todas las culturas agrario-autoritarias de la historia de la humanidad, se encuentren donde se encuentren.

¿Qué ocurre con la espiritualidad y la política cuando las sociedades preindustriales agrario-autoritarias desaparecen, se generalizan los modos de vida industrial y se asientan las sociedades globalizadas de conocimiento, innovación y cambio continuo?

Vivimos y prosperamos cambiando; necesitamos programarnos para cambiar y estar dispuestos a cambiar al ritmo del crecimiento de nuestras tecnociencias. Debemos excluir y bloquear lo que fije; por tanto, debemos excluir las creencias.

Las religiones como sistemas de creencias y de programación colectiva por vía de sumisión y de imposición resultan inviables y perjudiciales para el buen funcionamiento del nuevo tipo de sociedades industriales. Es lógico que las religiones entren en crisis grave y lo es también que las generaciones más jóvenes, que ya no han vivido las condiciones de las sociedades mayoritariamente preindustriales, se alejen de las religiones.

El empeño de las autoridades religiosas en continuar manteniendo las religiones como sistemas de creencias y de programación colectiva de las nuevas sociedades las condena a la marginalidad y al ostracismo para las nuevas generaciones.

Si queremos heredar la sabiduría acumulada en las grandes tradiciones religiosas a través de milenios, habrá que aprender a leerlas ya no como fundamento de sistemas de creencias, sino como sistemas simbólicos que expresan la dimensión profunda y absoluta de nuestro existir y los procedimientos para acceder a ella.

Las grandes tradiciones religiosas de la humanidad son inmensos depósitos de sabiduría y cualidad humana profunda, que están a nuestra disposición, si aprendemos a leerlos sin creencias y sin epistemología mítica.

La epistemología no mítica es consciente de que los mitos, símbolos y rituales en los que se expresan las religiones son creaciones humanas; es consciente de que todo nuestro hablar de la realidad no describe la realidad, sino que la modela a la medida de unos pobres vivientes como nosotros; es consciente de que tampoco la revelación puede tomarse como una descripción de la realidad.

La epistemología no mítica sabe del profundo sentido expresivo de mitos, símbolos y rituales de las religiones de nuestros antepasados y sabe del serio fundamento de la noción de revelación como un símbolo más que apunta a un aspecto peculiar de la dimensión absoluta de nuestro acceso a la realidad, pero no lo describe; la revelación no puede ser entendida como lo hicieron las generaciones que nos precedieron, ni puede ser razón para frenar los cambios que es preciso hacer en los modos de vida, en todos los órdenes, al ritmo del crecimiento de nuestras tecnociencias.

En el nuevo contexto cultural, la espiritualidad deberá presentarse libre de sumisiones. En ese nuevo contexto sería más adecuado hablar de cualidad humana profunda que de espiritualidad, porque la espiritualidad es una noción que en su raíz está dependiendo de una antropología de cuerpo y espíritu que ya no es la nuestra.

Habrá que aprender a comprender, sentir y vivir el gran legado de sabiduría, de cualidad humana honda de las tradiciones religiosas, sin creencias, porque no nos son posibles y sin religiones como sistemas de creencias porque tampoco nos son posibles.

¿Cuál será, en estas situaciones, la relación entre la espiritualidad y la política?

La espiritualidad heredada de las tradiciones religiosas deja de funcionar como cohesionador y programa colectivo. Los postulados axiológicos y los proyectos colectivos de las sociedades dinámicas de la segunda industrialización debemos construírnoslos nosotros mismos. Esos postulados de lo que, con nuestras potentes tecnociencias y su continuo desarrollo, queremos hacer de nosotros mismos y del medio en que vivimos serán las matrices axiológicas desde las que se construirán los proyectos colectivos a todo nivel, desde los más altos de nuestras organizaciones internacionales, hasta los más bajos de nuestras organizaciones inmediatas y personales.

Esos postulados y proyectos no pueden ser creídos, en el sentido estricto del término, porque los construimos nosotros mismos y los hemos de revisar periódicamente cuando lo requieran las transformaciones que inducen en nuestras vidas las tecnociencias. Puesto que no pueden ser creídos, deben ser adoptados libremente. Sin el fundamento de creencias intocables, no pueden ser impuestos, no se puede pedir la sumisión, sino la aceptación y el compromiso con ellos libremente.

La espiritualidad es, pues, libre y autónoma con relación a los postulados y proyectos colectivos. No puede pedir la sumisión porque no se puede apoyar en creencias impositivas, sólo puede invitar a la adhesión voluntaria. No puede ni quiere someter las mentes, el sentir, la acción y la organización, no necesita, pues, instrumentos de coerción, por consiguiente, no necesita del poder político.

La espiritualidad no precisa pactar con el poder, al contrario, debe evitarlo. Si no precisa pactar con la capacidad de coerción del poder, menos necesita de las riquezas que van asociadas al pacto con el poder.

Por su parte, el poder político no precisa de la legitimación de la religión entendida como vía de la espiritualidad y no como sistema de creencias. La espiritualidad no puede proporcionarle esa legitimación porque se legitima por la adhesión voluntaria de los ciudadanos a sus propuestas.

En la nueva situación, la espiritualidad es libre con respecto al poder y la riqueza, y el poder político es libre con respecto a la espiritualidad. Ésta es una situación nueva en las grandes religiones occidentales.

Definitivamente, la espiritualidad se disocia de la sumisión, de la coerción y de la violencia mental o física. Con esta ganancia, lo que se llamaron religiones pierden la posibilidad de imponerse homogéneamente en las sociedades y estallan en diversidad y creatividad.

La organización de las sociedades es perfectamente autónoma de la religión y la espiritualidad, pero en esa nueva situación surge un problema inesperado: ¿de dónde sacarán los colectivos la cualidad humana que en el pasado proporcionaron las religiones por vía de las creencias?

Las nuevas sociedades, dotadas de potentes ciencias y tecnologías en continuo y rápido crecimiento, precisan de la cualidad y de la gran cualidad para gestionar el poder de sus tecnociencias, gestionarse ellos mismos y gestionar el medio. Ya nada en la tierra funciona autónomo de la intervención humana, somos los gestores de la totalidad, aunque todavía no hayamos cobrado plena conciencia de ellos, y, sobre todo, sin que todavía hayamos sacado las conclusiones adecuadas.

Necesitamos de la cualidad humana y de la gran cualidad humana, más que en ninguna otra época de la historia de nuestra especie. No podemos ser tan necios como para pretender inventarla de nuevo. Sería estúpido desechar la sabiduría acumulada durante milenios por nuestros antepasados.

Podemos heredar plenamente todo el legado de nuestros antepasados a condición de que lo leamos y vivamos sin la interpretación de la epistemología mítica que toma como reales lo que dicen los mitos, símbolos y rituales. Podemos heredar ese rico legado si aprendemos a leer y vivir el mensaje de las tradiciones como puramente simbólico, sin más pretensión que hablarnos y orientarnos hacia la dimensión absoluta de la realidad, hacia la cualidad humana profunda.

Entonces la oferta de las tradiciones es libertad, paz y mansedumbre, distanciamiento del poder y todos sus atributos y distanciamiento de la riqueza. La espiritualidad no necesita para nada de príncipes de la Iglesia, sino de maestros del espíritu. Esa sí que sería una oferta válida y necesaria para nuestras sociedades del conocimiento, innovación y cambio continuo. Eso es lo que las nuevas sociedades necesitan y lo que la espiritualidad puede ofrecer: cualidad humana, cualidad humana profunda. Vuelve a haber una relación entre la espiritualidad y la política, pero esta vez la espiritualidad no ofrece interpretaciones, valoraciones, sistemas de organización y de actuación, proyectos colectivos bajados del cielo, sino sólo espíritu, es decir cualidad profunda. Una cualidad sin la cual las nuevas sociedades no pueden funcionar correctamente. El poder no puede ofrecer nada a la espiritualidad, sólo puede adherirse a ella voluntariamente para ejercer mejor su función.

La espiritualidad no ofrece a las sociedades construcciones, sino que colabora en la educación adecuada de los constructores. Todavía nuestras sociedades no son plenamente conscientes de esta nueva situación. Todavía las iglesias intentan, por todos los medios, imponer a la sociedad sus patrones de interpretación, valoración, moralidad, organización familiar y colectiva. Y lo hacen con todo empeño y persistencia, porque creen que ésa es la voluntad de Dios. Se mueven en una epistemología mítica que da por descripciones fidedignas lo que dicen los mitos, símbolos y rituales en los que se expresa la religión y la espiritualidad. Pretenden imponer, a los hombres de las sociedades de conocimiento globalizadas, patrones de vida propios de sociedades agrarias, autoritarias, patriarcales y locales. No advierten que ése es un empeño imposible, que lo único que consiguen es alejar a los miembros de las nuevas sociedades de todo lo que huela a religión y espiritualidad, porque por la insistencia de las autoridades religiosas ligan ese legado de nuestros mayores a creencias, sumisiones, coerciones e imposiciones a la fuerza.

A nuestro juicio ése es un error funesto de las autoridades religiosas cuyas consecuencias pueden ser la ruptura completa de la tradición. Si seguimos por esos caminos –ya hemos andado un buen trecho–, las nuevas generaciones se separarán por completo de las tradiciones religiosas y tendrán que descubrirlas por su cuenta de nuevo. Eso sería una calamidad, porque pocos son capaces de esa tarea; la gran mayoría se quedará sin nada, sin bases sólidas para cultivar la cualidad humana. Esas generaciones sin un cultivo serio de la cualidad humana, porque les faltan procedimientos acreditados, serán las que manejarán nuestras tecnociencias. Una situación verdaderamente explosiva.

Por su parte tampoco los partidos políticos y el poder se han hecho conscientes de la nueva situación. Continúan mendigando la aprobación y la legitimación de las autoridades religiosas, como si todavía tuvieran el poder de cohesión y coerción del pasado. Podríamos decir que los partidos y el poder todavía buscan el pacto con la religión. Y las religiones, en la medida de sus posibilidades, exigen ese pacto aunque sea parcial y sectorial.

Esta actitud del poder también es sumamente dañina para la sociedad, porque impide hacer los cambios que las nuevas condiciones culturales requieren. Se traba con concepciones de hombres que ya no existen, los de las sociedades preindustriales, la vida y la organización de los que realmente existen.

Esta situación paradójica no se daría si los ciudadanos mismos no estuvieran en su interior divididos entre unas necesidades perentorias en las nuevas sociedades industriales globalizadas y los restos de concepciones y patrones de sociedades del pasado. Los cambios y transformaciones han sido demasiado rápidos y no nos ha dado tiempo a evolucionar convenientemente para estar donde verdaderamente estamos.

Parece ser que esta situación de escisión interna de los ciudadanos no durará mucho. A las generaciones que ahora tienen alrededor de los cuarenta y cinco años, y las que son más jóvenes, ya no les queda apenas residuos religiosos ni de creencias propias de las viejas tradiciones. Su ignorancia de esos asuntos es casi completa. El precio de esa no escisión interna es un desmantelamiento axiológico total.

La consecuencia de estas reflexiones nos conduce a una serie de constataciones.

La comprensión de las religiones y su función ha cambiado al ritmo del cambio de nuestros modos de vida. La rápida transformación de las tecnociencias y sus consecuencias en las maneras de vivir, la convivencia de culturas y religiones diferentes, la teoría de la ciencia y del valor como construcciones humanas modeladoras de la realidad han transformado nuestra epistemología general y, en particular, la epistemología de la religión.

Las religiones ya no pueden ser interpretadas como descripciones de la realidad de la que hablan, sino como meros sistemas simbólicos que apuntan a aquella dimensión de nuestro vivir que no es relativa a nuestras necesidades, que es, por consiguiente, gratuita, absoluta y, por ello, no puede ser modelada, sólo puede ser aludida con símbolos y metáforas.

Las religiones, en las nuevas sociedades, ya no pueden ser proyectos de vida colectiva bajados del cielo. No pueden presentarse como el fundamento de creencias intocables, reveladas. Son construcciones humanas en las que se expresa la dimensión absoluta de lo real, semejantes a las artes, en las que

se desvela la belleza de lo real. Esto supone una transformación de la noción de "revelación", no su desaparición.

Al perder su condición de "proyectos colectivos" con garantía divina y al desaparecer la epistemología mítica que
daba como descripción de la realidad lo que dicen los mitos,
símbolos y rituales, las religiones pierden la utilidad que para
la política ejercieron en el pasado. En el pasado, se vivieron
como creencias obligatorias que debían imponerse por orden
de Dios. Ésa era la base de la cohesión colectiva por sumisión y base de legitimación de las funciones del poder, coercitivas, con violencia si es necesario.

Desde la perspectiva del pasado, las grandes tradiciones
religiosas se han tornado inútiles para el poder político. Por
el contrario, su utilidad es más sutil, aunque imprescindible
para orientar, estimular y proporcionar ya no creencias, sino
procedimientos del cultivo de la cualidad humana, cuanto
más honda, mejor.

Esa cualidad humana sólo se puede ofrecer, no se puede imponer; tiene que ser fruto de una adhesión voluntaria
que no se hace de una vez por todas, sino que se debe mantener a lo largo de toda la vida de los individuos y los grupos. Esa oferta de cualidad humana honda, sin imposiciones
y de adhesión libre, es la base sobre la que deberán asentar-
se la construcción de postulados y proyectos axiológicos que
requieren los individuos y las sociedades del conocimiento,
en continua innovación y cambio.

Sólo constructores de calidad pueden crear construcciones de calidad. Sin esos hombres y colectivos de calidad,
nuestras potentes ciencias y tecnologías, en continuo crecimiento, podrían acabar con nosotros y con el medio. Hay que
abandonar la idea, todavía corriente, de que las ciencias y
técnicas nos bastan para resolver todos nuestros problemas.
Ese tópico colectivo es un gran error.

El mayor problema que tenemos en las nuevas sociedades es axiológico, y para resolver problemas axiológicos, las ciencias y las técnicas son inútiles. Estamos desmantelados axiológicamente y con ese desmantelamiento conducimos la creación de todas nuestras ciencias y tecnologías y gestionamos nuestro destino y el de toda la vida en el planeta.

La creación de un sistema de valores adecuado a las nuevas sociedades es tarea de individuos y colectivos de cualidad. Esa cualidad debe conducir la política.

También la política tiene que cambiar, aunque todavía no lo ha hecho convenientemente. No puede ser impositiva, sino que tiene que fundamentarse en la adhesión voluntaria de los ciudadanos. En las nuevas sociedades del conocimiento, todo tendrá que basarse en la voluntariedad, si queremos que funcionen correctamente y con eficacia. El conocimiento y la innovación en todos los campos no se generan desde la sumisión y la imposición, sino desde la libertad y la voluntariedad. Una sociedad con estos rasgos no puede basarse en la sumisión sin dañarse a sí misma.

La política, al no poder ser impositiva, no necesita legitimación exterior a ella misma. La fuente de su legitimación es la calidad de sus ofertas y la adhesión voluntaria de los ciudadanos, renovada periódicamente.

Sin embargo, la política está funcionando todavía con patrones organizativos y de acción, propios del siglo XIX; como si no existieran los medios informáticos y las sociedades de conocimiento globalizadas de continua innovación y cambio. Según nuestro criterio, ésta es la causa de la crisis de los partidos, de las organizaciones sindicales y de las relaciones internacionales.

En las nuevas circunstancias culturales, la política no necesita para nada de la religión como sistema de creencias; resulta ser más bien un estorbo para la flexibilidad que requiere la política en esas nuevas formas de vivir colectivas. Por el contrario, necesita de la cualidad humana que le podrían proporcionar las grandes tradiciones religiosas y espirituales para poder crear y ofrecer proyectos de vida colectiva que provoquen la adhesión voluntaria de ciudadanos y grupos.

Necesitamos una política libre de la religión; necesitamos una religión libre de la política, como necesitamos una espiritualidad libre de creencias. Una espiritualidad libre sería la mejor ayuda a una política libre. Pero la espiritualidad no podrá nunca desentenderse de la cuestión política.

6. EL ESPÍRITU DE LA POLÍTICA

ANTONI GUTIÉRREZ-RUBÍ

Asesor de comunicación y consultor político (http://www.gutie-rrez-rubi.es/), miembro de las principales asociaciones profe-sionales como ADECEC (Asociación de Empresas Consultoras en Relaciones Públicas y Comunicación), ACOP (Asociación de Comunicación Política), EAPC (European Association of Politi-cal Consultants) y DIRCOM (Asociación de Directivos de Co-municación) y afiliado al Col·legi de Publicitaris i Relacions Pú-bliques de Catalunya (Societat Catalana de Comunicació i Es-tratègia Polítiques), Antoni Gutiérrez-Rubí es profesor de los másteres de comunicación de distintas universidades y autor de los libros: *Filopolítica: filosofía para la política*; *32 Tenden-cias de cambio (2010-2020)*, junto a Juan Freire; *Micropolíti-ca. Ideas para cambiar la comunicación política*; *Lecciones de Brawn GP. Las 10 claves empresariales para competir con éxi-to* y *Políticas. Mujeres protagonistas de un poder diferenciado.*

«Normalmente la inspiración divina llega cuando el horizonte es más negro.»

INDIRA GANDHI

«Nadie puede ser feliz sin participar de la felicidad pública, nadie puede ser libre sin la libertad pública, nadie puede ser libre sin la experiencia de la libertad pública y nadie, finalmente, puede ser feliz o libre sin implicarse y formar parte del poder político.»

HANNAH ARENDT

Hay una nueva oportunidad. Sea en la interpretación de la sociedad del riesgo (Ulrich Beck) o en la de la sociedad líquida (Zygmunt Bauman), lo cierto es que nos sentimos perdidos, atrapados por el miedo. Y, sin las amarras de los valores morales, vamos a la deriva.

La política formal ha perdido el timón de mando de lo público. Incapaz de dirigir la voracidad de los mercados e insuficiente para representar el hambre de más democracia latente en nuestra sociedad, parece un notario de las injusticias y un administrador de las contradicciones sociales y económicas. El frágil equilibrio entre poder político y poder económico se ha roto. ¿Definitivamente?

Hay, pues, una nueva oportunidad para que la política proyecte sentido al horizonte colectivo. El sentido de que juntos y todos podemos encontrar las respuestas a los desafíos. Que no estamos condenados –aislados y solitarios– a buscar nuestras propias soluciones y salidas ante la falta de una perspectiva compartida y una esperanza en común.

En un barco a la deriva, con una autoridad sin timón y sin brújula, la tripulación no puede asistir pasiva al desarrollo de los acontecimientos, a riesgo de naufragar. O lo que es peor, resignada al destino trágico u obediente cuando reciba la orden de tirar por la borda fardos y pesos. La antesala de arrojar al mar a los más débiles.

No se trata de mantenerse a flote a cualquier precio. Ni de permanecer, simplemente, en cubierta. En estas circunstancias, la rebelión no es un motín contra la autoridad. Es una exigencia moral. Es consecuencia del hecho de que nuestros capitanes ya no saben dónde van y ponen en riesgo la nave y la tripulación. En palabras de Eric Hobsbawm: «Ante este *horror vacui*, ¿cuál es la receta? En mi opinión, el mundo necesita recuperar los valores de la Ilustración, para afrontar el futuro. Aquellos que creen en el progreso humano, de toda la humanidad, a través de la razón, la educación y la acción colectiva».

Hay una nueva oportunidad, sí. Pero sólo será posible si la ciudadanía asume el relevo y la responsabilidad. La democracia formal representativa ha sido cómoda y útil. Necesaria, urgente y transformadora de muchísimas condiciones injustas. Ha contribuido, como nada, a ofrecer soluciones e ilusiones. Pero actualmente está desbordada.

No podemos resignarnos ni conformarnos, simplemente, a elegir representantes para que resuelvan los problemas de todos. La justicia no se compra con impuestos. La libertad no se garantiza, suficientemente, con la regulación de derechos. No podemos perder ni un milímetro de lo obtenido. Pero hay que asumir que, sin la contribución individual de cada uno, no hay horizonte colectivo. Estoy hablando de recuperar la política. La que ha perdido sentido para muchas personas, pero, sin la cual, nos vemos abocados al abismo.

LA PRIMERA RESPUESTA:
LA ESPIRITUALIDAD

El miedo al futuro ha descubierto el vacío (el sinsentido) de buena parte de nuestras vidas. La meditación y la espiritualidad han sido la reacción (y la solución) ante el vértigo. Sin certezas, hemos empezado a plantearnos ciertas preguntas.

Las expresiones religiosas, las iglesias, han llegado tarde a este despertar de la vida interior. La liturgia se percibe vacía, alejada de las inquietudes que nos impulsan como motor de cambio y reencuentro reparador entre la vida interior y la vida social. En cambio, los encuentros, talleres, prácticas sobre meditación y espiritualidad arrasan y satisfacen (reconfortan) a millones de personas.

Existe una creciente necesidad por llenar esa dimensión del ser humano, que nos aleje del sentimiento de vacío interior, que nos ayude a alcanzar la felicidad, huyendo del camino materialista, accediendo a la reflexión a través de la meditación, del silencio…, buscando respuestas que muchas veces se alejan de templos e iglesias, y que se encuentran en distintos escenarios y conceptos, que se asocian a emociones y corrientes positivas.

En este contexto de crisis y de desasosiego, además, teñido de incertidumbre y complejidad, se han castigado duramente los delicados equilibrios emocionales que la vida moderna exige a las personas. Los representantes de la política no encuentran el camino para contribuir a ofrecer soluciones que inspiren confianza y tranquilidad. La convicción, también, de que la política está vacía, sin "espíritu" y nuestros representantes secos, sin la necesaria densidad espiritual y actitudinal, contribuyen a dibujar un panorama desolador.

Parte de la ruptura entre la ciudadanía y la política formal radica en la percepción extendida de que nuestros representantes no tienen una rica y equilibrada vida interior, lo que les hace ser percibidos como personas sin calidades humanas, sin registros íntimos, sin condiciones morales. Lamentablemente, e ignorando la cita de Pitágoras «Cierra tu boca mientras tu corazón esté cerrado», la falta de sensibilidad que observamos en el lenguaje político se lleva por delante –en algunos casos muy injustificadamente– a buena parte de la política.

El descrédito de ésta y de los políticos tiene que ver –y mucho– con el deterioro del lenguaje político. Dime cómo hablas y te diré quién eres (y cómo eres). Deberíamos relajarnos, sí; pero para pensar mejor y ver si hay algo en el interior que valga la pena. Y, sólo entonces, abrir la boca.

La segunda respuesta: LA MORALIDAD

La política debe recuperar la coherencia. El desgarro democrático entre la ciudadanía al ver como, una y otra vez, el equilibrio entre lo que se piensa, se dice y se hace se rompe en su cadena es –seguramente– una de las claves interpretativas de la frustración social y democrática.

Hay que retomar la senda de la coherencia. Hay que hacer lo que se dice. Decir lo que se piensa. Pensar lo que se hace. El camino de la recuperación de la confianza perdida tiene su epicentro en la nueva moralidad, la que no permite espacios privilegiados ni excluidos a la observación pública.

La coherencia entre la vida pública y la vida personal es un itinerario exigente y duro. La ejemplaridad emerge como el requisito imprescindible para la acción pública. El liderazgo político ya no es posible sin liderazgo moral, sin liderazgo ejemplar.

Lo que hunde a la política en el descrédito es, precisamente, la doble moral. La que dice una cosa en público, y para todos..., y hace otra en privado, y para uno. Immanuel Kant describe con precisión el reto moral de la política: «Obra de tal modo que trates a la humanidad a través de ti mismo y del prójimo, como fin, nunca como medio. Obra siempre como si fueras el legislador y, al mismo tiempo, como si fueras el súbdito de un reino de voluntades libres y racionales».

La ejemplaridad obliga a un permanente ejercicio de transparencia. También de contención y austeridad en todo lo que concierne a la representación pública. Los códigos éticos, las normativas que regulan el uso de servicios públicos, el protocolo o los privilegios para los representantes democráticos (así como la transparencia total de las actividades económicas, patrimonios y cualquier tipo de remuneración o interés mercantil) dibujan una práctica política sometida al escrutinio permanente, a la vigilancia democrática.

La exigencia moral, con todas sus implicaciones y consecuencias actitudinales en la vida cotidiana y en la práctica política, tanto personal como pública, se presenta como la única posibilidad de recuperar parte del prestigio perdido. Y como la prueba definitiva de que la política (de que sus representantes), en su tensión y empeño por garantizar la gobernabilidad democrática frente a la voracidad de los mercados o la ambición desmedida del poder económico, será capaz de ofrecer resistencia e imponer su legitimidad.

LA TERCERA RESPUESTA: LA *NUEVA* RESPONSABILIDAD

Nuevas formaciones políticas reinventan la praxis política, alejándose de las tradicionales ideologías de progreso del siglo xx, que explican bien pero resuelven mal, exploran el humanismo y la espiritualidad como nuevos nutrientes del compromiso político. Una profunda convicción recorre las nuevas energías de la socialización: si queremos soluciones colectivas y horizontes compartidos, sólo podremos conseguirlos (o trabajar para ello) desde profundas convicciones personales que reequilibren la dimensión espiritual y material del ser humano como parte de un nuevo encuentro-compromiso con el planeta y la humanidad.

Integrale Politik (IP), por ejemplo, surge como un partido político nuevo en Suiza, que se define a sí mismo como movimiento social (de hecho, legalmente, es también una asociación). Se organiza por todo el país a través de diferentes grupos de trabajo, bajo un mismo paraguas identitario y conceptual, donde la importancia de la espiritualidad está presente tanto en el lema que configura su logotipo como en Internet. Se intuye ya aquello que les diferencia de otros grupos políticos a través del mensaje: «desde la inteligencia del corazón».

IP hace énfasis en la idea del equilibrio y la armonía entre lo racional y lo espiritual en el ámbito de la política. Intentan representar al individuo, a la persona, como a un ser con necesidades integrales, materiales, espirituales, emocionales y mentales.

La nueva responsabilidad debe afectar también al ejercicio de la democracia interna y al debate libre dentro de los partidos. Éstos son percibidos, crecientemente, como superestructuras que impiden la regeneración. Friedrich Nietzsche, hace ya décadas, describía muy bien, con la lucidez crítica que caracteriza su pensamiento, el recelo que despierta el pensamiento libre en las organizaciones políticas tradicionales: «Cuando un partido se da cuenta de que un afiliado se ha convertido de un adepto incondicional en un adepto con reservas, tolera esto tan poco que, mediante toda clase de provocaciones y agravios, trata de llevarlo a la defección irrevocable y de convertirlo en adversario; pues tiene la sospecha de que la intención de ver en su credo algo de valor relativo que permite un pro y un contra, un sopesar y descartar, sea más peligrosa para él que una oposición frontal».

La nueva responsabilidad se nutre de la libertad crítica, del pensamiento abierto, de las preguntas más que de las respuestas. Una política de la responsabilidad que se sustenta en principios, valores morales y en la espiritualidad ofrece mayores posibilidades de mostrarse más auténtica y transparente para la ciudadanía, con más capacidad de ser receptiva, de entender las demandas que llegan y de responder al desafío de la política en un contexto de crisis económica, social y democrática.

El espíritu de la política debe volver a la comunidad, a la red, a la creatividad, a la libertad. De ahí, el florecimiento de nuevas formas organizativas y sensibilidades alrededor de la sociedad red, de la sociedad digital, que conectan mucho mejor que el centralismo democrático (el modelo leninista de organización política que es utilizado por todas las corrientes ideológicas). La política en red representa mejor que la jerarquía tradicional el nuevo espíritu de la política. Forma y fondo, más juntos que nunca.

Conclusión

El espíritu *originario* de la política sólo podrá recuperarse con una política más espiritual, moral y responsable. Es decir: personas (políticos, políticas) con mayor calidad de vida interior; prácticas políticas más coherentes y transparentes, y propuestas más responsables, de nueva civilidad. No hay tiempo que perder. La caída libre de legitimidad es crítica y aguda. La reacción debe ser contundente y ejemplar. Está en juego que la política sea la solución o el problema, por su complicidad, debilidad y falta de autoridad. Está en juego la autoridad democrática porque la política ha perdido la *autoritas* moral. El deterioro es inequívoco. Un nuevo compromiso entre la política formal y la ciudadanía, una segunda oportunidad de relegitimización, a través de un rearme moral y ético de la práctica política, es imprescindible.

La vigilancia democrática que la ciudadanía crítica hace de la política formal es, y con razón, dura y sin contemplaciones. Merecida. Excesiva, a veces. Injusta, en algunas ocasiones. Peligrosamente generalista y estigmatizada, también. Pero no es exigible mayor responsabilidad a la ciudadanía por parte de quien no ha comprendido, con todas sus consecuencias, la indignación que provoca, la urticaria democrática que genera una política ausente, ciega, sorda y muda.

7. EMERGENCIA GLOBAL

ERVIN LASZLO

Ervin Laszlo es fundador y presidente del Club de Budapest (http://www.clubofbudapest.org), presidente del WorldShift Network (http://www.worldshiftnetwork.org/home/index. html), fundador del General Evolution Research Group (http://www.thedarwinproject.com/gerg/gerg.html), codirector del World Wisdom Council (http://www.wisdompage.com/worldwisdomcouncil.html), socio de la Academia Mundial de Artes y Ciencias, miembro de la International Academy of Philosophy of Science, senador de la International Medici Academy y director del periódico internacional *World Futures: The Journal of General Evolution*. Asimismo, en su trayectoria ha recibido el Premio por la Paz del Japón, el Goi Award y, en 2005, el Premio Internacional Mandir por la Paz en Asís, Italia. Fue candidato al Premio Nobel de la Paz en 2004. Es autor o coautor de 54 libros y coordinador de otros treinta, además de los cuatro volúmenes de la *World Encyclopedia of Peace* (http://ervinlaszlo.com).

EMERGENCIA GLOBAL.
INESTABILIDAD ECONÓMICA Y SOCIAL

Independientemente de que afecte a un sistema orgánico, comunitario o ecológico o a la unión de todos ellos, una emergencia es una situación especial por la que atraviesa un determinado sistema. Con ello queremos decir que el sistema, como es, ha dejado de ser sostenible y ha entrado en un estado tal de inestabilidad que, para no colapsarse, se ve obligado a cambiar. Y, si bien las sociedades experimentan inestabilidades económicas y sociales y la naturaleza pasa por inestabilidades ecológicas, la inestabilidad global afecta tanto a sociedades como a sus entornos concretos.

Una emergencia global es un indicador de que el conjunto de sistemas humanos y naturales que componen el planeta han entrado en una inestabilidad que los hace, en su estado actual, insostenibles. Y aunque esta emergencia no sea, en sí misma, una catástrofe, expresa con toda claridad que, si queremos evitar una catástrofe, deberemos emprender las acciones concretas tendentes a resolver el problema.

Inestabilidades económicas y políticas. La inestabilidad de las sociedades contemporáneas se debe a su segmentación, polarización e incoherencia generalizada. La brecha que separa a ricos y pobres o poderosos y marginados no sólo es profunda, sino que va ensanchándose con el paso del tiempo. Las diferencias de riqueza e ingresos entre unos y otros han alcanzado, en la actualidad, magnitudes realmente desproporcionadas. Mil millones de personas disfrutan del 80 % del producto interior global, mientras que cerca de seis mil millones deben repartirse el 20 % restante. Y la riqueza, en el mismo sentido, de casi un millar de multimillonarios equivale a los ingresos de algo menos de la mitad de la población mundial.

Pero la pobreza –que, en términos absolutos, está creciendo– no sólo reduce la calidad de vida de grandes poblaciones, sino que llega a poner en peligro su misma probabilidad de supervivencia. Una estimación llevada a cabo por el Banco Mundial afirma que, del total de la población mundial (que actualmente casi alcanza los siete mil millones de personas) 1.400 millones viven con menos de 1,25 dólares al día y unos 1.600 millones lo hacen con menos de 2,50 dólares al día. El 78 % de la población urbana de los países más pobres se mueven en entornos realmente insalubres: uno de cada tres habitantes de las ciudades vive en barrios marginales, chabolas o guetos urbanos y más de novecientos millones se alojan en auténticos cuchitriles.

El mismo abismo socioeconómico se pone de manifiesto también en el consumo de alimentos y energía y en la carga que el ser humano impone sobre los recursos naturales. Los habitantes de Norteamérica, Europa occidental y Japón consumen el 140 % de sus necesidades calóricas, mientras que la población de países como Madagascar, Guayana o Laos apenas si alcanza el 70 %. El importe medio de energía eléctrica comercial consumida por los africanos es de 0,5 kWh (kilovatio hora) por persona, una tasa que, en el caso de los asiáticos y latinoamericanos se ubica entre los 2 y 3 kWh y alcanza, en el caso de los norteamericanos, europeos, australianos y japoneses, los 8 kWh. El consumo anual de combustibles fósiles por estadounidense es de unas cinco toneladas al año, mientras que el del alemán promedio es de 2,9 toneladas al año. La carga medioambiental de Estados Unidos duplica a la de Suecia, triplica a la de Italia, es 13 veces superior a la de Brasil, 35 veces mayor a la de la India, y supera hasta 280 veces la de los países más pobres del planeta, como Haití, Nigeria, Burkina-Faso y Bangladés.

En el ámbito estrictamente económico, la inestabilidad de la sociedad se manifiesta en la relación existente entre la demanda humana de recursos y la oferta de recursos del planeta. Tengamos en cuenta que el significado etimológico del término "economía" (derivado de la palabra griega *oikonomia*, de *oikos*, que significa "casa", y *nemein*, que significa "gestión") es el de ciencia o práctica que se ocupa de la gestión y utilización de los recursos. La economía global se ha tornado inestable y, en su forma actual, insostenible, debido al hecho de que la curva creciente de la demanda humana ha excedido, en lo que respecta a muchos recursos esenciales, a la oferta decreciente que, de los mismos, nos proporciona el planeta.

En las siete décadas transcurridas desde la Segunda Guerra Mundial, se han consumido más recursos planetarios que en toda la historia anterior. El consumo global está a punto de alcanzar y, en algunos casos, ha llegado a superar, el límite máximo que nuestro planeta puede soportar. Aunque la extensión de tierra sostenible para la demanda de cada ser humano es de cerca de 1,7 hectáreas, en los países ricos están utilizándose hasta 10,11. El agotamiento de los recursos del planeta sólo se ve enlentecido por el hecho de que las personas de los países más pobres subsisten con menos de 0,6 hectáreas por persona. Hablando en términos globales, el consumo humano excede en más de un tercio la cuota planetaria sostenible.

Y la falta de sostenibilidad de la economía global sólo resulta equiparable a la falta de sostenibilidad de nuestras sociedades. En los países industrializados, la seguridad laboral está desapareciendo y la competitividad está intensificándose, una situación que afecta muy profundamente a la vida familiar. La tasa de matrimonios que acaban en divorcio es, en Estados Unidos, del 50 %, y cerca del 40 % de los niños pasan la mayor parte de su infancia en el seno de familias monoparentales. Cada vez son más los hombres y mujeres que encuentran más satisfacción y compañía fuera del hogar que dentro de él.

La lucha por la supervivencia física está destruyendo, en los países pobres, la familia extensa tradicional. Las mujeres se ven obligadas a abandonar el hogar en busca de trabajo, explotadas en trabajos serviles en la llamada "economía sumergida" por un sueldo cada vez más bajo. Las fábricas, las minas y el campo de gran parte de África, Asia y América Latina están llenos de niños trabajando por salarios de auténtica miseria. Y son muchos más los que se ven obligados a sobrevivir en la calle como mendigos llegando incluso, en ocasiones, a prostituirse o ser reclutados como soldados.

La inestabilidad y falta de sostenibilidad de las sociedades contemporáneas han provocado una emergencia global que, de no ser adecuadamente remediada, puede degenerar y abocar a una catástrofe global.

EMERGENCIA GLOBAL.
FALTA DE SOSTENIBILIDAD ECOLÓGICA

La emergencia es una condición inestable –y, en última instancia, insostenible– de un sistema que, para no colapsarse, necesita emprender una acción que, para ser eficaz, requiere también de una acción global coordinada. La emergencia global afecta tanto a las sociedades humanas como a sus entornos, que han entrado en un estado de inestabilidad que perturba sus ciclos y equilibrios. Y, a menos que la naturaleza recupere su estabilidad, la biosfera evolucionará hasta establecer ciclos y alcanzar equilibrios nuevos que pueden conducir a condiciones menos favorables que la actual para el desarrollo de la vida humana. El restablecimiento de la estabilidad dinámica de la biosfera es, en estas condiciones, el objetivo principal e inmediato para la supervivencia de la vida humana.

Falta de sostenibilidad ecológica. Para sobrevivir, el ser humano necesita del adecuado suministro de agua potable y alimentos, así como también de aire respirable y limpio, recursos naturales, todos ellos, producidos por los sistemas ecológicos del planeta. Pero, como la emergencia global a la que actualmente nos enfrentamos se debe en parte a su sobreexplotación, esos recursos van menguando, en consecuencia, con el paso del tiempo. La producción de petróleo, pescado, madera y agua han tocado ya techo, el 40 % de los arrecifes coralinos del mundo han desaparecido y cada año se pierden cerca de 9,30 millones de hectáreas de tierra cultivable.

Y la situación resulta especialmente crítica en lo que respecta al agua. La reserva potencial de agua potable por persona era, en 1950, de unos 17.000 metros cúbicos. Desde entonces, la tasa de extracción de agua ha duplicado la de crecimiento de la población hasta el punto de que, en 1999, las reservas mundiales de agua per cápita habían caído hasta los 7.300 metros cúbicos. Cerca de un tercio de la población mundial carece, hoy en día, de acceso a un suministro adecuado de agua potable y dos tercios de la población padecerán, en 2025, una escasez crítica de agua que muy probablemente reduzca esa tasa a los 4.800 metros cúbicos por persona.

Y la situación también es crítica en lo que respecta a la disponibilidad de tierras productivas. La Organización para la Alimentación y la Agricultura (FAO) estima la existencia, en el planeta, de poco más de 3.031 millones de hectáreas de tierra cultivable de calidad, el 71 % de las cuales se encuentra en países en vías de desarrollo. Y ésa es una cantidad que va reduciéndose progresivamente, porque la erosión, la desestructuración, la compactación, el empobrecimiento, la desecación excesiva, la acumulación de sales tóxicas, la pérdida de elementos nutritivos y la polución inorgánica y orgánica provocada en el suelo por los desechos urbanos e industriales están causando la pérdida anual de entre 4,85 y 6,88 millones de hectáreas. A mediados de siglo, de seguir con este ritmo, se habrán perdido 299 millones de hectáreas, dejando 2,70 billones de hectáreas para alimentar a entre 8.000 y 9.000 millones de personas. Y, por más adecuadamente que se gestionen y distribuyan, las restantes 0,3 hectáreas de tierra productiva sólo podrán producir una tasa de alimentos que roce la subsistencia.

Otro rasgo crítico es el que pone de manifiesto los cambios en la composición química de la atmósfera. La concentración de oxígeno en la atmósfera se ha reducido, desde mediados del siglo XIX, debido fundamentalmente a la quema de carbón, llegando al 19 % del volumen total en las áreas afectadas y al 12-17 % en las grandes ciudades. Y, cuando esa tasa llegue a ubicarse entre el 6 y el 7 % por volumen, la vida humana habrá dejado ya de ser viable.

También la tasa de gases de efecto invernadero está aumentando. Desde hace un par de siglos, el uso de combustibles fósiles y la tala de grandes extensiones boscosas han provocado un aumento de la concentración de dióxido de carbono en la atmósfera desde 280 hasta cerca de 350 ppm (partes por millón). La actividad industrial del siglo XX y el consumo humano han lanzado a la atmósfera un teratón (un billón de toneladas) de dióxido de carbono y, en menos de veinte años, habremos vertido otro tanto.

Esta rápida acumulación de dióxido de carbono impide el mantenimiento de los ciclos y equilibrios de los ecosistemas planetarios. El explosivo aumento de dióxido de carbono en la superficie oceánica acidifica el agua, imposibilitando la supervivencia de los organismos formadores de conchas, fundamento de la cadena de la vida marítima. La lluvia ácida (que ha acabado con cerca del 40 % de la cubierta boscosa del mundo), la expansión urbana y la inyección de toxinas al suelo han terminado con ecosistemas que anteriormente posibilitaban la absorción de dióxido de carbono.

Ya no podemos seguir negando la realidad del calentamiento global. En los últimos años, la temperatura global promedio ha aumentado de forma significativa y la tendencia al calentamiento sigue acelerándose. Todavía no está claro si ese calentamiento se debe a la actividad humana, a causas naturales o, lo que es más probable, a ambos factores. Si bien hubo, en la historia de la Tierra, otros períodos de calentamiento y enfriamiento –que nos llevaron de vivir en "invernaderos" a hacerlo en "iglús"–, es muy probable que el calentamiento actual sea de origen antropogénico. El dióxido de carbono, el metano y otros gases de efecto invernadero emitidos por la actividad humana crean, en las capas superiores de la atmósfera, un escudo que calienta el aire e impide la disipación al espacio del calor generado en la superficie.

Independientemente, sin embargo, de que el calentamiento sea un producto de la actividad humana, de los ciclos solares o de ambos factores, lo cierto es que provoca situaciones insostenibles: sequías, pérdida de cosechas, escasez de agua, difusión de las enfermedades y muerte de grandes extensiones de bosque. El hielo polar se derrite y el paso de grandes masas de hielo procedentes de la plataforma continental antártica al océano eleva el nivel del mar en todo el mundo, amenazando con inundar las tierras y las viviendas de cerca de una quinta parte de la humanidad.

Si seguimos con el ritmo actual, la oportunidad de supervivencia de amplios segmentos de la población mundial se verá drásticamente reducida. Cerca de 7.000 millones de seres humanos sobreviven hoy en la Tierra en condiciones tan precarias que cualquier reducción adicional despojaría a los más necesitados de los recursos necesarios para garantizar su supervivencia física. Dada la interrelación existente entre las sociedades contemporáneas y su dependencia de la disponibilidad de los recursos vitales básicos, la difícil situación que atraviesan muchos seres humanos acabará afectando significativamente a la humanidad. Éstos son datos que deberíamos tener muy en cuenta.

Emergencia global.
Por qué no nos enfrentamos a ella

La inestabilidad e insostenibilidad en que nuestra actividad ha colocado al ser humano y al mundo natural reflejan una emergencia global que debemos afrontar, si queremos evitar una catástrofe global, con una cooperación también global.

Y ese requisito es, en la historia de la humanidad, tan novedoso que no estamos adecuadamente preparados para asumirlo. Nuestras instituciones y organizaciones se vieron diseñadas, a fin de cuentas, para proteger sus intereses. No es de extrañar, por tanto, que la necesidad de reunirse para defender el interés común se haya circunscrito a aspiraciones y defensas territoriales y a objetivos económicos muy concretos. Ello explica que las naciones-estado contemporáneas y el mundo empresarial carezcan de la preparación adecuada para llevar a cabo acciones globales cooperativas necesarias que subordinen el interés inmediato en uno mismo a los intereses vitales de la comunidad.

Una respuesta rápida globalmente coordinada podría producir resultados positivos. El mundo cuenta con los recursos financieros y humanos necesarios para emprender este tipo de acción. De ese modo, podríamos poner fin a las formas más abyectas de pobreza, podríamos emplear tecnologías que nos permitiesen acceder a energías y recursos más eficaces, podríamos reciclar el agua, desalinizar el agua de mar y adoptar también formas de agricultura más sostenibles. Hoy en día, contamos con la energía y la tecnología necesaria para emprender este tipo de acciones. Bastaría, para ello, con aumentar el uso eficaz de la radiación solar que llega a nuestro planeta para contar con la energía necesaria y también podríamos reasignar, para financiar los principales proyectos, una pequeña fracción del presupuesto que actualmente se destina a fines destructivos. Y las razones que explican la falta de una acción eficaz globalmente coordinada no se asientan en la relación que la humanidad tiene con el planeta, como en la actitud con que las personas e instituciones abordan los problemas que amenazan la supervivencia del planeta.

Son varias y muy persistentes las creencias y presupuestos que impiden que el grueso de la humanidad se dé cuenta de la urgente necesidad de emprender, al respecto, una acción global.

Todavía, por ejemplo, se halla muy difundida la creencia (aunque cada vez se mencione menos) de que nuestro planeta carece de límites y es en consecuencia, al mismo tiempo, una fuente infinita de recursos y un sumidero inagotable de residuos. Y esta creencia tácita nos impide darnos cuenta de que estamos expoliando los recursos de nuestro planeta y desbordando la capacidad de regeneración de la naturaleza.

Otra creencia dominante es que la materia es algo pasivo e inerte que podemos manipular a nuestro antojo para satisfacer nuestros deseos. Pero son muchos los efectos secundarios imprevistos que genera la creencia en la posibilidad de utilizar nuestra sofisticada tecnología para explotar el mundo que nos rodea en aras de nuestros objetivos personales, nacionales y económicos, como la destrucción del equilibrio ecológico y la extinción masiva de especies.

También sigue siendo frecuente considerar la vida como una lucha en la que sólo el más apto sobrevive. Esta interpretación arbitraria a la sociedad humana de la teoría darwiniana de la selección natural justifica la competitividad más desenfrenada, abriendo cada vez más la brecha que separa a una élite económica y políticamente poderosa cada vez menor de la corriente principal cada vez, por otra parte, más marginada.

La sabiduría económica dominante insiste en afirmar las bondades de la competencia y en señalar que el mercado libre (gobernado por lo que Adam Smith denominó "una mano invisible") distribuye la riqueza. Desde esa perspectiva se sostiene que, cuando uno busca el bien para sí mismo, también lo busca para sus semejantes. Pero lo cierto es que la penuria en que se halla sumida casi la mitad de la población mundial evidencia claramente que en el mundo actual, en el que la desigual distribución de poder y de la riqueza distorsiona el funcionamiento del mercado, este principio resulta ya insostenible.

Son muchos los valores y creencias personales que obstaculizan la voluntad de emprender acciones para enfrentarnos globalmente a la emergencia global. El *ethos* del mundo moderno coloca al individuo en un pedestal, por encima de la naturaleza y apoyándose tan sólo en sí mismo. El estatus del hombre moderno justifica, en palabras de Francis Bacon, la necesidad de "arrancar los secretos de la naturaleza" en su propio beneficio.

Y en último lugar, pero no, por ello, menos importante, debemos mencionar la férrea creencia de que el egoísmo y el egocentrismo que caracterizan al hombre moderno son expresiones de una naturaleza humana inalterable y que no pueden ni deben, en consecuencia, cambiarse. El ser humano siempre ha buscado y seguirá buscando su propio interés mitigado, en el mejor de los casos, por los intereses de su familia inmediata, de su empresa o de su comunidad étnica o nacional.

No debe sorprendernos pues, dada la fortaleza de estas creencias, el fracaso tanto de las naciones-estado como de las empresas en unirse y comprometerse en proyectos globales. El resquicio de esperanza que asoma tras un horizonte tan oscuro es el número cada vez mayor de jóvenes sensibles dispuestos a adoptar formas nuevas y más responsables de pensar y actuar. Pero, aunque cada vez haya más "culturas alternativas", todavía debemos emprender la acción global coordinada necesaria para enfrentarnos a esa emergencia global. Quizás el "tema" más urgente e importante de nuestro tiempo sea la unificación de todos esos grupos hasta alcanzar la masa crítica que tenga el peso económico y político suficiente para acometer un "cambio de mundo" que contribuya a transformar las estructuras y operaciones de la sociedad de un modo que permita restablecer la estabilidad de los ciclos y equilibrios de la naturaleza.

Diez preguntas
PARA DETERMINAR SU TIPO DE CONCIENCIA

Einstein dijo que no podemos resolver un problema con el mismo tipo de pensamiento que lo originó. Y ésta es una idea que también resulta aplicable al dominio de la conciencia, porque no podemos resolver los problemas que aquejan a nuestro tiempo con el mismo tipo de conciencia que los generó. Aunque vivimos en tiempos globales, la mayoría sigue asentada en una modalidad de conciencia tribal, según la cual, se trata de ti o de mí, de tu grupo o de mi grupo, porque quien no está con nosotros está contra nosotros. Aferrarnos, sin embargo, a esta conciencia tribal es, en un mundo saturado de armas nucleares, destrucción medioambiental, superpoblación y agotamiento de los recursos, la mejor receta para el desastre.

No podemos albergar, en este sentido, la menor duda: si queremos vivir de un modo sostenible y en paz con los demás, debemos dar los pasos que conducen desde la conciencia tribal hasta la conciencia planetaria.

Pero ¿qué es la conciencia planetaria? Así es como la definimos, en 1996, en el *Manifesto de la conciencia planetaria*, en el Club de Budapest, firmado, entre otras luminarias, por el Dalai Lama: «La conciencia planetaria consiste en conocer y sentir la interdependencia vital y la unidad esencial de la humanidad y la adopción consciente de la ética y el *ethos* que ello entraña».

La conclusión a la que, en ese momento, llegamos, fue que la evolución de la conciencia planetaria era el imperativo fundacional para garantizar la supervivencia de la especie humana. Y esto es algo de lo que cada vez estoy más convencido.

Pero ¿qué piensa usted al respecto? ¿Cree usted, suponiendo que esté de acuerdo en que, si queremos sobrevivir, debemos evolucionar más allá del tribalismo, que la suya es una conciencia planetaria? Veamos a continuación diez preguntas que, si contesta honestamente, le ayudarán a responder a esta cuestión:

1. ¿Satisface sus necesidades básicas sin impedir, por ello, que otros hagan lo mismo con las suyas?
2. ¿Busca su felicidad asumiendo que otros puedan emprender también la misma búsqueda?
3. ¿Respeta el derecho al desarrollo económico de todas las personas, vivan donde vivan y sea cual sea su origen étnico y su sistema de creencias?
4. ¿Vive de un modo respetuoso con la integridad de la naturaleza que le rodea?
5. ¿Trabaja con personas de ideas afines en la salvaguarda y recuperación de su entorno local?

6. ¿Exige que su gobierno se relacione de manera pacífica y cooperativa con otras naciones, asumiendo la legitimidad de las aspiraciones de todos los miembros de la
comunidad internacional?

7. ¿Compra a empresas que asumen la responsabilidad
que les compete en todos los eslabones de la cadena de
suministro?

8. ¿Consume medios de comunicación que proporcionan
información imparcial relevante para usted y su comunidad?

9. ¿Hace algo para contribuir a que una persona, al menos, escape de la lucha desesperada y de las humilla-
ciones abyectas impuestas por la extrema pobreza?

10. ¿Cree que todo el mundo tiene derecho a la educación
necesaria para convertirse en un miembro provechoso
de la comunidad?

Responder sinceramente a estas diez preguntas no cuesta
nada ni requiere ningún tipo de poder. Lo único que se precisa, para ello, es dedicación y solidaridad con el espíritu que
contribuya, tanto a nivel local como global, a la creación de
una auténtica comunidad.

La evolución de la conciencia planetaria es, sin la menor
duda, un auténtico imperativo para la supervivencia humana en nuestro planeta. Resulta difícil, en su ausencia, imaginar cómo 7.000 millones de personas pueden vivir en paz...
o simplemente sobrevivir. Parafraseando a Gandhi cabría decir: «Vive conscientemente, para que todos podamos vivir».

8. ESPIRITUALIDAD Y POLÍTICA PARA EL SIGLO XXI

KEN WILBER

Ken Wilber es uno de los más influyentes pensadores de Estados Unidos, y una de las más intrigantes figuras que ha dado la intelectualidad de dicho país en los últimos años. Autor prolífico, es considerado el principal estudioso de la conciencia, la psicología transpersonal y el enfoque integral. Sintetizando las grandes tradiciones psicológicas, filosóficas y espirituales que constituyen la "sabiduría perenne", Wilber cuenta con una amplia bibliografía: *Breve historia de todas las cosas, La conciencia sin fronteras, Un Dios sociable* o *Los tres ojos del conocimiento* son algunos de sus títulos publicados por Kairós (http://www.kenwilber.com/home/landing/index.html).

Mi padre solía decirme: «Nunca te metas en una discusión sobre religión o política. La gente ya ha decidido de antemano sobre esos tópicos y lo único que sucederá es que cada vez se enfadarán más contigo. Así que aléjate lo más posible de discusiones que traten sobre religión o política».

Pero ése es el punto clave, ¿no es así? En el ámbito de lo interpersonal, en el reino de cómo usted y yo nos relacionamos con el otro como seres sociales, no hay áreas más importantes que las de la espiritualidad y la política. En una ocasión Paul Tillich definió lo "espiritual" como lo relacionado con "cuestiones fundamentales", ¿y cómo las cuestiones fundamentales no iban a ser parte de cualquier discusión importante? Por otra parte, y en lo que se refiere a la política, la definición más famosa de los seres humanos dice sencillamente que "los humanos son animales políticos"; y el término "político" significa en sí mismo lo que nosotros, los seres humanos, hacemos en la *polis*, un colectivo "estar juntos" en una comunidad que es tan fundamental para cada individuo. Si hubo buenas razones para que todas las naciones modernas y liberales diferenciaran Iglesia y Estado, espiritualidad y política, aún hay mejores razones para reunirlas en una discusión ahora libre ya de toda fuerza e imposición, guiada ahora por una invitación abierta a enriquecer cada una a la otra en estas dos áreas tan cruciales.

Juntando ambos, el espíritu y la política, en un diálogo continuado y abierto, crearían un diálogo político de un interés fundamental –interés por cada uno de nosotros, interés e inquietud por el planeta, interés por todos los seres vivos, interés en el Espíritu mismo–. Por lo que a mí respecta, no puedo pensar en una discusión más importante.

Habiendo reconocido la importancia de un diálogo abierto entre la espiritualidad y la política, nos enfrentamos a continuación con todos los espinosos problemas teóricos y prácticos involucrados en tal esfuerzo. Sin duda, mi padre estaba en lo cierto sobre eso: la gente está intensamente involucrada en sus creencias sobre espiritualidad y política, y por ello sus emociones al respecto son tan intensas. Pero eso también significa que es en estas áreas tan emocionalmente cargadas donde toda la riqueza áurea del ser humano-en-el-mundo está depositada, y aquellos que extraigan cuidadosamente el mineral de la vena de esta mina se harán ricos con seguridad, sobre todo en términos de los enormes beneficios que un diálogo entre espíritu y política puede aportar a hombres y mujeres en todas partes.

Para empezar, el primer tema espinoso podía ser cómo vamos a definir "espiritualidad" y "política". La mayoría de las democracias fueron establecidas a lo largo de los principios de "libertad, igualdad y fraternidad". Esto no sólo significa libertad frente a las monarquías absolutistas, sino también frente a la Iglesia y las jerarquías de poder. El grito de guerra de Voltaire, que se convirtió en el de la Ilustración, fue: «¡Aplastad la infamia!», haciendo referencia a las crueldades impuestas por las autoridades religiosas en el nombre de Dios, que se habían extendido desde la Inquisición a la asamblea de obispos a la misma santificación de poder real, con el rey siendo ungido como el gobernador de Dios en la tierra. Por lo tanto, cualesquiera que sean nuestras políticas, mantengámoslas libres de ese tipo de coerción. En Norteamérica esto fue institucionalizado como "separación de Iglesia y Estado", lo que significó, a la manera del liberalismo clásico, que el Estado no promocionaría ninguna visión particular de la religión o de la forma de vivir recta y buena. En la esfera privada, uno puede creer lo que uno desee; en la pública, sin embargo, mantén tu religión para ti mismo.

Está claro que hay razones importantes por las que la religión y la espiritualidad de cada uno deben ser mantenidas fuera de la política. La política, en parte, es el estudio de los tipos de poder que un estado puede utilizar legítimamente sobre sus ciudadanos, y todas las democracias modernas han estado de acuerdo en que, independientemente de lo que el Estado haga o deje de hacer en otros asuntos, *no* puede imponer una creencia religiosa o espiritual ni un comportamiento determinado a sus ciudadanos.

Doy por hecho que toda discusión iluminadora sobre el tema del espíritu y la política acepta implícita o explícitamente esa afirmación general, lo que llamaré "la plataforma liberal". Con esto no quiero decir que respalde todos los aspectos del liberalismo clásico (Milton, Locke, Voltaire, Jefferson); estoy simplemente indicando que, para aquellos teóricos de la política que comprensiblemente se sienten alarmados cuando oyen a cualquiera hablar de cómo integrar la espiritualidad en la política, no se sugiere, o incluso implica, que una determinada colección de valores o comportamientos espirituales puede ser impuesta por el Estado a ningunos de sus miembros. Así, todas las exposiciones que siguen a continuación sobre "espiritualidad y política" proceden de la plataforma liberal. Esto no quiere decir que las aportaciones deban adherirse al liberalismo en sí, sino sencillamente que cualquier aportación ofrecida al mundo moderno necesita ser post-liberal, no pre-liberal.

El primer asunto espinoso, entonces, es cómo definir "espiritual" de forma que pueda ser incorporado en lo político sin violar la separación de Iglesia y Estado. Hay muchas formas en las que uno puede hacerlo, y veremos algunas de ellas sugeridas en este texto. Sencillamente llamemos a esto "espiritualidad sin coacciones".

En teoría política, se incluyen lo que a menudo se conoce como "derechos negativos" y "derechos positivos" –lo cual involucra "libertad frente a" y "libertad para". Una espiritualidad sin coacciones sencillamente afirma el derecho de cada ciudadano a una *libertad* frente a la coerción por parte del Estado cuando se refiere a creencias religiosas. Libertad de religión también significa libertad frente a la religión. En la terminología de John Rawls, diríamos que "derecho" precede a "bien" –libertades negativas preceden a libertades positivas–, y esto significa, una vez más, que ningún Estado legítimo puede imponer una creencia religiosa en particular a sus miembros. Cualquier "bien" religioso o espiritual (o una concepción esencial de la vida recta y buena) debe venir después de un sistema de "derechos" que proteja al individuo de coerción por parte del Estado en dichos asuntos; en consecuencia, el derecho precede al bien. Categóricamente no se refiere a teocracia alguna, o a ningún conjunto de valores, creencias o comportamientos religiosos o espirituales, ya sean autorizados o impuestos por ningún tipo de Estado.

Sin embargo, decir que el derecho precede al bien no es decir que el derecho excluye al bien. O ignora el bien, reprime el bien o niega el bien. La plataforma liberal no dice que la política deba desarrollarse totalmente sin el bien, sólo que el bien debe ser sin coerciones (como en la espiritualidad sin coacciones). Pero es exactamente en este punto –en la intersección entre el derecho y el bien– que tanto la teoría como la práctica política se vuelven tan interesantes y tan resbaladizas. Mientras más piensas acerca de ello, más deslizantes se vuelven ambos lados de esa helada calle. Aquellos que imaginan que han mantenido la religión fuera de la política encuentran a menudo que su política "libre de religión" es toda una religión por sí misma, con sus propios dogmas, jerarquías y rígida intolerancia; y aquellos que creen que pueden insertar la espiritualidad en la política quedan a menudo atrapados en programas pre-liberales, no post-liberales, con todas las oscuras tendencias y corrientes subterráneas de tales esfuerzos paternalistas.

Debemos explorar caminos por los que una conciencia espiritualmente informada puede ser parte de un sistema de acción política de manera que las libertades positivas de la espiritualidad no infrinjan las libertades negativas de cualquier individuo en dicha sociedad. Si es verdad que la "libertad de religión" significa "libertad frente a la religión", también es verdad que esta última libertad negativa ha sido usada frecuentemente para oprimir aquella libertad positiva. Cómo alcanzar un balance entre las dos es uno de los principales temas de este texto.

Para poner un ejemplo, si tomamos una perspectiva muy amplia, antropológica y de desarrollo de los varios tipos de sistemas políticos de gobernar en la historia de la humanidad, parece que, en cualquier tiempo dado, los bienes y bondades de una sociedad reaparecen a menudo como los derechos políticos del sistema de gobierno de dicha sociedad, así que, de hecho, el bien precede al derecho en la actualidad política. Desde este punto de vista, el "derecho" defendido por el liberalismo (desde Kant a Rawls) es simplemente un bien que protege a la sociedad de una regresión a una forma anterior, como los bienes de un Estado premoderno (un Estado cuyos valores legítimos y bienes de valor estaban concentrados en las monarquías y las aristocracias premodernas y cuyos derechos políticos protegían por lo tanto aquellos intereses monárquicos). Dentro de esta perspectiva, los modernos derechos individuales (por ejemplo, libertad, igualdad, y justicia como equidad) no son meramente libertades negativas, sino bienes positivos en el sentido de que ellos mismos encarnan una particular versión esencial de la vida buena, lo cual emergió de por sí en un determinado tiempo del despliegue histórico (es decir, cuando los individuos en general eran considerados como un bien en sí mismos, y de ahí que los derechos se desarrollaran para proteger a esos bienes individuales: la justicia como equidad). En otras palabras, la plataforma liberal no es en realidad una libertad negativa ausente de bienes positivos, sino simplemente un bien (expresado en un sistema de derechos) que previene de la regresión al bien de un estadio previo.

(Más técnicamente, la "posición original" de Rawls, que, según él mantiene, puede ser utilizada para generar un paquete de derechos liberales como la equidad, asume de hecho que todos los participantes están a un particular nivel de desarrollo psicológico; la existencia de diferentes niveles en la posición original genera en realidad conjuntos o paquetes de derechos bastante diferentes: en consecuencia, el nivel de bien genera distintos tipos de derechos, que es lo que vemos desde el punto de vista histórico.)

Esto querría decir también, entre otras cosas, que los bienes espirituales podrían de hecho ser parte de las libertades positivas de una sociedad si una forma de espiritualidad floreciera como una expresión libre de coacciones, como forma inherente de los potenciales de la gente en cualquier tiempo determinado. En otras palabras, esta línea de "discurso "político-espiritual" sugeriría que si un cierto tipo de conciencia espiritual constituyera un potencial más elevado de los seres humanos, entonces una sociedad que hubiera evolucionado hasta ese estado encontraría que su sistema de derechos incluiría bienes del espíritu. Dicha sociedad descubriría que su "consenso superpuesto y sin coerciones" *rawlsiano* incluía el derecho a una realización espiritual considerada al menos tan importante como el derecho a la educación o a la atención médica básica.

No estoy sugiriendo que necesitemos adoptar esa perspectiva en particular; sencillamente estoy utilizándola para mostrar que un sistema político espiritualmente informado y libre de toda coacción es, al menos, una posibilidad teórica. Asimismo, existen muchos otros caminos (y más inmediatamente realistas) para actualizar una política espiritualmente informada que es post-liberal, no pre-liberal. Pero todas ellas, como he comenzado a decir, dependen de definir en primer lugar que queremos decir por "espiritual".

La palabra "religión" significa normalmente las formas tradicionales e institucionalizadas heredadas del pasado; mientras que la "espiritualidad" en sí significa a menudo aspectos vivos o vitales que acaban por institucionalizarse. La religión tiende a involucrar estructuras de creencias, dogmas, y doctrinas, ninguna de las cuales son necesariamente malas, sino que simplemente son los caminos por los que cualquier tradición religiosa se reproduce a sí misma. Ser "religioso", en este sentido, significa la forma y las maneras en que uno se pone de acuerdo con una tradición sagrada.

"Espiritualidad", por otra parte, significa a menudo las realidades vitales, vivas y presentes, a las que uno accede a través de la práctica espiritual (por ejemplo, oración contemplativa, meditación, búsqueda visionaria, *samadhi*, *satori*, unión mística), realidades que, si son auténticamente consideradas por una comunidad de práctica, pueden de forma eventual llegar a ser codificadas como religión. Sin embargo, mientras que la religión implica creencia, la espiritualidad implica experiencia; y mientras que la religión entraña formas por las que uno se exige a sí mismo el ponerse de acuerdo y en la línea de una tradición del pasado, la espiritualidad exige implicarse más en profundidad con una realidad presente, y siempre presente. Huelga decir que las dos nunca pueden ser separadas completamente, pero tienden a ser diferentes momentos en el proceso evolutivo de la humanidad hacia el establecimiento de una relación con lo sagrado.

Permítaseme esbozar de forma breve cuatro de los significados más corrientes de "espiritualidad". Personalmente, creo que estos cuatro significados son aspectos importantes y legítimos, o dimensiones de la espiritualidad; pero el diálogo sobre "espíritu y política" cambia de manera dramática –a veces irreconociblemente– dependiendo de cuál de los diferentes significados de "espiritualidad" se está utilizando, explícita o implícitamente.

En la primera acepción, la espiritualidad implica una experiencia cumbre o un estado de conciencia alterado, un uso dado a conocer por eruditos como Rudoph Otto en *La idea de lo Sagrado* y William James en *Las variedades de la experiencia religiosa* (la palabra "experiencia" en el título indica que James en realidad está refiriéndose a las experiencias espirituales). En este uso, una persona puede, por varias razones, tener una experiencia directa, un estado alterado, o una experiencia cumbre de aquello que se presenta a sí mismo como divino. Estas profundas experiencias o estados, por breves y temporales que puedan ser, constituyen el núcleo y esencia de la espiritualidad.

En la segunda acepción, la espiritualidad no trata tanto de experimentar estados pasajeros como adquisiciones permanentes de desarrollo –no estados, sino estadios–. En este uso, la espiritualidad tiende a significar los niveles más elevados en cualquier línea de desarrollo evolutivo. Éste es el uso popularizado por Plotino, Aurobindo, James Mark Baldwin y Abraham Maslow, entre otros muchos. Por ejemplo, si prestamos atención a la línea de desarrollo cognitivo, tiende a moverse de los estadios preformales a los formales y a los postformales; la línea moral se mueve de las ondas preconvencionales a las convencionales y a las postconvencionales; la línea afectiva se despliega desde las emociones egocéntricas a las etnocéntricas y a las mundocéntricas. En todos esos casos, son las ondas o estadios "post", más elevados, amplios y profundos los que la mayoría de las personas identificarían como "espiritual". Por ejemplo, Carol Gilligan descubrió que el desarrollo moral femenino atraviesa tres niveles o estadios principales, los que denominó "egoísta" (egocéntrico), "de afectividad y amor personales" (etnocéntrico) y "de amor y compasión universales" (mundocéntrico). La mayoría identifican al "amor universal" como espiritual, pero no el "egoísta", y éste es el sentido en el que se utiliza. En resumen, esta segunda acepción simplemente dice que las esferas más altas de cualquier secuencia de desarrollo son las que consideramos como "espiritual", y por lo tanto la espiritualidad implica y exige transformación, o mostrar los caminos para lograr transformarse hasta llegar a aquellas ondas y estadios más elevados, más amplios y más profundos, no como un estadio pasajero, sino como un rasgo y cualidad permanente.

La tercera acepción mantiene que la espiritualidad fundamentalmente no es un estado alterado, ni siquiera en los niveles más elevados en ninguna línea de desarrollo y crecimiento, sino que es una línea completamente separada en sí misma. Dentro de este uso del término, el desarrollo espiritual es como el desarrollo cognitivo, el desarrollo moral, el desarrollo afectivo, y de ahí en adelante. Ya que todas las líneas o cauces de desarrollo son relativamente independientes, uno puede estar a un elevado nivel de desarrollo en algunas líneas, tales como la cognitiva, y a un nivel de desarrollo bajo en otras líneas, como la espiritual. En este sentido, la espiritualidad no es un estado pasajero, y tampoco es sólo asequible a los niveles más elevados de las otras líneas, pero es de por sí una línea que comienza en la infancia y muestra sus propias ondas y cauces de desarrollo (aunque los niveles más altos en esta línea son, podríamos decir, especialmente espirituales, que es donde el uso asociado a la tercera acepción se entremezcla y cruza con el segundo). Esta utilización fue principalmente dada a conocer por James Fowler en su investigación presentada en *Estadios de fe*. Éste es un uso que a su vez es intuitivamente atractivo para mucha gente, porque todos conocemos individuos que están intelectualmente avanzados, pero espiritualmente corruptos; y también conocemos gente que son espiritualmente avanzados, pero no están muy bien desarrollados en otras áreas, tales como en ciertas habilidades interpersonales o sociales.

La cuarta acepción ve la espiritualidad no como un estado, nivel o línea, sino como una cualidad que uno puede (o no puede) tener en cualquier estado, nivel o línea; y consideramos espiritual al hecho de poseer dicha característica. Esta cualidad puede ser el amor, la benevolencia, la sabiduría, el conocimiento y la conciencia despierta, la compasión o la integridad, nombrando tan sólo unas pocas características prominentes. Aunque ésta es una utilización muy corriente, desde el punto de vista teórico es más difícil de defender, porque la mayoría de las características propuestas caen en una de las tres primeras formas de utilización. Por ejemplo, podríamos decir que esta cualidad es el amor, pero los nazis amaban profundamente a sus familias, amaban su Estado, amaban a su *Führer*, y no muchos llamarían a eso "espiritual". La razón es que, de acuerdo con el uso de la segunda acepción, el amor en sí mismo –la genuina capacidad para amar– se desarrolla desde el "egoísmo" egocéntrico al sentimiento amoroso "etnocéntrico" y al "amor y compasión universales" mundocéntricas. Así, los nazis ejemplificaban la onda etnocéntrica del amor, no la onda universal de amor, y tan sólo la última merece ser llamada "espiritual". Ésta es una distinción importante, porque muchos defensores del "espíritu en la política" están simplemente proponiendo que una cualidad particular (como el amor o la compasión) puede ser inyectada en el cauce del río de la política sin mirar cuidadosamente a ninguna de las dimensiones evolutivas y de desarrollo de la cualidad propuesta. Aun así, el uso de la cuarta acepción representa un aspecto importante de lo que mucha gente quiere decir por "espiritualidad", e incluso si revierte rápidamente a uno de los tres primeros significados, merece ser listado de forma separada.

Como ello sugiere, creo que los cuatro usos descritos reflejan aspectos reales e importantes de esta cosa tan compleja que llamamos "espiritualidad". Existen investigaciones creíbles y en ocasiones muy extensas apoyando cada una de estas cuatro opiniones, por lo tanto necesitamos referirnos a cada una de ellas para que todas sean incluidas en cualquier cuidadosa consideración del "espíritu y la política". Creo que es obvio que el significado completo del diálogo entre "espíritu y política" cambia profundamente dependiendo de qué tipo de utilización sea evocado.

A fin de avanzar en el diálogo, es útil en este momento tener algún tipo de orientación teórica que pueda acomodar los cuatro significados –primero, en psicología; segundo, en sociología; y tercero, en política (si, al fin y al cabo, decidimos que la espiritualidad debería ser parte de la política).

Aquí, en lo que imagino que será un gran alivio para el lector, tomaré un atajo y simplemente diré que los diferentes esfuerzos para lograr esto, es decir, para acomodar los cuatro significados, son generalmente calificados como "integrales", ya sea como psicología integral, sociología integral, espiritualidad integral, política integral. "Integral" se refiere al intento de ser tan inclusivo, no-marginalizador, holístico, acogedor y comprensivo como sea posible. La principal pregunta para los enfoques integrales no es quién tiene la razón y quién no, quién está en lo cierto y quién no, sino cómo puede conseguir todo el mundo una parte importante del rompecabezas global. La psicología integral, por ejemplo, intenta aportar mapas y modelos que incluyan esos cuatro usos; esto es, modelos psicológicos que explícitamente incluyan los estados de conciencia, los niveles u ondas de conciencia, las líneas o cauces de conciencia, y las categorías o tipos de conciencia. Los modelos psicológicos que no incluyan cada uno de estos cuatro usos ya existentes no son, por definición, muy integrales.

Por lo tanto, alguna versión de la psicología integral que tiene mucho que ofrecer a la discusión sobre "espíritu y política", porque, al intentar abarcar todos los usos ya existentes de la conciencia espiritual, *a)* ayuda a evitar que ninguna utilización en particular sea hegemónica e inadvertidamente conduzca a la inserción del estadio pre-liberal de la espiritualidad en la política; *b)* se esfuerza en encontrar caminos en los que los usos ya existentes del concepto de espiritualidad puedan –o no puedan– caber en el espacio post-liberal; y *c)* ayuda a ofrecer sugerencias acerca de cómo unas políticas integrales pueden evolucionar de manera que cumplan con todos los criterios de una espiritualidad sin coerciones.

Si "la psicología integral" ayuda a proporcionar mapas cada vez más inclusivos y comprehensivos y modelos de potenciales humanos, "la política integral" sería, merced a una definición parecida, una teoría y práctica políticas que intentarían, entre otras cosas, tomar todos estos mapas más abarcantes en consideración cuando se discute el papel de la espiritualidad en el discurso y en la acción política. Así como una psicología más integral puede ser construida prestando cuidadosa atención a lo que gente de todo el mundo ha hecho y está haciendo en dicha área, de igual manera, una política más integral puede ser construida prestando atención a la suma total de lo que la gente ha hecho y está haciendo en la esfera política. En otras palabras, si nos preguntamos una vez más "no quién tiene razón y quién está confundido en política, sino cómo todos pueden conseguir una parte importante del rompecabezas político", entonces un tipo de discurso político diferente tiende a emerger, un discurso que puede ser llamado "integral". Esto no quiere decir que no podamos hacer juicios sobre "lo justo" y lo "erróneo", lo que está bien y mal en el círculo de la política, sino que la plataforma desde la que lanzamos esos juicios debería ser en primer lugar la más radicalmente omniabarcante y acogedora de la totalidad que podamos concebir, o de otra forma nuestros juicios reflejarán sólo fragmentos, partes y piezas rotas en un desfile de parcialidades y prejuicios disfrazados como equidad y justicia.

Entonces, ¿qué aspecto podría tener una política más integral, una política que hace sitio para, y en realidad acoge, todos los potenciales humanos, incluida una espiritualidad sin coacciones ni coerciones? Éste es exactamente el tópico que los siguientes capítulos explorarán.

Una teoría política integral trataría de hacer varias cosas. Primero, identificaría todas las formas mayores de teoría política que han sido propuestas, en Oriente y en Occidente, en el norte y en el sur. Trabajando desde tal revisión panorámica, y bajo la suposición de que todas estas teorías tienen algo importante que decir, construiría un marco verosímil y de aceptación general que mostraría, no cuáles de esas teorías son correctas, sino cómo han surgido tantas teorías en primer lugar. Una teoría política integral, por ejemplo, no comenzaría preguntando: "¿Cuál es la buena y verdadera: la posición conservativa o la liberal, la política de izquierdas o de derechas, la de las naciones-estado o la de los pueblos indígenas, la visión individual o la colectiva?", sino que más bien preguntaría: "¿Por qué tantos hombres y mujeres buenos han abrazado alguna de esas posiciones con sinceridad y convicción? ¿Qué verdades intentan decirnos cada una de estas posturas?".

A partir del ensamblamiento de todas esas posibles verdades políticas, un enfoque integral y/o postconvencional intentaría crear un amplio marco que reconociera, honrara e incorporara tantas de esas verdades como sea posible (aunque no sea por otra razón que la de que un enorme número de hombres y mujeres buenos ya las han adoptado con integridad). Dicho marco tiende a descubrir varias dimensiones importantes del pensamiento y la acción política, tales como:
a) ¿Es la causa del sufrimiento humano primariamente inter-

na o externa?; *b)* ¿Debería ponerse más énfasis en los derechos del individuo o en los derechos colectivos?; *c)* ¿Cómo pueden los modelos psicológicos integrales –que incluyen ondas, flujos, estados y tipos– ser incluidos en la teoría política de forma que se honre todo el espectro de los potenciales humanos contenidos en cualquier sistema de gobierno?

Una teoría política integral no reclama, en este momento, tener todas, o incluso la mayoría, de las respuestas, sino simplemente representa un foro en el cual todas las preguntas que han sido propuestas hasta la fecha son colocadas sobre la mesa con una intención integradora y acogedora. Como muy poco, podemos tener un índice de todos los mapas políticos considerados por los seres humanos, y desde ese índice holístico comenzar a buscar caminos para superar sistemas de gobierno integrales que –al contrario de lo que hicieron las formas de gobierno de tiempos pasados– no seleccionen y favorezcan un conjunto de potenciales humanos sobre otros.

Aquellas personas que estén interesadas en mi propia visión de este enfoque integral pueden consultar *Psicología integral*, *El ojo del espíritu*, o *Una teoría de todo*. Una breve sinopsis de la metodología integral puede hallarse en wilber. shambhala.com. Para aquellos familiarizados con este enfoque, los "cuadrantes" representan, en términos políticos, las dimensiones de la causalidad interna (por lo general, adoptadas por la derecha) y la causalidad externa (por lo general, adoptadas por la izquierda); la individualidad (normalmente abrazada por el "ala libre" de los "derechos") y la colectividad (normalmente abrazada por el "ala del orden" de los "deberes"). Todos estos cuadrantes –individuales y sociales– tienen ondas, cauces, estados y tipos, cuya existencia nos permite, entre otras cosas, ver cómo las distintas teorías políticas se han originado en diferentes estados y estadios de la conciencia humana; cómo todas ellas tendrían que ser incluidas en cualquier explicación comprehensiva, y cómo, por ejemplo, la "posición original" adoptada por una plataforma o estadio de valores en particular generaría diferentes conjuntos de derechos. Este mapa que lo abarca e incluye todo se denomina frecuentemente OCON [del inglés AQAL: All Quadrants-All Levels], significando "todos los cuadrantes, todos los niveles", además de "todas las líneas, todos los estadios y todos los tipos". Utilizando este sistema holístico de clasificación, u OCON, cada teoría política mayor encuentra una localización en la cual está ofreciendo un buen consejo, dentro del que las más conocidas perspectivas políticas pueden mostrar que están resaltando una o más de las dimensiones principales de la matriz OCON. El resultado global es el comienzo de una teoría política integral, lo que aún queda lejos de la práctica de una política integral, porque, aunque la teoría está basada en las prácticas políticas del mañana, en cualquier caso surgirán de forma espontánea. La teoría integral simplemente se mantiene en el umbral, tan sólo amaneciendo por el momento, sugiriendo caminos por los que un diálogo integral puede avanzar, un diálogo que creará de manera simultánea sus propias prácticas según se mueva adelante. A pesar de todo ello, incluso una teoría integral en estado naciente es mejor que las muchas teorías mucho menos que integrales que han dominado hasta ahora el discurso político, un dominio con el que este volumen trata de acabar.

Pero vamos a poner todo esto de una forma más sencilla y precisa. ¿Qué aspecto tendría una política más integral? Una política que deja sitio para, y en realidad engloba, todos los potenciales humanos, incluyendo una espiritualidad libre de coacción alguna? La respuesta es –y espero que esto no decepcione a aquellos que han llegado hasta aquí en la lectura–: «Ahora mismo, nadie lo sabe en realidad». La razón es que el "diálogo integral" está justo comenzando. Los seres humanos de hoy en día nos hallamos en la aurora de lo que tal vez represente el mayor proyecto político de la historia, la búsqueda de una teoría política y una práctica que, intentando incluir todas las perspectivas, encuentre caminos para elevarse también por encima de todas ellas, apuntando hacia un futuro de la humanidad que casi no podemos concebir.

Como todos los esfuerzos pioneros, aquellos de nosotros que estamos involucrados hoy en día en este tipo de diálogo estamos aquí, principalmente, para ponernos en ridículo a nosotros mismos. Unos tontos para la historia y para el disfrute de generaciones futuras. Aprender es "intentar y errar", y los pioneros son aquellos que más aprenden porque son los que más errores cometen, los errores más grandes y también las equivocaciones más atroces. ¿Ha visto el lector esos mapas que los primeros exploradores europeos hicieron de las Américas, donde Cuba ocupa el tamaño de Siberia y la península de Florida se extiende hasta Brasil? Y en el lado indígena del Atlántico, ¿ha visto alguna vez los mapas parecidos que los aztecas hicieron de los nuevos territorios que estaban explorando? Bien, casi seguro que ése es el aspecto que tienen nuestros actuales mapas de una política integral. Pero ésa es, sencillamente, la mejor razón para forzarnos en seguir hacia delante en esta extraordinaria exploración, ¿no es así?

Espero que tampoco nuestros compases espirituales o políticos nos fallen nunca en esta empresa, porque mientras más elevada sea la meta –y no hay ninguna más elevada–, más grande es el desastre si uno hace los cálculos erróneos. Por favor, andad sobre este terreno muy delicada y pacíficamente; mantened vuestras conclusiones con tanta suavidad como lo haríais si sostuvierais a un recién nacido; pero nunca, nunca ceséis en el inacabable esfuerzo por un mañana más grande, que es el derecho de nacimiento de cada ser consciente y sensible, ese Bien sin coerciones que se capta mejor en la espiritualidad y que se libra mejor en la política.

Y, finalmente, permitamos que cada uno de nosotros se dedique, sobre todo, a hacer de nosotros mismos valiosos recipientes de tal pavoroso, maravilloso, exaltado, aterrador y noble esfuerzo. Con la humildad de una hormiga acercándose al monte Everest, atrevámonos a pesar de todo a dar los primeros pasos hacia esa cumbre extraordinaria, radiante y luminosa, comenzando aquí mismo, y empezando ahora mismo.

9. PONER CONCIENCIA
A LA POLÍTICA

RAQUEL TORRENT

Psicóloga colegiada desde 1986, *coach*, terapeuta integral y consultora transpersonal, máster en la intervención en la ansiedad y el estrés, primera facilitadora del juego de la transformación de *findhorn*, fundadora de la asociación integral española en 2005 y creadora de las primeras jornadas integrales en 2003. Traductora e intérprete de textos y eventos académicos, científicos, comerciales y literarios en inglés/ español/inglés (http://raqueltorrent.blogspot.com/ y http:// www.raqueltorrent.es/).

Lo primero que deseo es mostrar, humildemente, mi ignorancia sobre las "profundidades" de los movimientos políticos y sus actuaciones, por lo que no considero disponer de una opinión crítica objetiva, pues no me he basado para hacer este capítulo en extensa bibliografía ni en años de seguimiento "íntimo" de la vida política de este país. Mis conocimientos y atención más directa, así como mi dedicación y experiencia se relacionan con el mundo de la psicología y la espiritualidad. Ruego, así, me permitan hablar como ciudadana de a pie que ha asistido, interesada, al desarrollo de nuestra historia político-social, forjándose una opinión propia, a la que le gustaría que todos pusiéramos más conciencia a la política.

Si difícil es hacer política auténtica (véase: gobernar las acciones del Estado en beneficio de la sociedad, y no al revés, como está ocurriendo ahora), mucho más difícil resulta que ese gobierno actué con conciencia, y ya casi utópico que lo haga desde la Conciencia Integral. Aunque, por pura salud mental y emocional, prefiero pensar que se está produciendo un cambio lento y progresivo hacia algo "diferente" en materia política y quiero creer que es debido a que "algunos pocos" están desarrollando un incipiente y prometedor estado de conciencia que parecería rozar la Visión Integral de la realidad. Ya veremos de qué forma esa Visión Integral (planteada primordialmente por el filósofo post-post-moderno Ken Wilber) puede reestructurar la forma de hacer política al surgir de un gobierno formado por líderes de Conciencia Integral que aseguren la libertad, ahora perdida, en muchos ámbitos de la vida social y política de la humanidad.

Lo primero que podemos destacar es que resulta necesario y vital desarrollar la conciencia política individual o, dicho de otro modo, el reconocimiento político de nuestra existencia porque con él podemos cambiar el mundo. Aristóteles decía: «El ser humano es un animal político». Si reconocemos nuestra capacidad de gestión y gobierno individual, podremos desarrollarla a nivel colectivo, aplicándola en asuntos de interés público. El desdén, rechazo o indiferencia de nuestro papel como responsables de los designios de un país, es una de las peores formas de corrupción personal y social. No conseguiremos gestionarnos y gobernarnos si nos dejamos influir por los errores del pasado, por el olvido de lo que verdaderamente importa (de lo que la psicología política tiene mucho que enseñar), o nos dejamos llevar por posturas radicales "antipolíticas", poco realistas por el momento, y, en cambio, comprensiblemente mantenidas como oposición y desacuerdo con los métodos y corrupciones varias en el quehacer político actual. Roma nos enseñó, en la *polis*, a convertirnos en "ciudadanos" con deberes y derechos; esos que, después en las modernas democracias, hombres y mujeres hemos luchado para que sean consensuados en las urnas, y no sólo manipulados por uno con poder absoluto o por unos cuantos con "otro tipo de poderes".

Aunque esté en entredicho la democracia actual, que más adelante trataremos, es importante no echar por la borda la sangre de muchos que han luchado por tener voz y voto, así como lo es no retroceder en el desarrollo de la línea política, que, a nivel general y en Occidente, se encuentra en el nivel verde (de acuerdo con los colores de la Dinámica Espiral creada por Clare Graves y desarrollada por Don Beck en su versión integral), pues forma parte vital del desarrollo de la conciencia. Ya es un logro haber llegado a ese nivel de valores (que tiene en cuenta –por lo menos por escrito– los derechos de la infancia, las mujeres, las razas, los géneros, etc., en otras palabras: del ciudadano, y preservados por la Constitución), y no estar aún anclados en valores míticos o mágicos. Ya sé que si suscribimos la "teoría de la conspiración" no podremos reconocer el citado nivel verde, sino el nivel naranja de la economía rabiosa, es decir, valores políticos exclusivamente marcados por unos pocos para lograr el beneficio perpetuo de sólo ellos (véase industria armamentística y farmacéutica, sobre todo).

Si debido a la inaceptable situación de irregularidades en la clase política, a su incapacidad para aportar soluciones responsables y sostenibles; si debido al inasumible coste para la sociedad, acrecentado por la crisis económica mundial, que nos habla de la necesidad de transformación del modelo de gobierno, y en fin al estilo de vida consumista que hemos creado, las personas pierden la ilusión de ejercer su derecho a decir lo que desean y exigir lo que pretenden, mostrando su desinterés por la gestión política, habremos dado un paso atrás muy grave y decisivo. No tengo duda de que eso también traerá una consecuencia transformadora. Lo que ocurre es que el precio será mucho mayor, y cuando hablo de precio aquí, hablo de regresión a niveles rojos de conciencia que indica, principalmente: guerra. Es posible que no sea sangrienta como la II Guerra Mundial, que también, aunque puede ser aún peor, pues la hambruna, la sed, la enfermedad sin solución, el terrorismo en general y el de Estado en particular, el vandalismo callejero y los muchos otros panoramas dantescos que podamos imaginar nos llevarían más allá de los efectos de la gran depresión económica de los años 30 que ya no sólo será como en el 29 en Norteamérica o el 93 en España, sino que afectará a todos los ámbitos del ser humano, sobre todo al de los valores, conectados directamente con el alma humana y de ahí con todos los estamentos de la sociedad. Pueden, entonces, ocurrir dos cosas: o bien que esa llamada interior a la recuperación de los valores que, precisamente, nos hacen "humanos" sea escuchada (como parece que está ocurriendo en algunos países), y verdaderamente la humanidad comience a unirse en armonía –con esa conciencia de que estamos todos en el mismo barco, somos demasiado preciados para el universo y además no estamos solos–, o bien que no haya respuesta ni aprovechamiento de la oportunidad del "momentum" planetario, y en vez de aprovechar la Revolución de la Conciencia, se convierta en la destrucción y el aniquilamiento de una guerra sin precedentes, generada tan sólo por el deseo de mantener el viejo orden y los beneficios financieros siempre en aumento.

De nuevo para mantener la calma interior y acallar mi propio desasosiego egoico, prefiero aplicar la conciencia positi-

va y, sin dejar de ver esta realidad, escuchar también las palabras de David Spangler y otros cuando decían, y dicen, que
somos responsables de aquello que creamos en nuestra mente. Pensar en el desastre y en el final descontrolado atraerá
justo eso, puesto que las más recientes investigaciones científicas (véase Gregg Braden en http://vimeo.com/10973489)
avalan esta afirmación que ya en la década de 1970 nos avi-
saba de cómo las emociones negativas afectan negativamente
el resultado de nuestras acciones. Si recordamos esto y el hecho de ser seres políticos, es decir capaces de saber lo que es
gobernarnos y gobernar para el bien común, podremos participar en la creación de un verdadero nuevo orden mundial;
ese auténtico, consciente y positivo, ese que conecta con esa
red que une toda la existencia, lo que Deepak Chopra (y algunos físicos holísticos) denominan "el campo unificado". Así
y sólo así, conseguiremos ser lo que decía Gandhi: el propio
cambio que queremos ver en el mundo.

Vemos por todo lo anterior la importancia y la urgencia
de desarrollar la conciencia, para unir la ciencia, en este caso
política, con la psicología y la mística, lo que se transforma en Conciencia Integral. ahora bien, ¿a qué nos referimos
cuando hablamos de Conciencia? han sido cientos de científicos los que han rechazado durante años el estudio de la
conciencia, llamándole cosas tan simplistas (por incomple-
tas) como "constructo de la mente" o "una de las habilidades
de la mente para discernir", en otras palabras, aplicándole un
reduccionismo salvaje y una ignorancia supina a cuestiones
hasta ahora llamadas "esotéricas" por la ciencia y "elevadas"
por la religión, y ahora denominadas "interiores" por muchos
pensadores integrales. Peter Russel, el físico y psicólogo inglés que escribió en el año 2000 sobre la conciencia de manera crucial para la aceptación de ésta por parte de la sacro-
santa ciencia, decía:

«No hay nada en el campo de la física, la biología, la psicología, ni ninguna otra ciencia que dé una explicación razonable de la existencia de nuestro mundo interior.»

Aunque Russell no nos dé una definición de conciencia, sí que nos dice que tiene que ver con el mundo interno, que está relacionada con pensamientos, sentimientos, sensaciones, creencias; cosas que la ciencia no ha podido..., aún, pesar, medir, validar, replicar o falsar. (Aunque hayamos visto que un pensamiento genera un neuropéptido, por ejemplo, o que incluso las emociones elicitan respuestas medibles; eso no significa que la conciencia sea el efecto o la causa, sino que está presente en ambas.)

Y aún decía: «El considerar la conciencia una cualidad fundamental de la realidad no cambia nuestra comprensión del mundo físico. Sin embargo, nos aporta una visión más profunda de nosotros mismos».

Ver la realidad de manera global e integrada es lo que se le ha olvidado a la política y a otras ciencias, cayendo en el reduccionismo que pretendían obviar. Y todo en aras de una especialización, que pudo ser necesaria en su momento y que ahora toca integrar en miradas más amplias y complejas. Al centrarnos sólo en la economía se nos olvida la política medioambiental, y si nos dedicamos a ésta, se nos olvida la política sanitaria, y si estamos absortos en esta última, se nos olvida la política comunitaria, y así en más. Eso es porque no hay Conciencia Integral. La conciencia es la amalgama que aglutina los intereses auténticos de todo lo que es importante. Ken Wilber, antes citado, lo llama la Práctica Integral de vida, porque se requiere la atención consciente y puesta en práctica en todos los cuadrantes de la realidad y de forma mantenida en el tiempo.

¿Y qué son los cuadrantes?

Dentro del Modelo Integral de Ken Wilber existen los cuadrantes, las líneas, los niveles, los estados y los tipos como forma de entender al individuo, a los seres humanos, el mundo y el kosmos. Estos cinco elementos, más el estudio y trabajo con "la sombra", son los componentes de las gafas para ver la realidad en su totalidad o de manera "integral". Aquí veremos la política, utilizando la metodología integral someramente, dado el poco espacio, desde los cuatro cuadrantes, que son las cuatro perspectivas desde (ya que es un artefacto) las que podemos contemplar la realidad política en su totalidad. No utilizaremos de manera explícita el Perspectivismo Integral, pues ello nos llevaría a reconocer las ocho perspectivas posibles, ni tampoco el Pluralismo Metodológico Integral, que nos daría la pauta de cómo actuar desde ellas. Si viéramos la política "a través" de usted, entonces la política se encontraría en el cuadrante inferior derecho, pues es plural (colectiva) y exterior. En cambio, como la estamos examinando como perspectivas de la realidad, la veremos desde las cuatro perspectivas básicas.

Tabla 1: Las cuatro perspectivas de la realidad

	INTERIOR	EXTERIOR
INDIVIDUAL	SUPERIOR IZQUIERDO Individual interior (Yo)	SUPERIOR DERECHO Individual exterior (Ello)
COLECTIVO	INFERIOR IZQUIERDO Colectivo interior (Nosotros)	INFERIOR DERECHO Colectivo exterior (Ellos)

Mi apertura a la conciencia política y su integración con la espiritualidad

Cuando levantaba poco más que un palmo del suelo, mi querida abuela me hablaba sin parar. Me hablaba de cosas tan complicadas que lo único que hacía era mirarla, desde mi posición de infante, con ojos sorprendidos y luego dormidos. Su voz acariciaba mis días, aunque no entendiera nada. Al cumplir los nueve años empecé a comprender que sus palabras se hilaban de forma diferente al resto de los humanos que conocía. A los doce, le puse un nombre: "política". Mi abuela me hablaba de eso que los demás mortales de la época no se atrevían ni a mencionar, inmersos como estábamos en recuperarnos de la guerra intestina, en esa España de la postguerra marshalizada. Mi abuela siempre fue "roja", y como me contaron más adelante, estuvo a punto de "irse de paseo" varias veces. ¡Ya de mi bisabuela decían que se subía a un cajón de fruta en el Retiro y daba mítines políticos a todo el que quisiera escucharla! Aunque con doce años aún no entendía nada de política, lo que sí comprendía es que yo era a-política, en otras palabras, me faltaba el interés por el contenido de lo que a mi abuela le hacía vibrar.

Hablaba de Franco, De Gaulle, Mussolini, Hitler, Rousseau, Diderot, Nietzsche, Schopenhauer, el gran Ortega, ¡ah, y Sócrates! Mucho tiempo después supe que lo que mi abuela hacía cuando nos ponía la cabeza loca hablando y hablando de todos estos hombres era disertar sobre filosofía y política comparada. A veces me quedaba escuchándola a ver si entendía algo de lo que decía, y aunque sonaba pomposo y rimbombante para mí, al cabo de un rato tenía pajaritos rodeándome, y pensaba en otros asuntos, mientras la oía decir cosas como: «El mundo irá como vaya España, con Francia a la cabeza». Dónde nos hemos quedado!, si es que esa frase era de algún erudito, porque en esa época que la soltó algún sentido tendría. Hoy en día, al borde de la intervención económica europea, como nos descuidemos un pelo, esa afirmación no tiene ninguna realidad.

El caso es que durante dos años seguí siendo a-política porque ni entendía nada, ni quería entender. Vivía al margen completamente de lo que ocurría allá afuera. Era como si el mundo social y político (cuadrantes inferiores) no tuvieran nada que ver conmigo, ni yo con ellos. ¡El egoísmo atroz de la inconsciencia! Estaba totalmente harta de escuchar hablar de esos temas, y es posible que reaccionase mentalmente de manera contraria como para quitarme de en medio las monsergas de mi abuela que nos fastidiaba las comidas y las cenas con sus charlas encendidas.

Había algo, en cambio, que me movía interiormente de ella, y era su pasión. Mi abuela ponía tal pasión en la defensa de sus ideales y en la manifestación de su sentir que algo me decía que, ahí, había algo fantástico que me gustaría igualar. Esa energía me fascinaba, aunque estuviese cerrada intelectualmente a entender el contenido o a interesarme por él. Fue esa energía suya, precisamente, la que plantó la semilla; no sólo de mis flirteos posteriores con la política y la labor social, sino también con la filosofía y la espiritualidad. Intercalando las citas de los mandatarios y pensadores políticos, mi abuela me hablaba de Madame Blavatsky, Leadbeater, Mario Rosso de Luna, Vicente Beltrán Anglada, Mario Andrade, Pessoa, Eliphas Levi, y otros a los que fui leyendo después, dando forma a lo que ella decía e interpretación a mi experiencia personal con la trascendencia que ya desde los siete años se me hizo presente.

De seguro que el lector avezado se habrá dado cuenta de que estamos hablando de la política desde el cuadrante superior izquierdo, es decir, me he metido en mis recuerdos, sensaciones, pensamientos y sentimientos. Todo lo que tenía que ver con la política y *mi* manera especial de vivirla. Vemos, pues, que ésta es la perspectiva del yo interior.

Todos los seres damos consciente o inconscientemente un significado psicológico a los acontecimientos políticos y a los movimientos sociales. Todos tenemos unas creencias o sensaciones sobre cómo debería ser un buen gobierno. Y todos tenemos recuerdos de la manera en que la política mundial y/o particular del pasado ha afectado al país propio y a la humanidad. Y todo eso se encuentra en este cuadrante superior izquierdo de la realidad. Reconocer este cuadrante es dar espacio al "sentir de la calle", reconocer sus emociones, "escuchar al pueblo", que se diría en el lenguaje de la República, o tener en cuenta la "opinión de los ciudadanos", diríamos hoy, porque todos sentimos y pensamos y, por lo tanto, formamos parte individual (y si no que se lo digan a los "buscadores de votos") de la vida política y del devenir de la sociedad.

Terminemos este cuadrante con una cita del Buda, para que no nos pongamos tan serios, puesto que las cosas verdaderamente importantes no requieren de seriedad (en el sentido de pérdida de contento o actitud impasible), sino de dedicación emocionada y consciente, y no hay emoción más linda que la sonrisa. La conciencia es alegre. Así pues, sonriamos juntos porque: «Todas las hipótesis sobre la realidad son hipótesis temporales». Una creencia sirve en la medida que sirve a mis propósitos evolutivos.

SÍNTOMAS Y ACCIONES
DE MI CONCIENCIA POLÍTICA INTEGRADA

A los catorce años empecé a desarrollar cierta conciencia social basada en una inquietud cristiana filantrópica y asistencial. Al mismo tiempo mis oídos y mente –antes cerrados– comenzaban a escuchar reivindicaciones feministas y movimientos ciudadanos como los de Francia. Quería protestar como los estudiantes en mayo del 68 que se habían levantado contra la forma de vida (consumismo), lo que apoyaba los postulados del movimiento *hippie* en total auge en esa época. Me unía internamente a los gritos de injusticia que oía contar a los padres de alguna de mis amigas. Veía a mi hermana, que en esa época era del Partido Comunista, cuando en este país todo "progre" auténtico de la rama dura lo era. Hacía pancartas en casa y sabíamos que en cualquier momento podía aparecer la secreta y llevársela. Uno de mis amigos más queridos era Marcos Ana (encarcelado durante veintitrés años como preso político), al que conocí gracias a una poesía que yo había escrito sobre la soledad. Obviamente, su discurso calmado y sin acritud sobre "el otro bando" (puesto que Marcos es más un humanista con conciencia política que un político de profesión) me fue calando hondo, aunque siempre pretendiese integrar y unificar. En ese ambiente, claramente izquierdista, levantaba la mano en señal de protesta, cantaba con guitarra canciones de cantautor y asistía, de vez en cuando, a mítines políticos que, generalmente, terminaban en carreras o en tugurios oscuros entre pelambreras hacinadas e interminables peroratas de encendido corte sociopolítico..., aparte de llevar falda y pelo largo con flores, por supuesto. Muy raro hubiera sido que, siendo extremista de izquierdas mi bisabuela, "roja" mi abuela y comunista mi hermana, yo saliese de derechas.

No me quedaba otro remedio que unirme al cambio, y aunque mi identidad no era la de una activista política porque, posiblemente, no tenía el valor, era perezosa o, como antes he expuesto, mi afán integrador estaba ya en ciernes, sí que sabía que mis verdaderos intereses estaban en la elevación consciente del espíritu a través de la meditación. Entonces, para hacer algo que concordase con mi sentir, me dediqué a rezar. Rezaba por los ideales más elevados de la humanidad, en especial los de nuestro país. A veces, hacía sentadas meditativas de dos horas, habiendo dedicado, previamente, la concienciación a la mejora de España, al entendimiento entre los ciudadanos y el gobierno, a la solución del conflicto vasco, a la aceptación de otras voces y otras formas de manifestarse, personal, social y políticamente, a la apertura de mente para que nuestro país se convirtiera en una democracia sana, y en fin que rezaba por la ampliación de las libertades. También ponía inciensos, muchos inciensos…, y encendía velas. Y no era una beata, no, sino una jovencita concienciada de que nos hacía mucha falta la ayuda divina para mejorar. Mi manifestación era silenciosa y reivindicativamente inocua. Era mi manera especial de contribuir a la causa. Parecería que de algo sirvieron tanto mis sentadas como las de muchos otros que hicieron lo mismo, porque la democracia se instauró en nuestro país, y mal que bien hay mayor libertad que en los años 60 y 70, el conflicto vasco está en vías de solución y los ciudadanos empiezan a gritar más fuerte para que el gobierno les escuche mejor. Ya no hay miedo.

Como hemos visto, he hablado desde el cuadrante superior derecho. Es decir, de todo aquello que otros podrían observar si me hubieran visto por un agujerito. Un observador externo nunca sabría cuáles eran mis sentimientos (a no ser que me los preguntase) cuando asistía a un mitin o cuáles eran mis creencias cuando meditaba durante horas. Lo que sí podría decir es cómo me sentaba, qué hacía o qué decía; es decir, mi comportamiento o actuación externa. Si estuviéramos utilizando el Perspectivismo Integral (esto es, las ocho perspectivas en vez de las cuatro), diríamos que ésta es la visión externa de lo externo.

Si soy un político, me interesa observar el comportamiento social y político de las personas que gobierno porque dependiendo de lo que hagan o digan podré modular, adecuar o incluso cambiar los derroteros por los que estoy llevando el barco (metafóricamente hablando, para referirme al país). De esa manera pediré el voto observando cuál es la conducta de cada individuo y, al mismo tiempo, dándome cuenta de cuál es mi actuación propia para encontrar una alineación entre ambas. Esta alineación crea ya un "nosotros" que es la perspectiva del siguiente cuadrante.

JUNTOS SOMOS PODEROSOS SI RECONOCEMOS QUE "NOSOTROS" SOMOS EL GOBIERNO

Nos encontramos, sin duda, en un tiempo de cambio planetario. Es el lento despertar de la conciencia. El impulso evolutivo puesto en acción gracias a circunstancias del siguiente cuadrante, el inferior derecho, a las que asistimos llenos de estupor, temor y consternación: *tsunamis*, terremotos, centrales nucleares con escapes, pandemias. La explosión de la burbuja financiera ha provocado que nos demos cuenta de que ya no podemos:

- Seguir cerrando los ojos ante la hambruna, el dolor y la desesperación de muchos. Si antes ya había todo esto, ahora mucho más porque el paro es mayor.
- Seguir ofreciendo el poder a colectivos que no lo saben gestionar sin pedir responsabilidades, soluciones y compensaciones.
- No podemos dejar de reconocer las influencias que nos impulsan hacia el consumismo que ha generado nuestro permiso inconsciente (como el avestruz con la cabeza

en la arena) a las explotaciones salvajes y a las gestiones de bancos y colectivos financieros corruptos.

Y al hacernos conscientes de todo esto, también empezamos a darnos cuenta de que nosotros somos los responsables de lo que ocurre, porque lo hemos permitido y alimentado. Nos damos cuenta de que el gobierno somos "nosotros" y reconocemos que no hemos sabido gestionarnos ni hacernos escuchar, como ahora están haciendo Islandia, Túnez, Egipto, Argelia, Libia, donde tratan de obligar al ejército a intervenir militarmente para apoyar la instauración de un proceso democrático que derroque las dictaduras y autocracias existentes, ya obsoletas en este tercer milenio de nuestra era.

Estamos reconociendo que tenemos la posibilidad de decir "basta" y elevar nuestra voz y nuestro voto para que seamos escuchados realmente. La diferencia con las protestas de los años 70 es que ya no somos "masa" (es decir, personas que, juntas, forman un todo compacto), sino individuos conscientes de formar un "nosotros" individual (lo que me afecta a mí nos afecta a todos y al revés).

Hablando en términos de la Espiral Dinámica Integral, ya no se trata de una altitud *verde** en la que hemos desarrollado y seguimos desarrollando una conciencia social y política y luchamos por una igualdad, para que "otros" nos la repartan, sino que estamos empezando a hacernos responsables de que somos "nosotros" los que tenemos el poder. Así, este reconocimiento colectivo de lo individual es lo que marca el paso de la conciencia de primer grado, que llega hasta el nivel verde (mundicéntrico), a la conciencia de segundo grado, manifestación incipiente de la conciencia integral, marcada por el nivel amarillo (kosmocéntrico), en el que nos unimos como

* Dinámica Espiral. Ver: http://es.wikipedia.org/wiki/Dinámica_espiral

un todo consciente de su identidad individual, sin perdernos en la masa. Parece lo mismo, pero no lo es. Podríamos decir que es igual que la diferencia entre la dependencia y la interdependencia. Si no conocemos la sutil y enorme distinción, podemos cometer errores epistemológicos importantes. Lo que resulta altamente definitorio es que en el primer grado de conciencia (de acuerdo con Jean Gebser: niveles arcaico, mágico, mítico y pluralista o mental*) cada nivel piensa que es el más elevado y, por lo tanto, el que lleva la razón y visión "real" del mundo. «Nosotros, somos los mejores.» En cambio, el segundo grado de conciencia reconoce los valores de todos los otros niveles evolutivos y por lo tanto los incluye y trasciende en un amoroso abrazo. De ahí que el valeroso y necesario movimiento actual español Democracia Real Ya, conocido como el Movimiento del 15-M, podamos decir que será un movimiento del "nos" de segundo grado en cuanto incluya conscientemente las verdades de la izquierda y la derecha (puesto que ambos partidos tienen cosas positivas) y no sólo pretenda buscar una vía no-partidista, como si se tratase de crear algo totalmente nuevo sin tener en cuenta lo antiguo porque entonces no será un incluir y trascender, sino un destruir y crear, perdiendo así logros válidos del pasado que ciertamente nos han conformado en nuestra realidad presente.

Para encarnar con conciencia el segundo grado de este cuadrante inferior izquierdo, hace falta nuestra creatividad, sin duda, ahora bien, no a costa de olvidarnos de lo positivo del pasado para incluirlo en la mezcla, porque sólo así podemos integrarnos con nuestra alma, teniendo en cuenta la naturaleza trascendente y política de nuestra existencia. Si este

* Niveles utilizados por Ken Wilber en su Visión Integral del desarrollo de la conciencia.

movimiento social llega a articular una conciencia bio-psi-co-social-político-trascendente, será el movimiento que puede generar un nuevo gobierno para España y como tal un modelo para el mundo, pues sólo un nuevo estilo de gobierno responsable puede surgir de un "nosotros" consciente y atrevido que sepa unir lo viejo y lo nuevo con conciencia. Vamos a ver si sabemos hacerlo. Y es que en el segundo grado de conciencia cada nivel tiene su verdad, y en vez de tratar de hacer que "todo el mundo sea como yo", sin caer en "igualdades relativistas" (verdes), el abrazo se realiza no sólo viendo los puntos de vista de todos, sino honrándolos y al mismo tiempo evaluándolos para extraer su bondad. Ésta es sin duda una herramienta política bien necesaria para crecer hacia una nueva forma de "gobierno integral". El tiempo nos dirá si este Movimiento del 15-M ha sido un salto de segundo grado de conciencia, lo cual hablaría de que nuestra democracia está preparada para seguir creciendo.

Siguiendo con la idea de la responsabilidad en este segundo grado de conciencia (niveles amarillo y turquesa), las personas que formamos ese colectivo de un "nosotros" más consciente de su individualidad política y social tendemos también a darnos cuenta de los grandes problemas ecológicos y medioambientales que hemos creado y permitido, sobre todo en los últimos cincuenta años, y aunque colocaríamos estas cuestiones en el siguiente cuadrante de la realidad si las mirásemos de manera objetiva, prefiero colocarlas en este cuadrante de la "cultura" y del "nosotros", porque quiero creer que estamos tomando más y más conciencia de que no podemos seguir destruyendo, precisamente, la casa que nos da cobijo. Algo objetivo se convierte en subjetivo cuando lo interiorizamos y le ponemos conciencia, como estamos empezando a hacer a nivel planetario. Así, reconocemos que:

- No podemos seguir destruyendo ocho millones de hectáreas de bosque al año, puesto que los bosques son ecosistemas imprescindibles para la vida. Representan los pulmones de la tierra y el hábitat para los tres reinos.
- No podemos seguir contaminando el aire con diversas partículas nocivas provenientes de las industrias, sobre todo la automovilística, y la falta de conciencia sobre la movilidad sostenible.
- No podemos seguir permitiendo la degradación de la tierra fértil por efectos de contaminación, explotación urbana, acciones de guerra o turismo.
- No podemos seguir contaminando el agua, que es la fuente de la vida, con fertilizantes que penetran en las capas freáticas y llegan a los pozos, ríos y mares, o con vertidos industriales o con derrames petrolíferos que no sólo afectan a la fauna y la flora, sino también al ser humano, como lo demuestran numerosos estudios científicos liderados por la Organización Mundial de la Salud (OMS).
- No podemos seguir realizando explotaciones petrolíferas indiscriminadas, sangrando el líquido terrestre, que es como la sangre del planeta.
- No podemos seguir realizando pruebas nucleares ni en la atmósfera, ni en los fondos marinos, pues todo ello afecta la corteza terrestre en forma de *tsunamis* y terremotos, que terminan a su vez desviando los polos magnéticos terrestres, lo que tanto afecta al clima y a los seres vivos.

Nos estamos dando cuenta de que no podemos seguir así, porque la lista de despropósitos podría continuar. Y no podemos permitir tal cosa si queremos llevar una vida sana, en paz y armonía con el medio ambiente. Incluso más allá, si quere-

mos dejar a nuestros hijos y nietos un mundo habitable donde el "nosotros" tenga un sentido lúdico, evolutivo y trascendente y nos unamos no para protestar sintiendo que somos los
creadores y solucionadores de problemas, sino los creadores
de vida, bienestar, paz y evolución. Por todo lo anterior, recordemos el poder intrínseco de nuestra capacidad de cambio para marcar la diferencia con acciones individuales tendentes a la mejora de todos los citados desmanes ecológicos
y medioambientales, reclamando, paralelamente, más y más
acciones gubernamentales que los solucionen, por eso...,
porque "nosotros" podemos hacerlo.

Ellos, la sociedad, la naturaleza, las estructuras y sistemas

Éste es el cuadrante de lo colectivo exterior y, como tal, de
las estructuras y niveles que conforman la realidad de lo que
estemos tratando. En este caso, "poner conciencia a la política". Es éste el cuadrante, al fin, de los adelantos de la sociedad. En los últimos setenta años, hemos avanzado tecno-
lógicamente hasta cotas de ciencia ficción, porque ¿quién
imaginaba ver un cerebro vivo en funcionamiento, disponer de un sistema de producción que no necesita más que
de unos pocos seres humanos, vivir en una estación espacial, construir rascacielos con forma de cono transparente,
disponer de ordenadores que procesan los datos a una velocidad cientos de miles de veces mayor que la de nuestras conexiones neuronales, tener coches movidos por combustible
de maíz o ver a otra persona en una pantalla mientras hablamos por teléfono o incluso ver destruida toda una economía
mundial por algo como una burbuja financiera? El problema
es que ese progreso, tan útil y maravilloso en un sentido, no

ha ido paralelo a la evolución de nuestra alma (o conciencia de trascendencia y evolución, si preferimos así llamarlo), en otras palabras, que los cuadrantes interiores en el progreso de Occidente no han sido tenidos en cuenta en el grandioso desarrollo de los exteriores. De muchos lugares de Oriente podríamos decir, exactamente, lo contrario. Como hemos visto, los cuadrantes de la mano izquierda tienen que ver con los valores y el ámbito de lo cualitativo. Por el contrario, los de la mano derecha se relacionan con la ciencia, que mide, evalúa y cuantifica. Esta supremacía de los cuadrantes derechos sobre los izquierdos da un resultado plano y reducido del ser humano y sus experiencias. Ken Wilber lo llama "el mundo chato".

Para salir de este mundo inútil y aplanado, y abogando por una nueva humanidad en la que la conciencia, individual y colectiva, integre la realidad y reconozca los cuatro cuadrantes como vitales para el desarrollo y sostenibilidad de la vida, reconozcamos, entre otras cosas, la importancia de crear un gobierno de enfoque Integral; una política que reconozca e incluya los diferentes niveles de la sociedad, pues aunque en general podamos decir que la política en Occidente se encuentra en el nivel verde, es cierto que si es un nivel verde sano y no narcisista («Ya lo logramos porque hicimos la Revolución de las Flores, la Marcha Verde, el Mayo del 68, la reconstrucción germana, la libra esterlina y la salida del corsé victoriano haciendo más el amor y menos la guerra») tendrá en cuenta que los diversos estamentos de la sociedad no son todos iguales "ni deberían serlo" (pues eso sería caer en el relativismo pluralista tan criticado por los post-post-modernos). Semejante gobierno estará preparado para el salto al segundo grado de conciencia y así emprenderá acciones diferenciales que tengan en cuenta todos los niveles, lo cual no es sencillo, ni tampoco imposible. Se trata de encontrar el liderazgo integral que apueste por una política de sentido común, aplicada sobre todo a la educación y al beneficio tanto personal como social.

Mientras esto ocurre, nuestra política en España (y parecido podríamos decir de Estados Unidos) adolece de la conciencia necesaria para salir del modelo de gobierno que parece estar dando las últimas bocanadas. El mayor freno para la evolución política en estos momentos es la división salvaje entre izquierdas y derechas; ese modelo democrático antiguo que no genera, hoy en día, ni planteamientos ni soluciones sostenibles. El bipartidismo, que en su origen fue directo, útil y claro, se ha convertido en este instante en el método menos eficaz para el entendimiento político. Los gobiernos bipartidistas gastan más tiempo y dinero en combatir la política económica y social del contrario (la oposición) que en aunarse en aras al bien común, esmerándose en encontrar las afinidades que sirvan de motor para ambas partes y por lo tanto para el país mismo.

Mientras, la derecha cree en las diferencias, manteniendo, por tanto, una defensa a ultranza del individualismo, la libre competencia y los principios básicos del capitalismo, y la izquierda, que no cree en las diferencias, defiende las políticas sociales y busca la igualdad y la repartición de la riqueza. Ya en los años 80 Clinton, Tony Blair y los representantes de otros países trataron de realizar una Tercera Vía, conocida como "centrismo" (que venía siendo instilada por el distributismo, la tecnocracia, el fascismo italiano de los 50, el New Deal de F. Roosvelt y otras propuestas más o menos exitosas a lo largo de la historia). Tampoco esta propuesta de aparente fusión de lo mejor de cada sistema político dio resultado, pues no gustó ni a las izquierdas ni a las derechas, aunque en Estados Unidos se vea más como un movimiento de la derecha que como se proponía y propulsaba desde Europa.

¿Dónde ven los dos partidos la causa del sufrimiento humano? Ésta es la pregunta que Wilber plantea para explicar la diferencia entre demócratas y republicanos, y aunque no se adecúa exactamente a nuestra izquierda y derecha –respectivamente–, nos podríamos hacer una somera idea de las similitudes. La respuesta que los demócratas darían estaría relacionada con echar la culpa a la falta de medios sociales y, por lo tanto, de estructura y apoyo gubernamental suficiente para que la colectividad pueda desarrollarse de manera sana. En cambio, los republicanos dirían que el ser humano sufre porque no tiene las capacidades intrínsecas suficientes para encontrar otras vías o no se ha esforzado como corresponde para salir del sufrimiento o no lo desea con ahínco. En otras palabras, en el primer caso es una cuestión social y en el segundo una cuestión individual. Está claro que una "política integral", necesitaría aplicar la conciencia, aparte de para tener en cuenta los diferentes niveles de conciencia (o colores diversos de la Espiral Dinámica), como ya hemos dicho, para encontrar y desarrollar vías que integren las necesidades tanto individuales como colectivas, teniendo en cuenta el uso y limitación de los recursos disponibles tanto naturales como de otra índole. Semejante forma de gobierno necesita enfrentarse a los retos de una sociedad postmoderna que pide a gritos, aunque de manera inconsciente, el salto a un nuevo nivel de conciencia que nos llevé al despertar de una nueva civilización humana: "la civilización de la conciencia". Las personas, mucho más avezadas que antes, reclaman respuestas y soluciones, porque están abriendo los ojos a temas que antes pertenecían sólo al ámbito de la clase política. Si los políticos no responden a esta llamada, la ciudadanía se echará a la calle para generar sus propios resultados, como ya estamos viendo en otros países e incluso en nuestra propia sociedad.

La política global no puede desarrollarse ahora de manera plana, es decir, sobre un tablero de ajedrez, sino que es necesario tener en cuenta una visión de red tridimensional, como en los tableros de hiperajedrez de Isaac Asimov. Como dice Jim Garrison, por primera vez en la historia de la humanidad la crisis es de tal magnitud que las medidas urgentes deben ser tomadas de manera simultánea e integral. Por ello, necesitamos políticos que sean capaces de jugar al ajedrez multidimensional con la conciencia individual y colectiva de la humanidad, comenzando a mirarse ellos mismos y sus acciones. De esta manera, llegará el día en que todos ganemos la partida. Para ello, la Visión Integral aplicada representa una alternativa política verdadera y post-post-moderna que nos lleva más allá del modernismo de la ciencia y del post-modernismo de las humanidades.

No deseo terminar sin recordar en este cuadrante el tema más importante que nos ocupa en esta intención de poner "conciencia a la política", que es hacer un llamamiento a las políticas oficiales para poner en marcha acciones sostenibles en relación con el cambio climático, que muchos consideramos el problema más urgente y acuciante de la raza humana en estos momentos. Y como ha dicho Iroko Yasukawa, «es importante que se tomen en cuenta tanto las evidencias "científicas" como los saberes ancestrales» (en otras palabras, tanto los cuadrantes exteriores como interiores). Y es que todos los cuadrantes son igual de importantes, se interrelacionan y co-emergen a un tiempo, influyéndose mutuamente. Ser un experto, o incluso un Premio Nobel en un solo cuadrante, no asegura ni valida la salud de toda la cadena completa (si hablásemos de ADN) como para poder replicar la vida, que es la que a todos nos interesa preservar.

10. ESPIRITUALIDAD
Y ECONOMÍA

JOAN MELÉ

Joan Melé (Barcelona, 1951), subdirector general de Triodos Bank en España actualmente, es autor del libro *Dinero y conciencia. ¿A quién sirve mi dinero* y tiene más de treinta años de experiencia profesional en el sector de la banca durante los cuales ha sido director de sucursal de una caja de ahorros en Barcelona durante veinticinco años. Ha realizado estudios de economía y dirección financiera, y ha asistido a múltiples cursos y seminarios. Colabora como voluntario en diversas entidades no lucrativas dedicadas a la promoción de la banca ética y a la cooperación al desarrollo en proyectos de Latinoamérica. Lleva a cabo una intensa actividad como conferenciante en foros y charlas sobre temas de economía social, finanzas éticas y humanidades. Colabora en cursos y seminarios en diversas universidades y escuelas de negocios: Universidad Autónoma de Barcelona, Universidad Ramon Llul, Universidad Rovira i Virgili, Universidad Politécnica de Cataluña, Universidad de Cantabria, EADA y ESERP.

Espiritualidad y economía, dos palabras que parecen representar dos mundos totalmente opuestos entre sí. Casi parece imposible compaginarlos en un mismo texto.

Palabras como espíritu, espiritual o espiritualidad hacen referencia a un mundo intangible para los sentidos físicos, pero sin embargo real para nuestra experiencia interior. La palabra espiritual, en uno de sus aspectos, contendría conceptos como por ejemplo: amor, amistad, confianza, honestidad, devoción, respeto, libertad, imaginación, inspiración, intuición... Son experiencias reales no físicas que podemos tener todos los seres humanos, independientemente de que luego se quieran explicar, desde un punto de vista científico reduccionista, mediante neuronas, hormonas o genes.

Otro aspecto de la palabra espiritual, o espiritualidad, hace referencia a una de las cuestiones quizás más importantes y determinantes para el ser humano: la dimensión trascendente. Todas las religiones a lo largo de la historia nos han contado que la esencia verdadera del ser humano no es física, sino espiritual, y que esta esencia espiritual es la que seguirá existiendo después de la muerte. Lo describe de forma breve y sublime Juan Ramón Jiménez en uno de sus poemas, «Yo no soy yo»:

> Yo no soy yo,
> soy este
> que va a mi lado sin yo verlo;
> que, a veces, voy a ver,
> y que, a veces, olvido.
> El que calla, sereno, cuando hablo,
> el que perdona, dulce, cuando odio,
> el que pasea por donde no estoy,
> el que quedará en pie cuando yo muera.

En el otro extremo tenemos la palabra economía, que hace referencia al mundo del dinero, al mundo de las cosas materiales. Éste sí que nos parece un mundo real, ¿acaso hay algo más real que el dinero? De hecho, decimos "dinero contante y sonante", aludiendo a ese aspecto material del dinero, y también al hecho de que con dinero podemos comprar todas las cosas materiales. Se podría decir que el dinero representa "el poder" de comprar todas las cosas materiales, todos los servicios, y quizás también, como nos ha mostrado la historia, algunas obediencias.

El dinero se ha convertido, de alguna manera, en el representante del poder terrenal. Por eso siempre se ha considerado como antagónico a la espiritualidad, y de hecho la mayoría de las religiones lo han visto como un impedimento para alcanzarla. De ahí que se recomendara la austeridad, la sencillez e incluso la pobreza. Hoy, sin embargo, el dinero ha usurpado toda la atención de la humanidad y se ha convertido en el dios del mundo. La obsesión por acaparar dinero y bienes materiales ha llegado a tal extremo que muchas personas han perdido por completo su dimensión más humana y se han convertido en sólo una sombra de sí mismas. ¿Cómo hemos llegado a esto?

Entre estos dos extremos, entre lo espiritual y lo material, se encuentra el ser humano. El ser humano también es dual: por un lado, posee un aspecto espiritual, que es el que le permite darse cuenta de que existe como un "yo" y que le lleva a preguntarse por el origen y por el sentido de su vida, y por otro, habita en un cuerpo material en el planeta Tierra, y eso comporta una serie de necesidades que le obligan a trabajar para poder satisfacerlas. La cuestión clave es cómo se considera ese aspecto espiritual, ya que en función de la imagen que tengamos del ser humano, resultará una realidad social u otra.

A lo largo de miles y miles de años de historia, la humanidad ha ido cambiando en su forma de percibir la realidad del mundo y de sí misma. Existió una época remota, narrada por las diversas mitologías y relatos religiosos, en la que los seres humanos percibían una realidad completamente diferente a la que percibimos hoy en día. Las diversas divinidades, sus mutuas relaciones y sus actividades, eran las que determinaban la existencia y el destino de los seres humanos. Es posible que, desde nuestra forma de ver hoy el mundo, interpretemos esas narraciones como simples fantasías imaginativas propias de una humanidad primitiva incapaz de pensar con claridad. Sin embargo, incluso para una mente racionalista actual, no deja de sorprender el lujo de detalles descriptivos de esas narraciones, y las grandes similitudes que presentan las diversas mitologías en lugares remotos entre sí. Seguramente se querrán explicar esas similitudes alegando que los narradores de las mitologías se ponían de acuerdo para manipular a la gente con patrañas, pero me da la impresión de que este tipo de cosas sólo hemos sido capaces de hacerlas en los últimos siglos.

Uno de esos relatos antiguos, quizás el más conocido, la Biblia, en su primer libro el Génesis, nos cuenta la creación del ser humano con las siguientes palabras: «Y dijo Elohim: hagamos el ser humano a nuestra imagen y semejanza». Dejemos de lado el hecho de que la palabra hebrea *Elohim* es un plural, y que la frase está en plural, porque se trata de una cuestión que no tiene relación directa con nuestro tema. Centrémonos en la idea de que una divinidad crea al ser humano a su imagen y semejanza. ¿Cómo podemos interpretar esa frase? ¿Qué conclusiones podemos extraer?

Comprendo que para muchas personas resulte sumamente difícil de aceptar este concepto de una divinidad creadora de los seres humanos. Viendo como nos comportamos, resultaría decepcionante imaginar que somos una imagen de la divinidad; el concepto que tenemos de divinidad es el de un ser o seres superiores libres y con la cualidad del amor, y que desde esa libertad y capacidad de amor ese ser superior crea al ser humano. También resultaría decepcionante pensar que la voluntad era la de crearnos a imagen y semejanza, pero que la cosa salió mal, y hemos salido como hemos salido. ¿No hay ninguna otra interpretación?

Si realmente el ser humano estuviera hecho a imagen y semejanza de la divinidad, eso significaría que también sería un ser capaz de ser libre y capaz de amar, y, por tanto, también sería un ser creador. Bien, tenemos muchas evidencias de que el ser humano puede ser creador, por ejemplo cuando lleva a cabo una obra de arte. Una escultura, un cuadro, una catedral, una sinfonía, una poesía, etc., nos muestran esa capacidad del ser humano de ir más allá de la necesidad, y de crear algo nuevo simplemente por un ejercicio de libertad y de amor. También hay seres humanos que han entregado su vida por amor a los demás. En todos esos ejemplos podemos vislumbrar un resplandor de esa divinidad.

Pero, ¿es el ser humano libre en todas sus decisiones, o simplemente se imagina esa libertad porque desconoce las leyes naturales inexorables que le determinan? Profundicemos un poco más en ese concepto de libertad, porque por su propia definición no puede ser algo acabado de entrada. Uno no puede ser libre "obligatoriamente" porque así le han creado, porque si fuera algo ya dado y acabado ya no sería libre. Para ser libre debo tener la posibilidad de no serlo, y, por tanto, de no seguir los planes de la creación. Los conceptos de error y de mal son inherentes al concepto de libertad, y sólo la búsqueda de la verdad es la que nos puede llevar a la conquista de esa libertad. Podemos ilustrar esta idea con un ejemplo: si llevado por un deseo de querer volar, salto desde lo alto de un edificio o de una montaña, será inevitable que me estrelle contra el suelo con consecuencias nefastas. Esto podría llevarme a pensar que no soy libre, porque existen leyes que no he establecido yo, y que me limitan y no me permiten volar. Sin embargo, si investigando descubro la ley de la gravitación universal, las leyes de la aerodinámica, la influencia del rozamiento y del aire, etc., finalmente podré volar, y además podré desarrollar mi creatividad volando con todo tipo de aparatos: un globo aerostático, un ala delta, un parapente, una avioneta o un jumbo. Cuando descubro las leyes, entonces las leyes ya no me determinan, sino que me hacen libre y me permiten ser creativo. En palabras del Evangelio: «Conoceréis la verdad y la verdad os hará libres».

Para poder desarrollar todo ese proceso evolutivo hacia la búsqueda de la verdad, era preciso perder de vista esa verdad, es decir, perder de vista esa percepción de esa "otra realidad" narrada en las mitologías y textos religiosos, donde los seres humanos veían los actos de los dioses, es decir, veían cómo se establecían las leyes del mundo. Por eso comienza un proceso de pérdida de esa visión espiritual, esa "expulsión del paraíso", ese "crepúsculo de los dioses", que lleva al ser humano a olvidar su origen divino y a estar cada vez más inmerso en el mundo terrenal y en el mundo de la materia. Durante milenios, sólo algunos "iniciados" conseguían, después de muchos años de difíciles pruebas y duros esfuerzos en los denominados "centros de misterios", alcanzar de nuevo esa "visión espiritual" y mantenerla viva a través de las diversas religiones en el resto de la humanidad.

Aproximadamente ocho siglos antes de Cristo, nace la filosofía en Grecia, que representa el nacimiento de una nueva facultad de pensar. Los seres humanos no entienden lo que les rodea, aquello que el mundo les muestra por separado, y a través del pensar consiguen conectarlo y darle un sentido. "Hilvanando" los pensamientos se logra entender las cosas, aunque sea de una forma parcial. Después del Renacimiento, a partir del siglo xv, ese desarrollo del pensar nos lleva a la ciencia. ¡Qué maravilla es la ciencia! El ser humano, mediante el pensamiento, es capaz de descubrir las leyes del universo, es decir, es capaz de levantar el velo que cubría esas leyes. Y eso significa, si uno está libre de prejuicios, que el ser humano posee en sí mismo la capacidad de percibir los pensamientos con que se crearon esas leyes. Una "ley" implica inteligencia, intención, orden, permanencia; es decir, implica voluntad y presencia, implica que hay un autor. También aquí se puede atribuir al azar, pero en mi experiencia personal, y las leyes de la termodinámica lo corroboran, el orden es contrapuesto al azar. Es decir, por muchos millones de veces que lancemos un cubo lleno de arena al aire, jamás caerá un castillo de arena.

Ese maravilloso proceso evolutivo de desarrollo de la capacidad del pensar nos ha llevado a la situación actual. Especialmente a partir del Renacimiento, se ha intensificado el desarrollo de la conciencia individual, la conciencia del propio yo, y eso puede verse incluso con la aparición de la perspectiva en la pintura. Ése era un requisito imprescindible para el desarrollo de la libertad, sólo puedo ser libre si realmente me siento como un ser individual, y desde esa individualidad y por medio de mi pensar voy sorteando errores en la búsqueda de esa verdad que me hará libre.

Así hemos ido llegando a nuestra época actual, en la que, haciendo un ejercicio de esa libertad, negamos toda realidad espiritual, toda dimensión trascendente del ser humano, e incluso llegamos a negar la realidad del propio yo y del pensar. Hemos llegado al punto máximo de ruptura con lo espiritual, la visión materialista del ser humano y de la vida casi se ha constituido como un dogma que se impone desde una supuesta clase inteligente, que ante cualquier tipo de planteamiento espiritual exige demostraciones científicas. Como si fuera posible reducir al ámbito material algo que no lo es, por ejemplo, las palabras con las que comenzaba este capítulo: amor, amistad, confianza... Lo espiritual no se puede demostrar, sólo se puede mostrar, y luego, si se quiere, experimentarse.

Nuestras ideas y nuestra forma de entender al ser humano y la vida determinan nuestra manera de comportarnos y, por consiguiente, son las que establecen el modelo social y económico en el que vivimos. ¿Cuál es ese modelo social y económico? Es un modelo que ignora esa dimensión espiritual y trascendente del ser humano y le reduce a una visión totalmente materialista desprovista de sentido. En ese modelo, el ser humano es un animal, quizás superior, que aparece en el momento del nacimiento por las leyes del azar y de la genética, que desaparece en el momento de la muerte, y que entre ambos acontecimientos sólo aspirará a sobrevivir buscando siempre aquello que le agrade, e intentando evitar lo que le produce dolor. A partir de esta visión reduccionista, y teniendo en cuenta que la vida son cuatro días y que después no hay nada más, es lógico que cada cual se preocupe sólo de lo suyo. ¿Para qué nos vamos a preocupar de los demás? En la teoría darwinista de la evolución, en la lucha por la supervivencia, parece ser que sobreviven y evolucionan las especies más fuertes o las que se adaptan mejor. Éste es el modelo que hemos creado, el nuevo darwinismo social, en el que los seres humanos, como animales asustados, luchamos por la supervivencia, cosa que no todos consiguen.

Esta manera de definirlo es tan ruda y contundente que hemos tenido la habilidad de desarrollar conceptos más suaves que sean más fácilmente explicables en nuestras escuelas y universidades. Se nos dice que vivimos en un modelo de capitalismo liberal, que consiste en un mercado libre en el que impera la ley de la oferta y la demanda y en el que cada unidad económica intenta maximizar los beneficios y minimizar los costes. El propio mercado es el que regula los desequilibrios, y el que llevará progresivamente a un mayor bienestar social. Dicho así, con esta jerga, es quizás más presentable ante la audiencia, pero en el fondo sólo se está diciendo que hay que ser egoísta y mirar por uno mismo, que los demás espabilen y que el mercado ya lo regulará. Es curioso ver con qué desfachatez se defiende el egoísmo y se traslada la responsabilidad al mercado. Sólo hay que observar la historia de los últimos años, y en qué situación está hoy el mundo, tanto a nivel humano como medioambiental, para darnos cuenta de que el mercado no ha regulado nada y de que hemos llegado a una situación insostenible. El capitalismo liberal, aunque utiliza fraudulentamente el concepto de mercado libre, no es un modelo basado en la libertad, sino en la esclavitud. La libertad implica vencer los miedos, los instintos, las pulsiones; la libertad surge de esa capacidad superior del pensar humano que descubre la verdad, y la verdad siempre tiene un aspecto global de conocer todas las leyes, y, por lo tanto, todas las consecuencias de mis posibles actos. Como decía en el ejemplo antes citado, no soy libre cuando salto desde un ático porque me da la gana, sino cuando descubro cuáles son las leyes y vivo en armonía con ellas. El modelo capitalista actual está creando destrucción, y esto sólo puede significar que está infringiendo todas las leyes; no hay armonía, sino caos.

Otro modelo económico se ensayó durante un período de unos setenta y dos años: el comunismo. Estaría bien que aquellos que ingenuamente piensen que el comunismo surgió desde las clases populares y obreras en una lucha por la libertad se informaran de cómo Lenin fue financiado y preparado mientras vivía en Zúrich por los mismos poderes económicos (léase banqueros) que en Occidente defendían y desarrollaban el capitalismo más radical; pero esto nos llevaría demasiado lejos en nuestras reflexiones y también lo dejaremos de lado. El comunismo tenía que fracasar porque negaba la libertad individual y sólo contaba "el pueblo", con la particularidad de que nadie era pueblo, salvo los elegidos del partido.

Cuando en el año 1989 cae el Muro de Berlín y toda la órbita de los países comunistas, asistimos a una nueva justificación y escuchamos cánticos de alabanza al modelo llamado liberal, con el consiguiente desarrollo de la denominada "globalización". Una creciente obsesión por el crecimiento se expande como una epidemia por todo el mundo, y llega a contagiar a la mayoría de la población. Incluso en países pobres y en barrios marginales puede verse la televisión por satélite, desde donde se inocula el virus del consumo que con tanta facilidad seduce a los individuos. Es el atentado más grave nunca llevado a cabo contra la libertad humana, y sin embargo pasa desapercibido y nadie parece ser el responsable. Se potencia aún más el modelo del hombre consumidor, y por tanto cada vez más esclavo, en lugar del hombre libre que cada vez tiene menos necesidades materiales y más tiempo para el espíritu: la cultura, el arte, etc.

Las consecuencias de tal barbarie no tardarían en llegar, y ya en los 90 comenzaron los graves problemas económicos en algunos países del mundo, que se querían disimular como pequeños problemas estructurales propios de los ciclos del modelo capitalista, que se corregirían fácilmente en poco tiempo. Pero finalmente, a finales de 2007, la crisis se globalizó y estalló la burbuja, y ahora se han globalizado aún más los problemas y el sufrimiento. Ahora es el momento de reflexionar a fondo, de revisar a fondo todos nuestros valores y todas nuestras ideas, y darnos cuenta de cuál es el origen de la tragedia. También es el momento de revisar nuestro concepto de economía e implicarnos en la economía. La economía se ha hecho tan abstracta, tan llena de ecuaciones ma-

temáticas y de complicadas teorías especulativas, que la
mayoría de la población se considera ignorante al respecto
y opta por dejar a los supuestos expertos que discutan y decidan sobre las cuestiones económicas. Bien, ya hemos visto que lo han hecho mal, las cosas están como están, y por lo
tanto parece sensato no dejar que sigan decidiendo impune-
mente sin ningún control los mismos que lo han hecho hasta ahora. Tampoco el poder político, que es el encargado de
mantener la paz y de evitar abusos e injusticias, se ha mostrado competente para evitar el descalabro que se ha vivido y
la situación que se ha generado. Todo parece indicar que ha
llegado la hora de la "sociedad civil", el momento en que todas las personas despertemos de ese sueño del consumo y de
la vida fácil y nos impliquemos con conciencia en las decisiones económicas.

Lo hemos dicho al principio del capítulo, los seres humanos debemos trabajar para vivir, y ahora añadiría que además
debemos relacionarnos unos con otros, porque nos necesitamos; solos no somos autosuficientes, yo necesito al agri-
cultor, al panadero, al que conduce el transporte público, al
maestro, etc., y supongo que también yo puedo aportar cosas que los demás necesitan de mí. Y eso es precisamente la
economía: el trabajo de los seres humanos y la relación entre nosotros y el planeta Tierra que nos lo proporciona todo.
La economía es relación entre seres humanos, y consiste en
la creación de valor a partir del trabajo y de esa relación humana. Lo importante del trabajo es que cada uno pueda aportar sus capacidades a la sociedad, que cada uno pueda aportar
valor a la sociedad, y sin embargo hemos reducido el concepto de trabajo a una cuestión de precio, de salario. Tratamos el
trabajo como si fuera una mercancía, y compramos y vende-
mos trabajo a cambio de un salario, pero esto supone una degradación del valor del trabajo. El trabajo es algo espiritual,

algo que permite relacionar mi individualidad con el resto de la comunidad, algo que me permite salir de mi dimensión egoísta y descubrir que el hombre, la Tierra y la humanidad formamos una unidad orgánica. Cuando el ser humano trabaja con la voluntad de aportar lo mejor de sí mismo, independientemente de su salario (dando por descontado que debe tener un salario digno para poder vivir), y desde la libertad individual aporta todas sus capacidades a la comunidad, entonces comienza a dar un sentido a su vida y a sentirse feliz. El ser humano se siente feliz cuando es útil a los demás, y eso ya sucede desde la infancia.

Esa conciencia global, holística, que debemos tener con el trabajo, también debemos hacerla extensiva al resto de actividades económicas. Y para conseguir esa visión global y esa conciencia de responsabilidad común, debemos recuperar esa dimensión superior, espiritual o trascendente del ser humano, porque es la única que nos puede elevar por encima del egoísmo y convertirnos en seres libres y plenos de amor también en el ámbito de la economía. Tenemos una oportunidad de ponerlo en práctica cada vez que utilicemos el dinero, porque el dinero siempre es relación entre seres humanos; siempre tenemos la oportunidad de decidir, como hemos hecho hasta ahora, mirando por nuestro propio beneficio e interés, o siendo libres y pensando en cómo nuestras decisiones afectarán a los demás, ya sea cuando vamos a comprar, haciendo un consumo responsable y favoreciendo los productos ecológicos y de comercio justo, ya sea cuando ahorramos, eligiendo un uso consciente y responsable de nuestro dinero a través de la banca ética, o incluso cuando hacemos una donación y permitimos que ese dinero muera para nosotros y pueda generar nueva vida y nuevas posibilidades a otros seres humanos.

Éste es el reto que hoy la humanidad tiene ante sí, el reto de salir de la barbarie y redescubrir la dimensión espiritual

de la existencia, una dimensión que le debe llevar a la "experiencia" de que todos somos uno. Esa nueva espiritualidad,
basada en la libertad y el amor, nos llevará a una nueva economía que pasará del yo al nosotros y que, liberándonos del
consumismo, generará recursos para todos y los espacios necesarios para que desarrollemos esa creatividad que nos hace
tan humanos, que nos hace tan únicos. Sólo el miedo nos induce a pensar que eso son utopías, pero el entusiasmo, el coraje y el compromiso hacen que las utopías se conviertan en
realidad.

11. ESPIRITUALIDAD SOCIALMENTE COMPROMETIDA

PABLO DE LA IGLESIA

Pablo de la Iglesia es naturópata y ha escrito siete libros de salud que se han publicado con éxito en toda Iberoamérica; también imparte cursos y conferencias de espiritualidad práctica en el marco de la Universidad Por El Despertar (www.poreldespertar.com). Su sitio personal es www.coachnutricional.net Desde hace unos años es un activista en favor de una visión integral de la política que incluya el desarrollo integral del ser humano como objetivo explícito y el cuidado del medio ambiente como prioridad central de la acción de gobierno; ha creado Políticos Concientes (www.politicosconcientes.com.ar), una comunidad virtual con más de diez mil seguidores.

«La política debe darnos la oportunidad de desarrollarnos individual y colectivamente. Somos parte del universo y a él volvemos.»

KURT SCHMIDT

El principal desafío de la humanidad pasa por restaurar el medio ambiente, y hoy todos nuestros comportamientos colectivos y las soluciones laterales a cualquier necesidad social deben contemplar esta prioridad; no es suficiente con buscar estilos de vida que minimicen el impacto, nuestra sociedad debe, en forma urgente, reencontrar la capacidad que tiene cualquier otra especie de la creación y vivir de tal modo que armonice circularmente con todo el ecosistema.

La visión que la ciencia impuso en el mundo es predominantemente racional y materialista, rechazando otras formas de comprensión tales como la emocional y, especialmente, la espiritual; a su vez, hemos negado otros atributos de la vida como el alma, las fuerzas primordiales o las diferentes manifestaciones de la inteligencia cósmica en la creación. El grueso de nuestros esfuerzos personales y colectivos pasan por "tener", "crecer" y "progresar"; en otro contexto histórico podríamos considerarlos elementos del juego evolutivo; en la actualidad representan el combustible de nuestra propia incineración. Incineración que no es fruto de ningún incidente aleatorio, sino el resultado de nuestra determinación enajenada de cualquier forma de sentido común.

El ser humano se siente separado de sus congéneres y de la naturaleza; hablamos de "yo" y los "otros", de "yo" y la "naturaleza". No tenemos un registro de unidad, y eso provoca que nos sintamos solos, atemorizados y con necesidad de defendernos. Al despertar el sentimiento de comunión con la creación, nos damos cuenta de que "somos la naturaleza" y cualquier forma de interacción con ella incide recíprocamente en nosotros; generalizar la toma de conciencia de este punto es el mayor desafío evolutivo que tenemos justo delante y requisito esencial para que "espiritualidad y política", "economía y política", "ciencia y política" se den la mano, recuperen el sentido de propósito y sean funcionales a lo que realmente importa: la felicidad de los pueblos, considerando la integridad del todo y la realización total de los individuos que los componen.

Claramente las condiciones de producción y explotación de la naturaleza que hoy imperan se deben a nuestra falta de reconocimiento de la tierra como un organismo viviente y autorregulado del cual formamos parte; más bien actuamos como invasores que han venido a saquear lo más posible como si existiera la posibilidad de abandonar el planeta cuando lo agotemos y lo dejemos sin fuerzas para seguir sustentando nuestro capricho.

En el mundo de hoy han surgido numerosos movimientos espirituales y filosóficos que buscan recuperar nuestro sentido de pertenencia a la Madre Tierra; la búsqueda de unidad con ella y con la creación en todas sus manifestaciones también es un constante anhelo que se manifiesta una y otra vez. Si recuperamos este sentimiento de comunión con la totalidad, ya no nos sentiremos amenazados ni tendremos necesidad de ser una amenaza. La paradoja de estos tiempos es que, desde el blanco hasta el negro, todos los colores están sobre la mesa, el conocimiento para emprender caminos hacia un nuevo amanecer está por doquier, junto a comportamientos obsesivos y dogmáticos por sostener aquello que claramente ya no nos sirve.

En términos espirituales, diría que la luz cada día es más potente, está iluminando los rincones más oscuros. Nuestras miserias están más expuestas que nunca, la buena noticia es que reconocerlas es el primer paso para trascenderlas.

Hoy los rincones más oscuros se definen por la borrachera que nos ha producido nuestra adicción al consumo, nuestra sed insaciable de poder y la necesidad de definirnos a través de lo que tenemos. La pregunta que debemos hacernos es: ¿nos ha servido para ser más felices y vivir una vida plena de realización de los sueños que laten en nuestros corazones?, ¿nos ha acercado a esas visiones de un mundo mejor que todos alumbramos con nuestros mejores sentimientos? Puesto que la respuesta es abrumadoramente negativa, es imperativo que seamos prácticos y tengamos el coraje de animarnos a transitar otros caminos.

El cambio es inevitable. El punto que estamos analizando es cuándo y cómo haremos ese cambio. Aquellos que den los primeros pasos cuanto antes estarán mejor preparados para los posibles escenarios de crisis. Aquellos que aboquen buena parte de sus energías a planificar el cambio tendrán mejores posibilidades de potenciar la resiliencia de sus comunidades y crear sociedades prósperas en términos de bienestar. Aquellos que se queden paralizados en el miedo al cambio probablemente no lleguen a tiempo; no olvidemos que Dios y nosotros perdonamos, la naturaleza es implacable con quien viola sus leyes.

BUSCAR RESPUESTAS
EN LAS TRADICIONES DE LA VIDA

Una de las corrientes más vitales de la actualidad, que se expresa con diversidad de propuestas, es el pensamiento ecológico; se trata de una reacción a una necesidad de encontrar respuesta, fundamentalmente, a nuestras deudas ambientales, pero también a nuestras deudas sociales, económicas y científicas. La humanidad ha materializado grandes logros, sin embargo, lo ha hecho en ausencia de propósito; los caminos que hemos transitado, y que aún transitamos, en realidad son modernas autopistas iluminadas por el cúmulo de nuestro conocimiento, sin embargo, habitualmente no tienen un destino que nos lleve a donde realmente importa.

En este esfuerzo por ir a ningún lado, nos hemos perdido en el laberinto de nuestros logros científicos y especulaciones filosóficas. El pensamiento ecológico, cuando se da la mano con la espiritualidad, nos facilita la observación de la naturaleza donde cada movimiento sostiene al otro, cerrando un círculo de sostenibilidad donde cada cosa actúa en sinergia con la otra; exactamente lo opuesto a la foto de nuestra civilización, donde cada acción se sostiene con la extracción y el consumo desmesurado de recursos que la Madre Tierra tarda milenios en reponer.

El pensamiento ecológico nos impulsa a buscar fórmulas que nos faciliten lograr más y mejores resultados con menos esfuerzo y derroche de recursos, lo cual, en términos espirituales, podemos definir como la "ley del menor esfuerzo". En este tiempo en que nos abruma una crisis sistémica, provocada por nuestros excesos en todos los órdenes, esta definición estratégica nos puede mostrar esa luz que nos guíe para salir de tanta oscuridad, desaliento y destrucción sin sentido.

Retrotraernos a las corrientes que alimentaban el espíritu colectivo de los pueblos que ancestralmente caminaron por la tierra, puede ser de gran ayuda en estos tiempos de confusión; las corrientes chamánicas suelen caracterizarse por ser enfoques prácticos que hermanan al ser humano con toda la vida. El renacer de este encantamiento por la Madre Tierra, como todas las grandes corrientes espirituales de la humanidad en su tiempo, viene a satisfacer una necesidad; el corazón y el sentido común hoy nos impulsan a ser ecológicos simplemente por instinto de supervivencia, y más allá de ello, para muchos de nosotros se ha vuelto un asunto sublime de naturaleza espiritual.

Ante nosotros se abren nuevos caminos; nos damos cuenta de que lo que hemos transitado con confianza y suficiencia en el pasado, hoy ya no nos sirve. Lo que hay por delante genera sensaciones diversas: miedo, confusión, oportunidad…, un desafío que nos convoca individual y colectivamente a aceptar el cambio y ponerle el cuerpo a la transformación, la cual será incómoda en directa proporción a nuestra resistencia. Realmente un desafío de naturaleza espiritual que pone en entredicho nuestros valores y creencias más profundos.

En otros tiempos, nuestras formas de relacionarnos con la divinidad tenían que ver con la importancia de edificar códigos de convivencia y valores que nos facilitaron la organización social; sin duda, han cumplido su función. Sin embargo ya no necesitamos un maestro, una guía, una autoridad moral que nos diga lo que está bien y lo que está mal; hoy se manifiesta la comprensión del maestro interior y el reconocimiento de la divinidad, en la forma en que cada uno la entienda, en nuestros propios corazones. Hemos comenzado a ser conscientes de nuestra naturaleza cocreadora y el emergente suele ser la adoración a Dios a través de la reverencia a la naturaleza que nos revela todo lo que necesitamos.

Es necesario que, ante estas nuevas circunstancias, emerja una generación de líderes con el coraje de dar los pasos en la dirección que todos sabemos que es la correcta, aun cuando la inercia y la comodidad nos lo impiden. En cualquier caso, debemos tener en cuenta que esto no es suficiente; la toma de conciencia debe ir acompañada por una masa crítica comprensiva con la necesidad de reverenciar la vida para que la vida sea viable en el futuro próximo.

Claro está que, a diferencia de lo que ocurre en la actualidad, esto no es un orden que se pueda imponer mediante leyes y otros mecanismos de contención. Hoy es imperativo que la transformación ocurra como un fruto de la consciencia, y en ese sentido la clase política debe convertirse en modelo. Retomando las antiguas tradiciones, por ejemplo en el chamanismo americano, el líder, el jefe de la tribu, el cacique solían ser personas reconocidas por su sabiduría, o bien, siempre asesoradas por personas a quienes se les asignaba esta virtud, confluyendo de esta manera la administración de lo común con la guía espiritual ejemplificadora de quienes ostentaban roles centrales en la comunidad.

Como camino espiritual, hoy la reverencia por la tierra puede unirnos con mucha más facilidad que las visiones religiosas clásicas. Paralelamente, la búsqueda del estado colectivo de Unidad, es un anhelo que se repite con frecuencia creciente, no sólo entre buscadores, sino en forma constante en los discursos políticos. Podemos decir que en la mayoría de los casos son sólo palabras, pero la intención repetida una y otra vez nos permite ir generando la fuerza para derribar los muros de los condicionamientos que nos impiden hacerlo realidad en la práctica.

LA URGENTE NECESIDAD
DE UNA PROFUNDA TOMA DE CONCIENCIA

El propósito central de la espiritualidad bien entendida es trabajar la desidentificación con nuestro ego, es decir, todo aquello sobre lo cual construimos una imagen de nosotros mismos y que la mente nos hace creer que es real; nos hace creer que somos nuestro trabajo, la profesión que ejercemos, las relaciones que tenemos, el estatus que gozamos.

Este punto es muy importante porque, en realidad, todos y cada uno de nosotros, con nuestras acciones vitales, somos parte del problema (sí, admitámoslo, es así la amplia mayoría de las veces); estas acciones son el fruto de nuestro ego y, por tanto, dejar de cometerlas para dejar atrás nuestros hábitos destructivos para con el planeta implica trascender nuestra vieja identidad tanto individual como colectivamente.

Sin las herramientas adecuadas, la transformación de nuestra "importancia personal", tal como le llamaban nuestros ancestros americanos, es un evento que nos aterra; sin embargo, dejando que el trazo de los caminos espirituales profundos pasen por nuestra vida, este proceso puede ser más benévolo, y aun siendo doloroso, estamos contenidos y en situación de comprenderlo como un parto a una nueva luz.

Para nosotros, como individuos y como sociedad, esto es entender que no pasa nada si todo aquello que conocemos desaparece para que recreemos algo mejor. No pasa nada si desaparece Wall Mart y Carrefour; ni a los accionistas ni a nosotros que ya no podremos ir a comprar al precio más bajo, simplemente porque vamos, si es que iremos a algún lado, a una civilización donde todo eso carece de importancia. No pasa nada si la supuesta seguridad de las pensiones desaparece si ése es el precio que tenemos que pagar para que emerja una civilización de amor y unidad. No pasa nada si tenemos que dejar de usar pesticidas para cultivar nuestros alimentos e incluso, supuestamente, producir menos, porque nuestra carencia no es real; si algunos están muy delgados es porque otros están muy gordos, es decir, todos enfermos, y el nuevo equilibrio tiene el potencial de sanarnos a nosotros y a la tierra de formas que tal vez hoy no llegamos a percibir. La integridad de nuestras acciones, y no seguir sosteniendo una ilusión con nuestro autoengaño, es lo que nos va a permitir salir hacia un futuro mejor.

No pasa nada… Pero en realidad muchos lectores se ponen nerviosos con estas palabras. ¡Precisamente eso es el ego! Una vez que una espiritualidad saludable acabe con él, lo que pase afuera será el fruto de un adentro iluminado, para bien de todos y sin contradicciones.

Espiritualidad en todo

Nuestra "idea de la espiritualidad" está cambiando por nuestra "experiencia de la espiritualidad".

En el pasado, una serie de creencias rígidas daban forma a nuestra realidad espiritual; la realidad evolucionaba lentamente y teníamos siglos para adaptarnos a los patrones religiosos de cada época.

Hoy, con una realidad tan dinámica, las respuestas que nos eran útiles hace meses apenas quedan inutilizadas ante el colapso de nuevas realidades; en ese sentido, los viejos cánones morales tienden a ser referencias relativas o a desaparecer si no nos permitimos interpretarlos de acuerdo con la luz de un espíritu que está vivo y evoluciona.

Hoy, la expansión de la conciencia humana ha traído luz sobre espacios que antes estaban fuera de nuestra percepción. Nos solía parecer correcto aprender unas cuantas verdades, ir al templo semanalmente y poco más para estar bien con la divinidad. Sin embargo, hoy día, un ser despierto no puede evitar hacerse cargo del hambre en el mundo, la contaminación ambiental o la insatisfacción generalizada; el mundo es tan pequeño que las consecuencias de nuestros actos son evidentes.

Si compramos una chuchería innecesaria por céntimos en una tienda de ofertas, seguramente estaremos contribuyendo al trabajo esclavo en algún punto del planeta; si usamos un abrigo de zorro, alguien se sentirá agredido por nuestra violencia implícita. Hoy, causa y efecto son instantáneamente materializados y el karma se acredita en nuestro debe o en nuestro haber sin mayor dilación; es prácticamente imposible mirar para otro lado y eludir la responsabilidad de lo que la realidad nos devuelve como espejo.

Naturalmente, esto implica que la espiritualidad no puede limitarse a la liturgia y poco a poco va coloreando nuestras actividades generales: los negocios, la educación… y, por supuesto, la política.

No lo vivimos más como un mandato inexcusable, sino como un acto de presencia donde la urgencia por encontrar

soluciones a la crisis sistémica que padecemos nos impulsa a
ser prácticos y expeditivos con una visión integral de la vida;
los negocios tienen que funcionar en armonía con el medio
ambiente; el desarrollo, para que lo sea, debe acondicionar
el medio para el bienestar de las personas; la política, y esto
es un mandato espiritual profundo, debe emparentarse con la
realidad en forma urgente.

Espiritualidad ya no es un concepto que engloba una serie
de creencias inconmovibles, más bien es un estado de conciencia donde el ver las cosas tal como son y con absoluta presencia nos permite conectarnos con una forma de inteligencia
que nos facilita las mejores respuestas a los desafíos de la vida.

Es un estado pragmático, vivo, conectado, dinámico, permanentemente evolutivo, flexible, que escapa del dogma y
busca la claridad alejándose de las doctrinas incuestionables.
Las visiones políticas tradicionalmente han sido concluyen-
tes y tajantes en sus definiciones; si uno se identificaba con
una forma de pensamiento debía combatir otras percepciones. Hoy los límites son más difusos, los muros se van derri-
bando, la libertad como statu quo se va expandiendo (simultáneamente los métodos de control también se van refinando
desde los rincones oscuros de la consciencia) y tímidamente
la clase política va hermanándose, como lo ha hecho la ciencia en alguna medida, con la espiritualidad. Es un proceso que
puede parecernos lento, con idas y venidas, pero la tendencia marca un rumbo que nos permite alumbrar optimismo sin
bajar los brazos ni descuidar el trabajo por un mundo mejor.

GLOBALIZACIÓN TRANSFORMADORA

A medida que nuestro mundo ha ido cambiando a la luz de
los nuevos paradigmas, la espiritualidad va sumando prota-

gonismo en las definiciones sociales que guían la política, la economía y nuestra convivencia; empezamos a ser tolerantes con todas las creencias desde una perspectiva meta-religiosa donde vamos tomándole el gusto a encontrar nuestros puntos de comunión.

Hoy, para muchos de nosotros, se nos hace muy obvio que las ciencias sociales sin espiritualidad caen en un vacío de sentido que les impide, por más refinadas que sean sus presentaciones, brindarle a la humanidad un sentido de realización.

Como individuos, a medida que vamos avanzando en nuestro propio viaje hacia el despertar, la contradicción interna entre lo que late en nuestro corazón y la especulación de la razón se vuelve una pesada carga muy difícil de sobrellevar. Ésta es la verdadera fuerza de la transformación que estalla en nuestros corazones.

La política se ha visto muy condicionada por el paradigma científico que ha venido sosteniendo que lo que no se puede medir no existe. A la sombra de esta creencia acuñada durante mucho tiempo, las sociedades se abocaron a desarrollarse multiplicando el producto bruto, las posibilidades de consumo y fomentando el progreso en términos de acumulación material. Las sociedades que han sido exitosas, hoy llamadas desarrolladas, le han brindado a sus miembros la posibilidad de tener, comprar, usar y tirar en forma suficiente como para alcanzar, supuestamente, la tan preciada zanahoria de la felicidad tan bien exhibida por la belleza de los modelos de la publicidad; sin embargo, nada de eso ha ocurrido, muy por el contrario, son en estas sociedades donde comienzan a surgir con fuerza movimientos que enfatizan el "vivir slow", simplificando para tener más tiempo, con menor uso de energía y huella ecológica, formas de crianza y educación más humanizadas y con mayor grado de responsabilidad de las familias, producción urbana de alimentos en forma comunitaria que, más allá del impacto económico, está tejiendo redes sociales más estrechas y solidarias...

Estas visiones están generando un fuerte impacto en los países más ricos del planeta donde los nuevos paradigmas potenciales están chocando fuertemente con los que están muriendo; el futuro se puede predecir con facilidad, la duda es si llegaremos a tiempo. Por otra parte, desde mi percepción, los países emergentes todavía tienen una fuerte tendencia a diseñar estrategias que los conduzcan hacia donde las naciones ricas de la tierra hoy quieren salir; la gran oportunidad está donde todavía no ha habido grandes niveles de desarrollo, pues allí podemos impulsar nuevos modelos superadores y que sigan permitiendo el funcionamiento homeostático de la tierra. Hoy, el gran desafío de la espiritualidad socialmente comprometida pasa por inspirar a aquellas regiones que tienen que fomentar el desarrollo de sus naciones y el bienestar de sus habitantes, a que lo hagan en una dirección integral; el conocimiento y los recursos están disponibles, tan sólo tenemos que tener la determinación de romper la inercia y el coraje de animarnos a dar los pasos hacia un futuro que, sin dejar de resultarnos desconocido en muchos aspectos, promete ser mucho mejor.

El clamor colectivo claramente es evolutivo; con matices, la voz de los pueblos, se resiste a que los bancos sean los únicos que no se ajusten el cinturón, a la megaminería a cielo abierto, a los desmontes de espacios vírgenes para plantar transgénicos y tantas otras iniciativas que violentan el equilibrio del planeta y la salud de quienes lo habitamos. Sin embargo, este reclamo generalizado no se ha visto expresado por los políticos que elegimos en las urnas, generando una gran frustración y desesperanza en muchos de nosotros; mas los tiempos cambian y la ciudadanía planetaria se está reorganizando haciendo uso de las redes sociales y las tecnologías de la información y la comunicación, las TIC.

Millones de ciberactivistas anónimos están moviéndose sin exponer sus cuerpos y con una lógica coherente a los verdaderos deseos de las mayorías, para defender la transparencia, la libertad, los derechos humanos y el medio ambiente. La espiritualidad socialmente comprometida ahora tiene instrumentos que coordinan nuestras voces y la amplifican en una sola muy potente. Koldo Aldai lo supo expresar con claridad con palabras que lucen el color esperanza: «La tecnología de la comunicación emancipa y ayuda a salir a las comunidades necesitadas de su marginación.»

También, aun en el marco del sistema capitalista, gracias al poder de Internet, muchos de nosotros aprendemos día a día a convertirnos en consumidores que alienten una economía cooperativa, solidaria y respetuosa; estamos comprendiendo que nuestros hábitos de consumo pueden contribuir a mantener el campo fértil, proteger los bosques u orientar inversiones hacia unas finanzas éticas.

Es decir, el balón está en el campo de los ciudadanos. El escenario contiene el potencial de pintar el peor de los cuadros de la historia de la humanidad, tal vez el último. Sin embargo, los colores disponibles nos permiten también, y en muy poco tiempo, regalarnos un renacimiento de posibilidades estimulantes. La globalización de la espiritualidad y un sentimiento de unidad que se multiplica parecen ir inclinando el campo de juego hacia las manifestaciones más luminosas de manera irreversible. El dinero sigue siendo un poderoso instrumento de dominación; simultáneamente, el conocimiento, el trabajo de las relaciones interpersonales y el sentimiento de pertenencia a comunidades activas en pos del bien común nos están empoderando cada día más, brindándonos la certeza de que juntos podemos cocrear un nuevo paradigma, justo, expansivo, nutritivo y amoroso.

12. LA POLÍTICA, UN ELEVADO SERVICIO A LA COMUNIDAD

KOLDO ALDAI

Koldo Aldai Agirretxe (San Sebastián, 1960) cursa estudios de Historia y Geografía en la Universidad de Deusto y es fundador de Portal Dorado (www.portaldorado.com) y cocreador del Foro Espiritual de Estella (www.foroespiritual, patrono de la Fundación Ananta (www.fundacionananta.org) y promotor desde hace veinte años de redes espirituales en España e Iberoamérica. Con esa finalidad, ha recorrido un total de diez países participando en encuentros e impartiendo conferencias. Autor de diferentes libros de poesía, teatro y ensayo y articulista y reportero en diferentes publicaciones en papel y *on-line*, recopilados en su web (www.artegoxo.org), centra sus esfuerzos en el fomento de alianzas en el ámbito de la nueva espiritualidad y en la convergencia de iniciativas y movimientos a favor del otro mundo posible.

«La política es la trama misma de la historia. Y la historia la hacen los hombres poseídos e iluminados por una creencia superior, por una esperanza sobrehumana…»

José Carlos Mariátegui

Entre los diferentes campos de actividad humana uno de los generalmente más denostados es el del ejercicio de la política. Este rechazo puede ser fácilmente comprensible dado el mal uso que el ser humano de forma generalizada ha hecho de este ejercicio hasta el presente. Por el contrario, es al mismo tiempo un ámbito desde el cual se puede ser muy útil a la sociedad, desde el que se puede contribuir enormemente al bienestar colectivo. No en vano la política, en cuanto a gobierno y administración de las cuestiones públicas, nos implica a todos.

Para poder servir al mundo desde el ámbito de la política será imprescindible un cierto desarrollo del ser. La vocación de servicio ha de emanar de un corazón amoroso y de una mente inteligente. La ambición personal está reñida con la entrega a la ciudadanía. En la medida en que el ser humano va trascendiendo su naturaleza inferior, su naturaleza egoísta, se va igualmente capacitando para ocupar un puesto en el servicio público, pero no antes. De ahí la estrecha relación del desarrollo personal o espiritual con la política. Más importante que el color de un candidato político es su nivel de ser, su nivel espiritual. Si el ser humano aún está sometido a su naturaleza inferior, la orientación que imprimirá a su labor política siempre estará enfocada hacia un beneficio personal o partidario, pero no colectivo. Es precioso haber desarrollado nuestra real naturaleza, nuestra naturaleza superior, divina, altruista… para podernos presentar ante la comunidad y manifestar nuestro deseo de ocupar un puesto de gobierno.

La historia de la humanidad es una convulsa sucesión de guerras y de conflictos, precisamente por esta razón, porque hemos estado hasta nuestros días gobernados mayormente por mandatarios y reyes que buscaban sobre todo servirse a sí mismos, a sus propios y tan a menudo mezquinos intereses. Todo esto comienza a mutar. Junto con el desarrollo de la conciencia de la humanidad, llega también un tiempo de más evolucionados dirigentes. Hoy podemos encontrar más ejemplos de líderes consagrados a elevados principios y valores que han progresado en el reencuentro con su naturaleza superior y en el control sobre su naturaleza inferior. Se trata de hombres y mujeres que van también adquiriendo una más precisa e inteligente comprensión de la necesidad humana, que van cobrando conocimiento de las causas que generan los problemas sociales y por lo tanto están también en condiciones de hallar una más real y eficaz solución a éstos. En este progresivo esclarecimiento son superiormente inspirados.

La política como servicio

La política reclama por lo tanto grandes capacidades de sacrificio y donación. Ya no más servirse del pueblo, sino servir al pueblo con nobleza, con entrega, con desinterés. La espiritualidad se rige por los mismos, eternos y universales valores llamados a presidir la vida pública. La genuina espiritualidad comparte la misma esencia que la genuina política: el olvido de nosotros mismos para el servicio al prójimo. Más nos olvidamos de nosotros y de nuestras cuitas personales, más nos podemos volcar en la entrega a los demás.

El servicio a la comunidad es la única y genuina razón de la política. Su norte y exclusiva divisa es la de procurar el bien al conjunto, no a una parte. Hemos vivido durante tanto tiempo lo contrario que hasta nos cuesta recuperar el verdadero significado de la palabra. La política es el arte del servicio con mayúsculas, desde la más pura neutralidad. En manos de la humanidad de hoy está el restablecimiento de ese original y urgido sentido.

ENNOBLECER LA ACCIÓN POLÍTICA

Espiritualidad es también una palabra de la cual se ha hecho un uso incorrecto. Al igual que a otras denominaciones abstractas a las que se ha vaciado de contenido, hemos de intentar recodificarla. La espiritualidad representa el mundo material o físico elevado a una superior expresión. Constituye nuestra propia búsqueda de excelsos arquetipos de mayor belleza, unidad, armonía... Política espiritual es por lo tanto sinónimo de política en su ejercicio más noble, es decir, llamada a alcanzar una visión precisa y neutral y a desarrollar una acción responsable.

A este respecto apunta la ensayista Alice Bailey: «El liderazgo no le llega a quienes ponen su yo personal, posición y poder, antes que el bien del grupo. Lo obtendrán en forma perdurable quienes no buscan nada para el yo separado y aquellos que son absorbidos en el bien del todo». El uso tan interesado y egoísta que se le ha dado a la política no implica por lo tanto un ejercicio siempre censurable. Con el objetivo puesto en la divisa del "mayor bien para el mayor número de personas", no hay lugar a equívocos. El problema comienza cuando, de una u otra forma, se procura que ese ejercicio redunde, en una mayor o menor medida, en un beneficio ya personal del mandatario, ya de los que se encuentran a su alrededor, ya del partido o del entorno al que éste pertenece. A veces, sin embargo, la raya entre el "servir a..." y el "servirse de..." no es del todo nítida o se presta a confusión.

Hoy en día, al igual que en el resto de la actividad humana, vivimos en el campo de la política grandes transformaciones. El progreso en la conciencia de la humanidad ha ido también generando una nueva casta de dirigentes. El antiguo axioma exotérico de "como es arriba es abajo" se cumple en este ámbito. Comienza a emerger un nuevo liderazgo que se ajusta también a una humanidad más consciente.

Cada pueblo tiene la clase política que merece. Esta afirmación, que puede resultar dura o chocante, es preciso observarla de una forma amplia. Por ejemplo, si observamos una clase política corrupta, es porque en esa sociedad hay aún condescendencia para con la corrupción; si observamos una clase política libre de sobornos, es porque esa sociedad ha alcanzado una madurez ética. De ahí deducimos la importancia de la labor educacional, de la promoción, desde las más jóvenes generaciones, de un espíritu de responsabilidad social.

Por muchos lamentables ejemplos que nos rodeen de errados ejercicios de la política, hemos de huir de generalismos tan fáciles como injustos del tipo: «Todos los políticos son iguales», «Todos los políticos son corruptos»… Son afirmaciones demasiado corrientes que generan pesimismo y desesperanza. Éste no es el lugar quizás más apropiado para reparar en algunos/as políticos/as de nuestros días que han dado claro ejemplo de compromiso en una línea de servicio consciente y responsable, sin embargo están ahí y podemos seguir su encomiable trayectoria a nada que nos asomemos a la ventana de la actualidad internacional.

El mandatario responsable procurará ir por delante en la evolución de la ciudadanía, no a la zaga. Por suerte, podemos ya observar a menudo ese nuevo liderazgo político que se sitúa a la vanguardia en la promoción de un sentimiento de ciudadanía mundial, alentando el movimiento de creciente sen-

sibilidad planetaria e incluso inmerso en la amplia corriente
de la liberación de la conciencia en su más amplio sentido.

ALGUNOS ASPECTOS CLAVES
DE LA NUEVA ACCIÓN POLÍTICA

Un nuevo orden mundial basado en los principios de compartir, de colaboración y de responsabilidad será progresivamente impulsado por las nuevas generaciones de estadistas.
La nueva acción política albergará una vocación planetaria,
ecológica, de búsqueda responsable del consenso, la paz y la
justicia.

Política planetaria

El político de orientación espiritual trata de deshacer el es-
pejismo, tan instalado entre la conciencia colectiva, de la separatividad. Alienta el espíritu de unidad en la diversidad,
fomenta la idea de la "humanidad una". Ese ideal de unidad externa deriva del convencimiento de una unidad interna, subjetiva, subyacente. El cultivo del "egoísmo nacional"
está llamado a desaparecer. Las patrias son llamadas a enco-
ger. El peso de lo nacional ha de mermar en aras del fortalecimiento de lo internacional. La evolución de la humanidad
es al fin y al cabo una conquista de cada vez más amplios espacios de unidad. El ideal patriótico "incontestable", tan a
menudo vinculado a Dios y la eternidad por un minucioso
cálculo de intereses, ha imperado ya demasiado tiempo y es
hora ya de que comience a ceder espacio. El ejemplo europeo debe avanzar fortaleciendo más y más las instituciones
comunes y cundir de forma que otras áreas de la geografía
mundial avancen en la misma senda.

Tal como ya apuntaba hace más de sesenta años la espiritualista británica Alice Bailey: «Las naciones avanzarán en la comprensión de que son partes orgánicas de un todo corporificado y así contribuirán a esa totalidad con todo lo que poseen y son. Cuando estos conocimientos sean inteligentemente desarrollados y sabiamente manejados, conducirán a las rectas relaciones humanas, a la estabilidad económica (basada en espíritu de compartir) y a una nueva orientación del hombre hacia el nombre, de una nación a otra y de todos a ese poder supremo, denominado "Dios"».

Política ecológica

El político de orientación espiritual sabe que el destino de la humanidad está indisolublemente unido al de la Madre Tierra/Amalurra. Es consciente de que ese divorcio suicida, que ha perdurado por siglos, ha de acabar para siempre. La productividad habrá de ser sostenible o no ser. La idea de que la tierra puede sostener las necesidades de todos, no así los excesos, va cobrando más adeptos. El cuidado y protección de la tierra ha de ser máxima fundamental e inexcusable de la economía y la política. Ya no se trata de una cuestión tangencial o formal, sino pilar. Nos jugamos nada más y nada menos que la supervivencia de la vida.

Política de paz

Retornamos sobre la escritora británica Alice Bailey para que nos dé luz al respecto: «La paz no debe ser *impuesta* por quienes odian la guerra. Debe ser resultado y expresión natural del espíritu humano y la decisión de que la actitud del mundo se transforme en rectas relaciones humanas». El mayor desafío que afronta la humanidad y por lo tanto especialmente su clase política más consciente es el de la superación del viejo paradigma de la confrontación y el odio, que tanto dolor nos ha traído. Ojalá la fuerza de la ideología militarista también vaya mermando entre la clase dirigente. Por desgracia, al día de hoy no estamos en condiciones de prescindir plenamente de los ejércitos. Tal como muy recientes acontecimientos lo demuestran, demasiado tirano anda suelto aún, para que podamos disfrutar del lujo de enterrar todas las armas. Sin embargo, ello ha de constituir divisa futura.

De cualquiera de las formas, el uso de la fuerza siempre habrá de ser un último e inevitable recurso en aras exclusivamente de la defensa de la vida, los derechos humanos y el suministro de ayuda humanitaria. El político responsable está imbuido del sentimiento de sacralidad de la vida y sabe que no hay más casos que justifican el empleo de la fuerza militar.

Política de justicia

Instaurar una igualdad de oportunidades a la hora de acceder a la cultura, la educación, la sanidad y demás servicios públicos debe ser preocupación de todo líder con conciencia.

Política de consenso

El/la mandatario/a imbuido de principios espirituales es aquel que siempre y a toda costa persigue el más amplio consenso social en el mayor número de temas y aspectos. Trata de superar los abismos entre las gentes, acerca a los ciudadanos, establece puentes humanos, inspira y concita a los diferentes en torno a metas comunes. Procura siempre reunir a los más diversos sectores sociales, a las más diversas ideologías, credos y sensibilidades, en aras a hallar unidad principalmente en torno a las grandes cuestiones. Considera a las minorías y nunca desfallece en el intento de ganar adeptos para una causa común. El arte de la política consiste, al fin y al cabo, en saber cohesionar, en saber dibujar y expresar objetivos y horizontes comunes, a veces no exentos de cesiones justificadas y de sacrificios compensados a la vista de unos logros globales.

Política responsable

No siempre una política responsable es necesariamente una política popular. Ello dependerá del nivel de conciencia y por ende de responsabilidad de la población. Nos referimos aquí a la responsabilidad en su más amplio sentido, por ejemplo, con respecto a las libertades y derechos fundamentales en general, con respecto a la tierra y su no agresión o contaminación, responsabilidad con respecto a las futuras generaciones, responsabilidad para con los acuerdos contraídos con otras naciones libres y democráticas... No es mejor dignatario el que más prebendas derrocha entre su gente. Ése es el caso del líder populista que rebaja su lenguaje y discurso, rebaja sus metas y satisface en algunos aspectos materiales a la población con el objetivo único de perpetuarse en el poder.

El dirigente noble y por lo tanto espiritual, lejos de buscar instalarse en su sillón, desarrolla una labor didáctica para la implementación de políticas justas y responsables no siempre bien acogidas. Servicio no equivale a regalías, servicio es también tratar de elevar la mirada y los horizontes de la ciudadanía, aun a costa de descenso en los sondeos, servicio es una lenta e inteligente labor de mentalización solidaria.

POLÍTICA Y RELIGIÓN

El hecho de que el/la político/a esté imbuido de valores espirituales no implica para nada que esté vinculado a instituciones religiosas. Lamentablemente, en España tenemos una larga tradición al respecto. Creo que obvia extenderse en diferenciar los conceptos de espiritualidad y religión. Mientras que cuando hablamos de espiritualidad nos referimos a valores elevados inmanentes a las diferentes tradiciones religiosas como nobleza, generosidad, altruismo, discernimiento…, cuando hablamos de religiosidad hacemos referencia a instituciones humanas con toda su virtual carga de aciertos y errores. Con respecto a nuestra realidad cercana, a pocos se nos escapa en España el flaco favor que ha hecho la vinculación de la Iglesia al poder, especialmente durante los regímenes más totalitarios y salvajes, como la dictadura de Franco.

De esos objetivos como el mencionado deriva la importancia de trabajar por la aconfesionalidad del Estado. Un Estado laico es garante de la imparcialidad y neutralidad de éste en materia religiosa, garante de ausencia de favoritismos de un credo con respecto a otros. Dada la tradición errática de vinculación de Iglesia católica con poder, desde las fuerzas de progreso se ha venido reivindicando con insistencia la laicidad de nuestro Estado y sus instituciones. Al día de hoy los avances en ese sentido son evidentes, aunque aún quedan cuestiones pendientes.

ESPIRITUALIDAD UNIVERSAL

Cada vez más porciones de humanidad viven un reencuentro íntimo y liberador con su dimensión trascendente. Cada vez más personas viven en su interior un despertar de su espiritualidad, de forma libre y no ajustada a patrones. Arranca por doquier un tiempo más profundo y sagrado y se va cerrando una época más materialista y profana. Espiritualidad y política comienzan a vivir su reencuentro escrito en los anales del tiempo. No en vano una conciencia cada vez más comprometida, más responsable para con el resto de los congéneres y para con la propia Madre Tierra se va abriendo paso.

Espiritualidad y política se aúnan, pues vivimos el despertar de amplios sectores de la humanidad a los valores del cooperar y del compartir, ya que el sentimiento de unidad en la diversidad está calando en cada vez más amplios sectores de la población y por ende entre sus mandatarios.

Espiritualidad y política se irán acercando más y más, pues la humanidad está dando importantes pasos en su evolución hacia la plena instauración del ideal supremo de la fraternidad humana, sentimiento que lleva implícito el otro gran ideal de filiación divina. Somos hijos e hijas, no ya de éste o aquel Dios, del tuyo o del mío, somos hijos del Origen, de la Fuente de todo amor y de toda vida y no importa el nombre que apliquemos a ese Alfa innombrable.

Cuando la humanidad avance en su evolución y alcance a sentir al resto de los congéneres como sus hermanos, el ejercicio de la política será más grato y sencillo. Los ciudadanos necesitarán menos leyes regulatorias de la convivencia, pues estarán profundamente imbuidos del interés de procurar el mayor bien a la comunidad, ya que se guiarán por un instinto innato de no ofensividad y de buena voluntad, porque buscarán el beneficio colectivo, no necesariamente el individual. Ante un panorama así, el ejercicio de la política permanecerá al margen de contiendas partidarias y carecerá de la convulsión a la que estamos acostumbrados en nuestros días.

La fraternidad
no es un sueño místico

Vivimos un cierre de ciclo doloroso, pero emerge un nuevo tiempo en el que la humanidad más crecida, más fraterna, comienza a superar la herejía de la separatividad. Más pronto que tarde llegará un día por supuesto sin ejércitos, pero también sin cárceles, sin bancos, sin instituciones y empresas que medran a costa de la alienación de terceros... Lo pequeño volverá a ser hermoso. Se clausurarán las factorías contaminantes, la agricultura industrial, los grandes hospitales, las grandes ciudades... Retornaremos a la naturaleza y con ello también a unas relaciones más cercanas y verdaderas. Nos agruparemos en comunidades, en ecoaldeas con importante grado de autosuficiencia, que estarán a su vez vinculadas entre sí formando redes. Compartiremos excedentes agrarios, fruta, tomates, artesanía, pero también *software*, arte y cultura... Nadie pasará necesidad y cuidaremos para que así sea.

En este nuevo marco ideal, llamado a hacerse realidad, la política adquirirá también un tamaño más pequeño, la gestión de la *res publica* cada vez estará más cerca de nosotros, se tornará más sencilla, pues los conflictos de intereses irán también desapareciendo. Se desmoronarán las estructuras piramidales, dirigistas. Progresará una democracia más directa, una organización social basada en círculos de palabra y asambleas en los que se busque alcanzar el mayor consenso posible y en los que de, todas las formas, siempre prime el respeto y la honra al criterio diferente. Las organizaciones civiles autónomas ganarán peso en detrimento de los partidos, que como la propia palabra indica fragmentan la sociedad.

Política horizontal

La nueva humanidad emancipada y consciente necesitará cada vez menos de una clase dirigente. Los círculos y las redes irán poco a poco reemplazando a las jerarquías de gobierno. Al ir tornando lo piramidal horizontal, cada quien tendrá desde su propio hogar, al borde de su huerto y de sus flores, merced a las nuevas tecnologías de la comunicación, opción de participar en la gestión pública, tanto de lo inmediatamente cercano, como de aquello más global. Todo esto será un proceso paulatino que requerirá un largo período de mentalización y adaptación.

En la medida en que el ideal de fraternidad humana vaya arraigando en la profundidad de los corazones humanos, es decir, en la medida en que subjetivamente comencemos a reparar que somos hermanos, hijos de la misma Divinidad, esa unidad interna fortalecida sostendrá de forma cada vez más sólida el resto de las unidades, otras alianzas se darán por añadidura. Tras la unidad económica, cultural…, se consagrará plenamente la unidad política. Por este nuevo marco trabajamos y seguiremos trabajando mientras el Cielo nos procure ayuda.

Gobierno mundial

No obstante, hemos dado ya un importante paso en la unidad política. Contamos con el germen de gobierno mundial que representan las Naciones Unidas. Ello constituye un gran avance evolutivo con respecto a un pasado en el que sólo reinaba la ley del más fuerte entre las naciones. Evidentemente, queda un enorme camino por recorrer. El tomar conciencia de las enormes limitaciones y de los considerables fallos de la más importante institución internacional, no nos debe llevar a despreciarla. Cierto que la ONU está lastrada de una enorme carga burocrática, cierto que no es para nada todo lo democrática que debiera, pues hay una evidente extralimitación de poder por parte de las naciones que constituyen el Consejo de Seguridad, claro que hemos podido observar preocupantes casos de corrupción...; sin embargo, todos estos argumentos no nos deben llevar a desestimar la importancia del organismo. Es hasta ahora nuestra mayor conquista en el ámbito de la unidad humana. Nuestros esfuerzos deberán ir orientados hacia su regeneración y mejora, a procurar una mayor transparencia y democracia en sus decisiones, pero siempre, siempre en su defensa. No nos podemos permitir el lujo de prescindir de este avance. Esta misma reflexión es aplicable al resto de las instituciones internacionales, por supuesto a las europeas que son las que más han progresado en este sentido.

Pequeña política

Las nuevas relaciones humanas no se impondrán por decreto, irán progresando en la medida en que el ser humano vaya superando su propio egoísmo. Más allá de la labor específica de los políticos, la labor de los espiritualistas de cualquier credo o filiación se deberá centrar en la promoción y el establecimiento de correctas relaciones. Deberá procurar en todo momento el acercamiento entre los seres humanos más allá de las barreras que establecen las religiones, las ideologías, los sentimientos nacionales... Allí donde se encuentren los espiritualistas de cualquier orden, auspiciarán un ideal de inclusividad, de síntesis, de generosa cooperación, siempre soslayando abismos, diferencias, buscando aspectos que unen y no separan, alentando el mutuo compartir, el conjunto co-crear. Los espiritualistas no toman partido por las ideologías concretas, sino por los espacios de encuentro entre ellas, por las metas, ideales y principios aglutinantes. No hacen carrera sino por las causas amplias, justas y que no generan división.

A modo de conclusión

El político y la política espiritualmente orientados fomentan siempre el espíritu de colaboración y están imbuidos de un profundo amor a la humanidad. Saben que la ley del servicio rige el futuro. Son conocedores del desafío de la época y de las oportunidades que presenta el momento para el desarrollo de la conciencia de la ciudadanía, para el progreso social en su conjunto.

El dirigente espiritualmente orientado se caracteriza por su inofensividad. Trata de reunificar a todas las fuerzas que levantan una nueva sociedad, un nuevo paradigma, trata de vincular a cuantos construyen constante y silenciosamente el nuevo orden. Porque el viejo orden basado en la competitividad, el individualismo y la explotación, ya de la Madre Naturaleza, ya de los humanos, caerá por su propio peso. De ninguna de las formas sobrevivirá, pues no se ajusta a la ley universal de la solidaridad. No es preciso tumbar la vieja civilización, no tiene recorrido. No se deberá invertir esfuerzos en ello. El orden caduco se desplomará a nada que le privemos de nuestra energía, de nuestros miedos e inseguridades que al fin y al cabo son los que lo sostiene, a nada que centremos nuestra fe, nuestra energía y entusiasmo en emerger del nuevo orden. La oscuridad no se combate, es la luz la que es preciso encender.

Si dejamos atrás la codicia y la competencia, si hacemos progresar los principios de colaborar y compartir, más pronto que tarde alboreará una nueva era sobre la tierra. Hoy por fin es posible comenzar a trazar una política nueva que siente las bases para un mundo más justo, fraterno y en paz. Hoy estamos en condiciones de empezar a hacer realidad la profecía de la escritora inglesa ya mencionada: «La visión aparecerá como una realidad en la Tierra cuando los individuos sumerjan voluntariamente sus intereses personales en el bien del grupo; cuando el grupo o los grupos fusionen sus intereses en el bien nacional; cuando las naciones abandonen sus propósitos y metas egoístas por el bien internacional, y cuando esta recta relación internacional se base en el bien total de la humanidad misma».

13. TRASCENDENCIA E INMANENCIA RESPECTO A LOS ASUNTOS PÚBLICOS

DOKUSHÔ VILLALBA

Francisco Dokushô Villalba (Utrera, 1956) es maestro budista Zen, discípulo del muy venerable Taisen Deshimaru Roshi, de quien recibió la ordenación de monje soto Zen en 1978
en París y bajo cuya dirección estudió el Zen hasta su falleci-
miento, y del muy venerable Shuyu Narita Roshi, abad del templo Todenji, en la norteña provincia de Akita (Japón), de quien
en 1987 recibió la Transmisión del *Dharma*, convirtiéndose así
en el primer maestro Soto Zen español de la historia. Es el fundador de la Comunidad Budista Soto Zen española y abad del
templo Zen Luz Serena. Entre sus obras publicadas, destacan:
*Vida simple, corazón profundo, Fluyendo en el presente eterno,
Siempre ahora, Riqueza Interior, La voz del valle, el color de las
montañas, Clara Luz, Budismo: historia y doctrina. Tercer volumen: budismo Zen* y *Zen en la plaza del mercado*. (http://www.
dokusho.eu, http://www.luzserena.net).

En términos generales, se entiende la vida espiritual o la espiritualidad como algo relacionado con el espíritu, que para
el *Diccionario de la Lengua Española* es un "ser inmaterial".
Es decir, según esta visión, las cuestiones espirituales se en-

cuentran más allá de este mundo material y no tienen ninguna relación con él.

Por otra parte, siendo la política, el "arte, doctrina u opinión referente al gobierno de los estados"; "actividad de quienes rigen o aspiran a regir los asuntos públicos"; "actividad del ciudadano cuando interviene en los asuntos públicos con su opinión, con su voto, o de cualquier otro modo",[1] ¿qué relación podría haber entre las inmateriales cuestiones espirituales y la política?

Por otra parte, en ciertos ámbitos postmodernos el término *espiritualidad* se usa para hacer referencia a una especie de religiosidad sin religión o de religión laica. Dado que el inconsciente colectivo relaciona el término religión y religiosidad con determinadas instituciones o tradiciones religiosas históricas, se está imponiendo el uso de la palabra *espiritualidad* para designar una religiosidad no vinculada a ninguna tradición ni institución religiosa.

Personalmente, prefiero recuperar el sentido primigenio de los términos *religión* y *religiosidad*, diferenciándolos de las formas que históricamente han adoptado en las distintas tradiciones e instituciones religiosas.

Aunque no hay un consenso sobre la etimología del término *religión*, opto por considerar que procede del latín *religare*, traducido como "volver a unir", que tiene relación con la palabra *yoga*, "aquello que une". De esta forma, lo religioso sería todo aquello que nos vuelve a unir, que nos devuelve a un estado de Unidad.

¿Unir o reunir qué con qué? La mayor parte de los estudiosos de la fenomenología de la religión están de acuerdo en que el sentimiento religioso surge en la humanidad primitiva

1. Definiciones del *Diccionario de la Lengua Española*.

al mismo tiempo y de forma indisociable al surgimiento de la conciencia individual. La paulatina irrupción de conciencia individual (en la que es posible ver el trasfondo de lo que algunas religiones llaman el "pecado original") va irremediablemente acompañada por la angustia del yo separado. Esta separatividad podría representar la "caída" y la "expulsión" del paraíso de la fusión inconsciente con el Todo, separación que es origen de la angustia existencial. Podemos ver, pues, en la base del sentimiento religioso el anhelo de liberación de tal angustia del yo separado. Desde este punto de vista, el sentimiento religioso es inherente a la existencia humana y todos los seres humanos experimentan esta religiosidad entendida como anhelo de liberación de la angustia del yo separado.

Así pues, usaré a partir de ahora los términos *espiritualidad*, *religiosidad* o *sentimiento religioso* como sinónimos, entendidos como anhelo de liberación de la angustia del yo separado.

ESPIRITUALIDAD *LOKOTARA* Y ESPIRITUALIDAD *LAUKIKA*

Históricamente, este anhelo de liberación ha adoptado dos formas principales, llamadas en sánscrito *lokotara* y *laukika*. Podríamos considerarlas como dos formas de religiosidad.

La espiritualidad *lokotara* es trascendente, es decir tiende hacia la trascendencia del yo separado, facilitando el acceso y la consolidación de un estado de conciencia de unidad-no dual, más allá del yo. Es una religiosidad basada en la experiencia omniabarcadora de la Unidad. Está constituida por un conjunto de técnicas psicofísicas elaboradas y experimentadas a lo largo de los siglos, tales como las distintas técnicas del yoga, la meditación, los ejercicios sufís, técnicas diversas de acceso a estados místicos, la meditación del hesicasmo del cristianismo ortodoxo, la meditación budista, la oración, etc. Desde el punto de vista de la religiosidad *lokotara*, religión significa fundir la conciencia de la propia individualidad con el Todo y experimentar la no-dualidad primordial. Históricamente, *lokotara* ha sido una espiritualidad minoritaria, el núcleo místico de muchas tradiciones al que sólo han accedido aquellos que han estado dispuestos a trascender y fundir su individualidad, como la mariposa se funde en el fuego. «¿Cómo evitar que una gota de agua se evapore? –se dice en la película *Samsara*–. Disolviéndola en el océano.»

Si la función de la espiritualidad *lokotara* es la de favorecer una experiencia real del estado primordial no-dual, resolviendo con ello la angustia asociada a la separatividad y a la muerte, la espiritualidad *laukika* proporciona significado y sosiego relativo al yo separado mediante el fortalecimiento de la identidad individual o colectiva a través de un sistema de creencias, de ritos, de normas socioculturales, de valores y de símbolos de inmortalidad. Su práctica está conformada por diversos ritos mágico-míticos, ritos propiciatorios, ritos de paso, ritos de consolidación del sistema de creencias que actúan temporalmente como narcóticos amortiguadores de la angustia existencial, pero que de ninguna manera la disuelven por completo. Coincido con Ken Wilber[2] en que la forma propia de la religiosidad *laukika* –que él llama horizontal– es la creencia. Para esta forma de religiosidad, el término espiritualidad significa unir (cohesionar) la propia individualidad y unir o cohesionar las individualida-

2. Ken Wilber, *Un Dios sociable*. Kairós, Barcelona, 2009. En mi presente análisis tomo algunas apreciaciones, a mi parecer muy acertadas, que Wilber desarrolla en esta obra.

des en un sistema de creencias que fortalezca la identidad individual, social y étnica.

En otras palabras, la espiritualidad *lokotara* ayuda a trascender el yo separado y la visión relativa que el yo tiene del mundo, y la espiritualidad *laukika* ayuda a sentirse más integrado en la propia individualidad y a vivir mejor en el mundo relativo.

En casi todas las tradiciones religiosas conviven ambas formas de espiritualidad. A veces una tradición que tiene su origen en la experiencia espiritual de su fundador, tipo *lokotara*, termina por convertirse con el paso del tiempo en una religiosidad *laukika*. También en un mismo individuo pueden convivir ambas formas de espiritualidad, si bien cada una de ellas puede tener prevalencia en distintas épocas de su vida. Otras veces, algunas tradiciones religiosas nacen con una clara vocación o impronta *laukika* y se mantienen así a lo largo del tiempo.

ACERCA DE LAS TRADICIONES RELIGIOSAS O ESPIRITUALES

Hemos visto que el sentimiento religioso, es decir, el anhelo de liberación de la angustia existencial generada por la conciencia individual o del yo separado, es común a todos los seres humanos, sea cual sea su lugar de origen, la época en la que viva o el sistema sociocultural en el que haya nacido, y la modalidad de religiosidad que adopte. Su carácter es universal, pues forma parte de la naturaleza humana. Es este sentimiento religioso el que ha dado nacimiento a las diversas tradiciones religiosas de la humanidad.

En el origen de casi todas las tradiciones religiosas se encuentra una experiencia trascendente –*lokotara*–, es decir, alguien, el fundador o los fundadores, ha experimentado un estado de conocimiento supremo y de trascendencia, una verdad inefable, un estado no-dual. Esta experiencia religiosa de la Unidad trascendente puede suceder de dos formas: *a)* surgida espontáneamente, o *b)* conscientemente buscada y obtenida a través de una determinada técnica psico-fisio-espiritual. Si la experiencia ha surgido de manera espontánea sin la mediación de ninguna tecnología espiritual, el fundador no puede transmitir a los demás más que la fe en dicha experiencia. De este modo, suele suceder que, con el transcurrir del tiempo, esta experiencia real y espontánea del fundador pasa a convertirse en un vago recuerdo del pasado y la tradición iniciada por él se carga paulatinamente de elementos supersticiosos y de creencias. Es decir, se convierte en una espiritualidad *laukika*. Por el contrario, si la experiencia de la Unidad trascendente ha sido conscientemente buscada y facilitada por diversas técnicas psico-fisico-espirituales, el fundador puede transmitir a los demás esta metodología, de forma que todos y cada uno de sus seguidores a lo largo de las futuras generaciones puedan ellos mismos experimentar lo mismo que él experimentó. En este caso, existen más posibilidades de que una tradición religiosa así conserve su carácter *lokotara*.

Toda tradición religiosa, sea de índole *lokotara* o *laukika*, conlleva un aspecto positivo y otro negativo. En el lado positivo, la tradición religiosa vehicula de generación en generación un sistema de valores, una tecnología espiritual y unos descubrimientos que constituyen un precioso patrimonio religioso de la humanidad con un fuerte poder civilizador, evolutivo, y una riqueza evolutiva insoslayable. En el lado negativo, las tradiciones religiosas, como cualquier cuerpo vivo, están sujetas a la contingencia: han nacido en un contexto geográfico, en un marco sociocultural y en una época histórica específica. Por lo tanto, tienden a envejecer, a anquilosarse, a extrapolar valores propios de un contexto temporal, social y geográfico determinado a otros en el intento de convertirlos en valores universales. Esto da como resultado que, a menudo, en muchas tradiciones religiosas no encontramos más que un pálido reflejo de la experiencia religiosa trascendente que le dio origen.

Muchas tradiciones religiosas, especialmente las de índole *laukika*, han desaparecido o desaparecerán inevitablemente, ya que su labor y su función sólo pueden tener lugar en un marco social, histórico y evolutivo determinado. Por su parte, las tradiciones religiosas *lokotara* necesitan desprenderse cíclicamente de la costra de la contingencia, de lo anecdótico, de lo estrictamente condicionado, con el fin de cumplir con su función que no es otra que la de facilitar la experiencia de lo Incondicionado.

ACERCA DE LAS INSTITUCIONES RELIGIOSAS

En su origen, el objetivo básico de toda institución religiosa no es otro que el de preservar la pureza de la experiencia de su fundador transmitida a través de su tradición, o bien el cuerpo doctrinal y el sistema de creencias que constituyen su idiosincrasia. El hecho mismo de la institucionalización no debe ser considerado en sí mismo como perverso. Como seres humanos necesitamos dar forma a nuestras intuiciones, experiencias, relaciones y descubrimientos. No podemos negar la tendencia y la necesidad humana a una cierta institucionalización.

Se podría decir que las instituciones religiosas son la concreción en el espacio y en el tiempo de las tradiciones religiosas, las cuales, a su vez, lo son, o tratan de serlo, de la experiencia religiosa o del cuerpo doctrinario de su fundador.

Las instituciones religiosas son el aspecto más material de la religiosidad, su concreción en la materia, en el espacio, en el tiempo y en las contingencias de lo social, lo político y lo económico. Por ello mismo, las instituciones religiosas son el aspecto de lo religioso que más sujeto está al deterioro, a la perversión, a la corrupción, procedente no sólo de la condición humana, sino también provocada por el paso mismo del tiempo y por las circunstancias sociales, políticas y económicas.

Desde mi punto de vista, las instituciones religiosas son como el cuerpo de la religiosidad. Así como el cuerpo humano envejece, se anquilosa, enferma, se deteriora y muere, también a las instituciones religiosas, sean de la índole que sean, les sucede lo mismo. No obstante, esto no debe llevarnos a rechazar sin más el hecho mismo de la institución religiosa, de la misma manera que tampoco rechazamos un cuerpo humano por el hecho de haber envejecido y de haberse vuelto disfuncional. Existe un prejuicio y un rechazo muy extendido en el postmodernismo y en los ambientes de la Nueva Era sobre las instituciones religiosas. Sin lugar a duda debido al hecho de que las instituciones religiosas tradicionales o históricas han perdido la funcionalidad que en otra época tuvieron y no han sabido evolucionar con el paso del tiempo.

¿Crisis? ¿Qué crisis?

¿Cuál es la naturaleza de la crisis o del malestar existencial actual que se extiende por todos los ámbitos sociales? Todos sabemos que tanto la causas como los síntomas de esta crisis son complejos y numerosos y que alcanzan los ámbitos políticos, económicos, sociales, culturales, individuales e institucionales, y que las mismas tradiciones e instituciones religiosas se hayan sumidas también en la crisis.

Desde mi punto de vista, la crisis de civilización que atravesamos tuvo su origen en la cultura occidental de base greco-judeo-cristiana, se fue gestando a partir del Renacimiento europeo, tuvo importantes puntos de inflexión con el triunfo del racionalismo del siglo XVIII, de la ciencia y de sus aplicaciones técnicas en los siglos XIX y XX, y ha culminado en la actual globalización neoliberal, exportándose a las demás culturas del mundo desde la expansión colonial del siglo XVI hasta abarcar la casi totalidad del planeta en la época actual.

Hasta el Renacimiento, la tradición religiosa judeocristiana en sus dos vertientes, ortodoxa y católica, fue el principal marco de referencia de la sociedad occidental, aportando significado y sosiego relativo al yo separado mediante el fortalecimiento de la identidad individual o colectiva a través de un sistema de creencias, de ritos, de normas socioculturales, de valores y de símbolos de inmortalidad, desde la caída del Imperio romano hasta el siglo XV. Las Iglesias cristianas funcionaron como religiones *legítimas*,[3] generando una cohesión social y cultural que se mantuvo estable a lo largo de la alta y de la baja Edad Media. Durante este tiempo, el pensamiento religioso enseñado por las Iglesias cristianas constituyó la única forma aceptable de ver, pensar y conocer el mundo y sus métodos eran los únicos disponibles.

El Renacimiento marcó la emergencia social de la razón y del método científico como nuevas formas de conocimien-

---

3. Ken Wilber llama *legítimas* a las religiones que «proporcionan "buen maná" y ayudan a evitar el tabú, es decir, proporcionan unidades de significado por un lado y símbolos de inmortalidad por el otro» (*Un Dios sociable*).

to. La fe religiosa representada por las Iglesias cristianas y la razón representada por pensadores, filósofos y científicos entraron en conflicto. Desde entonces hasta ahora este conflicto ha continuado y continúa sin visos de solución. El racionalismo y el pensamiento científico han ido socavando los cimientos mismos de la religiosidad basada en la fe y en las creencias. La Revolución Industrial del siglo XVIII, hija del pensamiento científico y sus aplicaciones técnicas, por un lado, y del positivismo racionalista, por otro, así como el individualismo surgido de la Revolución Francesa, supusieron un desbancamiento de los símbolos de cohesión social aportados por la Iglesia. Occidente se adentró en una senda de desarrollo material y de desconcierto espiritual que ha continuado hasta la actualidad, ya que la ciencia, el desarrollo tecnológico nacido de ella y el positivismo racionalista han sido incapaces no sólo de proporcionar sistemas que solventen la angustia existencial generada por el sentimiento de separación de los individuos, sino de aportar significados y símbolos de cohesión y de inmortalidad capaces de amortiguar dicha angustia.

Las sociedades occidentales actuales intentan, no obstante, reconducir las necesidades religiosas o espirituales de los individuos a través de nuevos sistemas pseudorreligiosos que cumplan la función que otrora cumplieron las tradiciones religiosas, tales como multitudinarias competiciones deportivas tipo olimpiadas o torneos de fútbol; desarrollo de un *star system* en el que los actores, actrices o estrellas de la canción cumplen un rol cuasi divino; símbolos estatales (banderas, himnos), convertidos en símbolos de identidad colectiva y de inmortalidad; etc. Así, hasta llegar a la actual religión del dinero y del dios mercado, religión que está siendo exportada a todos los rincones y culturas del planeta a través de la globalización neoliberal que padecemos actualmente.

Al tirar por el desagüe el agua de las tradiciones y de las instituciones religiosas devenidas ciertamente disfuncionales, tiramos al mismo tiempo al bebé de la religiosidad o de la espiritualidad, quedándonos en la visión materialista, chata y yerma que caracteriza a la postmodernidad.

Pero como no podemos evitar sentir "el anhelo de liberación de la angustia del yo separado", hemos creado nuevas formas de religiosidad, o más bien de pseudoreligiosidad. Entre ellas, la más importante es el culto al dios dinero que profesa y pregona la religión del mercado.

La religión del mercado
y el culto al dios dinero

El culto al dinero constituye la religión secular de los tiempos que corren. El culto al dinero se ha convertido en una religión porque la compulsión por el dinero es generada por nuestra necesidad religiosa de redimirnos de nuestro sentimiento de separatividad. El dinero es un símbolo de redención religiosa. ¿Redención de qué? De nuestro sentido íntimo de carencia, asociado a la autoimagen de yo separado.

La compulsión por el dinero es una reacción *laukika* de amortiguar la angustia del yo separado, un torpe intento del yo-autoimagen de hacerse real objetivándose, es decir, proyectándose en una realidad simbólica objetiva.

El dinero en sí no tiene ningún valor. No se puede comer ni beber, no da calor en invierno ni frescor en verano. Sin embargo, tiene más valor que cualquier otra cosa porque es la forma de definir el valor, y debido a ello se puede transformar en cualquier cosa. Es un medio de transacción. Esto no es ni bueno ni malo, sino un medio útil. El problema surge cuando se confunde medios y fines. Cuando el dinero se convierte en un fin en sí mismo, surge la compulsión por el dinero, y todo lo demás se reduce a meros medios para conseguir ese fin. Entonces, todas las cosas reales y realmente valiosas de la vida se convierten en medios para lograr un fin –el dinero– que en sí mismo no tiene ningún valor. Nuestros deseos convierten en fetiche a un puro símbolo sin valor real y, a la inversa, son enajenados por él. De tal forma que perdemos el contacto con los auténticos elementos de nuestra vida y ya no nos alegramos por el trabajo bien hecho, por encontrarnos con los amigos o los seres queridos, por la luz del sol o por la brisa del atardecer, sino por la acumulación de dinero.

En la época de la religión del mercado, en la que los sistemas de expiación de las religiones tradicionales han dejado de ser la referencia para millones de personas, el pecado original contemporáneo significa que no se tiene suficiente dinero y la redención no es otra que la de obtener más y más dinero hasta que ya tengamos suficiente y dejemos de sentir la carencia. Lo cual no sucede nunca.

Más allá de su utilidad como medio de intercambio, el dinero se ha convertido en la forma más popular de la humanidad de "ser alguien", de hacer frente a la intuición inconsciente de que en realidad no somos nadie, de que no somos "individuos" aislados, sino seres plenamente insertos en una totalidad plena. Primero fuimos a los templos y a las iglesias para que Dios nos confirmara que éramos "alguien" (religiosidad *laukika*). Ahora buscamos esa misma confirmación acumulando dinero (nueva forma de religiosidad *laukika*). Hemos atribuido al dinero el poder de conferirnos realidad. Hemos fetichizado nuestro anhelo de felicidad convirtiéndolo en un símbolo abstracto y, puesto que todo lo que va vuelve, cuanto más valoramos el dinero, más lo usamos para valorarnos. Hemos caído en nuestra propia trampa simbólica.

El dinero es el dios de la religión del mercado y la producción-consumo su principal rito pseudorreligioso. Tratamos de ahogar nuestra carencia de yo separado narcotizándonos con el consumo sin darnos cuenta de que siempre tenemos la sensación de no consumir lo suficiente. Para consumir se necesita dinero. El dinero se obtiene produciendo. De esta forma, la psicosis colectiva nos arrastra hacia un crecimiento económico continuo. Los índices de bienestar siguen siendo medidos casi exclusivamente por el PIB. El dinero y el crecimiento económico se han convertido en nuestros principales mitos religiosos. Mitos defectuosos porque, así como los antiguos ritos religiosos proporcionaban una cierta expiación, ni el dinero ni el crecimiento económico nos redimen de nuestro sentimiento de carencia.

Trabajamos y consumimos, trabajamos y consumimos en un círculo vicioso sin fin. Como dijo Aristóteles: «Sin un objetivo concreto, la avaricia no tiene límite». Creemos que el dinero nos hará ser alguien real, pero como ello es imposible, cuanto más dinero acumulamos, mayor es nuestro sentido de carencia. Sin embargo, tememos pararnos y darnos cuenta de ello. Nuestra única respuesta es huir hacia delante, persiguiendo ese futuro de promisión en el que consumiendo más lograremos disolver la carencia que nos corroe.

Sin darnos cuenta, hemos sido convertidos a la religión del mercado, y tal vez sin saberlo nos vemos obligados a cumplir sus diez mandamientos; a saber:

1. El máximo beneficio económico (capital, objetos materiales, servicios, riqueza material) es el paraíso en la Tierra.
2. La economía de mercado es el orden natural del mundo, la verdad objetiva, la palabra y la voluntad de dios. La economía de mercado es presentada como la úni-

ca realidad posible, la expresión de una voluntad sobrehumana emanada de una autoridad incuestionable. Es decir, la economía de mercado es una nueva forma de monoteísmo. Toda intervención humana es considerada contraproducente, inútil, una amenaza para el orden natural de las cosas y, por lo tanto, para el bienestar de la humanidad, ya que el dios mercado nunca se equivoca. Es omnisciente. Por lo tanto, la economía de mercado es siempre justa y correcta y sus dictados son mandamientos que están por encima de cualquier otra moral o valor.

3. La vida humana es tiempo de trabajo, capacidad productiva. Eres según lo que produces y según la cantidad de lo que produces. El trabajo es valorado según la oferta y la demanda, y es considerado como un coste en los intercambios económicos. No trabajas para vivir, vives para trabajar.

4. La naturaleza no es más que una reserva de recursos necesarios para el proceso de producción o una masa de tierra con la que especular. La naturaleza no es más que un conjunto de objetos inertes cuya única utilidad es ser explotados hasta la extinción.

5. El patrimonio social, cultural y espiritual es capital fungible que puede ser comprado o vendido, según los designios del dios mercado.

6. El valor de las cosas sólo está representado por el precio.

7. El individuo, considerado sobre todo como productor-consumidor, es el objeto principal de la economía de mercado. El individuo tiene la libertad y el deber de consumir todo lo que produzca la economía de mercado.

8. Debes tener fe en el progreso, entendido como crecimiento económico (material) ilimitado. En el futuro, se

producirán más y mejores bienes materiales y podrás consumir más y acumular más beneficios.

9. El consumir y el acumular cada vez más bienes te permitirá alcanzar el paraíso en la tierra (la máxima felicidad).

10. Sólo vence el más fuerte. Para consumir, hay que acumular. La competitividad es la regla de oro. Principios éticos, tales como compasión, altruismo, solidaridad y generosidad, deben ser considerados supersticiones del pasado.[4]

LA ACCIÓN POLÍTICA COMO INMANENCIA DE LA ESPIRITUALIDAD TRASCENDENTE

¿Cómo salir del engranaje infernal creado por el vacío de espiritualidad que trata de ser llenado por el culto al dinero de la religión del mercado?

La mera transformación de las estructuras económicas y políticas externas, sin la imprescindible transformación de los individuos, sólo conduce a cambios de decorados. Las revoluciones sociales que han priorizado la transformación de los marcos políticos y económicos exclusivamente han terminado en fracaso.

Por otra parte, hoy día la acción política está gravemente deteriorada debido a que la mayoría de los políticos la usan no como un servicio al pueblo, sino como un medio de alcanzar poder personal, fortuna y prestigio, tres símbolos de inmortalidad con los que tratan de ahogar su propia angustia existencial. Además, los políticos actuales –salvo honrosas

4. Dokushô Villalba, *Zen en la plaza del mercado*, Aguilar, Madrid, 2008.

excepciones–, aunque hayan sido elegidos "democráticamente", no sirven al pueblo que les ha elegido, sino al gran capital. El poder político es un vasallo del poder económico y la clase política se ha enrocado sobre sí misma, alejándose de los ciudadanos, de los que sólo se acuerdan durante el periodo electoral. La mayoría de los políticos actuales son sólo gestores o relaciones públicas de los sumos sacerdotes de la religión del mercado.

Necesitamos urgentemente una nueva manera de hacer política y nuevos políticos dotados de lo que Huston Smith[5] llama "percepción divina" o visión trascendente (e inmanente) de la realidad. No se trata ni mucho menos de regresar a estados teocráticos o confesionales, ni tampoco hemos de pretender ser gobernados por meapilas. Se trata de que aquellos que tienen la responsabilidad de servir al pueblo gestionando los asuntos públicos posean una visión trascendente y ennoblecedora, convincente e inspiradora de la naturaleza de las cosas y del lugar que ocupa la vida y el ser humano en ella. Para ello, tanto los políticos como todos los ciudadanos debemos atravesar el caparazón que han formado el secularismo, el cientificismo, el materialismo y el consumismo moderno a través de verdaderas experiencias espirituales, religiosas o trascendentes.

Todas las tradiciones espirituales que conservan la función *lokotara* enseñan que la transformación debe operarse originalmente en el interior de las conciencias y que no es posible una transformación externa o social si no hay una previa transformación en el interior de los individuos. Esta transformación individual es facilitada por las grandes tradiciones espirituales que han conservado las técnicas y los mé

5. Huston Smith, *La percepción divina*, Kairós, Barcelona, 2001.

todos apropiados que inducen y conducen a la experiencia de Unidad no-dual. En los orígenes de la cultura occidental, por ejemplo, los misterios griegos de Eleusis cumplían esta función. Se olvida demasiado a menudo que el mundo griego y romano –sus filósofos, poetas, dramaturgos, políticos, militares– bebió de la fuente de los misterios de Eleusis durante más de dos mil años.

«Los misterios eleusinos comenzaron alrededor del año 1.500 a.C. durante la época micénica y fueron celebrados anualmente durante dos mil años. Los peregrinos acudían desde toda Grecia e incluso desde más allá para participar en ellos. A partir del año 300 a.C., el estado tomó el control de los misterios. Esto provocó un vasto incremento en el número de iniciados. Los únicos requisitos para participar en los misterios era carecer de "culpas de sangre", lo que significaba no haber cometido asesinato alguno, y no ser un bárbaro (es decir, saber hablar griego). Se permitía iniciar a hombres, mujeres e incluso esclavos.

»El emperador romano Teodosio I cerró los santuarios por decreto en 392, en un esfuerzo por destruir la resistencia pagana a la imposición del cristianismo como religión estatal. Los últimos vestigios de los misterios fueron aniquilados en 396, cuando Alarico I, rey de los godos, realizó una invasión acompañado por cristianos "en sus oscuras ropas", trayendo con él el cristianismo arriano y profanando los antiguos ritos sagrados.»[6]

Como pone de relieve la obra *El camino a Eleusis*,[7] el núcleo central de los misterios eleusinos era la ingesta del

6. Wikipedia, http://es.wikipedia.org/wiki/Misterios_eleusinos.
7. R. Gordon Wasson, Albert Hoffmann, Carl A.P. Ruck, *El camino a Eleusis, una solución al enigma de los misterios*. Fondo de Cultura Económica, México D.F., 1980.

kykeon (léase ciceón), una bebida hecha de cebada y poleo, «entre cuyos ingredientes se encontraba el hongo *Claviceps purpurea*, un parásito del centeno y de otros cereales como la cebada y el trigo, conocido popularmente como el cornezuelo del centeno».[8] Hoffmann afirma en la citada obra que «el cornezuelo es una rica fuente de alcaloides con aplicaciones farmacológicas. Más de treinta alcaloides han sido aislados del cornezuelo, y es probable que se descubran muchos más».

Y también: «El ácido lisérgico (LSD) es el núcleo común de la mayoría de los alcaloides del cornezuelo».

Por muy inverosímil y difícil de aceptar que nos resulte, el origen de la inspiración de los padres de la civilización occidental fue una experiencia trascendental facilitada por el ácido lisérgico, en el marco de los misterios eleusinos. Homero, Heródoto, Esquilo, Sófocles, Eurípides, Aristófanes, Epiménides, Anaximandro, Heráclito, Parménides, Empédocles, Ferecides y su alumno Pitágoras, y los fundadores de la filosofía occidental (Sócrates, Platón, Aristóteles, Plotino, entre otros) fueron iniciados en los misterios y experimentaron la *epopteia* ("revelación").

En su prólogo a *El camino de Eleusis*, Huston Smith escribe:

> «¿Existe la necesidad, quizás una necesidad urgente, de diseñar algo parecido a los misterios eleusinos para salir de la caverna de Platón y ver la luz del día?
>
> ¿Se puede hallar un medio de legitimar, como hicieron los griegos, el uso constructivo, otorgador de vida de las sustancias enteogénicas[9] sin agravar nuestro grave problema de drogadicción?»

---

8. R. Gordon y cols., op. cit.

9. Un enteógeno es una sustancia vegetal o preparado de sustancias vegetales que, cuando se ingiere, provoca un estado modificado de conciencia

Sirve lo dicho sólo como ejemplo de la urgente necesidad, no sólo para los políticos, sino para todos los ciudadanos, de atravesar el caparazón que han formado el secularismo, el racionalismo, el cientificismo, el materialismo y el consumismo moderno a través de verdaderas experiencias espirituales, religiosas o trascendentes, sean éstas facilitadas por sustancias enteogénicas o por otras disciplinas tradicionales a las que Mircea Eliades llamó «técnicas arcaicas del éxtasis», tales como la meditación.

Mi principal acción política desde hace más de treinta años no es otra que la de introducir a miles de personas en la práctica de la meditación Zen y la de haber fundado y seguir manteniendo vivo un espacio de transformación de las conciencias como es el templo Zen Luz Serena. El proceso de transformación que tiene lugar en el interior de las conciencias de los meditadores, aunque se encuentren retirados en lo más profundo de las montañas, tiene necesariamente una repercusión y una influencia en el tejido social.

No puede haber una política espiritual ni una espiritualidad política si no hay verdadera espiritualidad, es decir, experiencia profunda de la Unidad no-dual. Éste es el origen de la transformación interior necesaria. ¿En qué consiste esencialmente esta transformación? La resolución de nuestro sentido interno de carencia, de la angustia-ansiedad-malestar, no es algo que pueda hacerse por decreto, sino que requie-

---

usado en un contexto principalmente religioso, ritualístico, chamánico. La palabra *enteógeno* es un neologismo propuesto en un artículo publicado en *Journal of Psychedelic Drugs,* vol. II, núms. 1 y 2, enero-junio de 1979, cuyos autores son el helenista Carl A.P. Ruck, J. Bigwood, J.D. Staples, el micólogo R.G. Wasson y el botánico Jonathan Ott. El término deriva de la lengua griega, en la que *éntheos* significa "dios dentro", "inspirado por los dioses" y *génos* quiere decir "origen, tiempo de nacimiento" re un proceso responsable y comprometido de introspección, de honestidad. Individualmente, tenemos que enfrentarnos a nuestra principal represión, a nuestro mayor miedo: el miedo a la muerte o el miedo a no ser. Por ejemplo, la experiencia budista Zen por excelencia es la del vacío. La meditación Zen enseña a dejarnos caer en el vacío, a morir psicológica y espiritualmente en la ilusión de ser un yo-autoimagen distinto y separado de la totalidad. Como afirma un dicho Zen: «Si mueres una vez, ya no tendrás que morir de nuevo».

Los misterios de Eleusis, así como toda verdadera iniciación en el aspecto trascendente de la realidad que facilitan las tradiciones espirituales de marcado acento *lokotara*, implican una muerte psicológica y espiritual. Sólo de esta muerte puede nacer un nuevo ciudadano y una nueva estirpe de hombres públicos.

Como escribió Cicerón refiriéndose a su propia experiencia eleusina: «No solo hemos encontrado ahí la razón para vivir más alegremente, sino que también podemos morir con mayor esperanza».

14. DE LO PROFANO A LO SAGRADO

MARÍA ELENA FERRER

Estudió Arquitectura en la Universidad Central de Venezuela, y después de quince años como directora de arte y efectos especiales para cine y televisión, orientó su vida profesional hacia el desarrollo integral del ser humano formándose como *coach* y *rebirther* en Venezuela y Estados Unidos. Está convencida de que el ser humano puede transformarse a sí mismo aún más sorprendentemente que como lo hace con el medio ambiente que le rodea. Es coordinadora para España de Humanity's Team, un movimiento mundial por los derechos civiles del alma. También dirige Humanamente.es y ha escrito *Poder crear, crear poder*, una bitácora de alquimia personal. Fiel creyente de la interdependencia de hombres y mujeres entre sí y con sus sistemas sociales, promueve la iniciativa LiderazgoEmergente.es

La política y la espiritualidad son de esas cosas de la vida en las que todos, reconociéndolo o no, queremos participar y disfrutar de sus beneficios, pero con las que generalmente no sabemos cómo identificarnos. Las confundimos, negamos o consideramos mutuamente excluyentes. Con frecuencia las profanamos en conversaciones intrascendentes en el bar de la esquina o esgrimimos frases tan trilladas como «Dios es paz» para sentir que sabemos de qué hablamos. Lo cierto es que ningún ser humano puede ser indiferente a ellas porque son parte inherente de nuestra naturaleza.

«La política es el arte de buscar problemas, encontrarlos, hacer un diagnóstico falso y aplicar después los remedios equivocados.»

GROUCHO MARX

A muy temprana edad tuve ambiciones políticas. Fui delegada de curso varias veces y mi madre me alentó cuando pretendí ser "presidente de la república escolar" –con minúsculas, que éramos niños–. Lo conseguí a los doce años de edad. Ya contaba en mi haber con una expulsión de tres días por llamar "mercenaria" a mi maestra de cuarto grado, quien apoyaba una huelga de docentes por la homologación salarial, en perjuicio de lo que yo consideraba mis derechos de estudiante, así que gozaba de popularidad.

Le escribí al presidente de mi Venezuela natal, porque tenía muchas dudas sobre cómo "gobernar" mi pequeña república escolar. ¿Quién mejor que él para aconsejarme? Y, para sorpresa de todo al que le hacía gracia mi atrevimiento, me escribió de vuelta. No respondió ninguna de mis preguntas, pero quedé muy contenta. Comenzaba yo a entender de qué iba la política.

Quería ser arquitecta, pero soñaba al mismo tiempo con influir en política. La corrupción, la desfachatez de los poderosos y las injusticias sociales que presencié a lo largo de mis años de juventud, sumado al aborregado comportamiento de las masas, me hicieron renunciar a toda *ambición* política. Aun así, era ineludible para mí el ser consciente de mi *responsabilidad* política y, de todas formas, las diferentes circunstancias o capacidades políticas de cada quien pueden generar diferentes formas de ejercer esa responsabilidad.

Hoy en día no puedo plantearme "o la ética o la política", porque interpreto la política como un campo natural de responsabilidad de alguien que, como ciudadana del mundo, tiene sensibilidad ética. Pero ¿qué entiendo yo por política?

Para los griegos la palabra *polis* más que ciudad significaba la forma de sociedad a la que estaban acostumbrados, y según Aristóteles el hombre es un *zoonpolitikon*, un ser social. Pero al vivir en sociedad, el hombre se encontró con el problema de la repartición de los bienes y, por consiguiente, con tener que decidir sobre tal repartición. Esto derivó enseguida en la necesidad de crear un poder y en la legitimación de ese poder, su rango y prestigio. La política viene entonces a ser "el arte de repartir viablemente bienes, poder, rango". La historia política de la humanidad es la historia del fracaso y del restablecimiento de ese arte, dirá Weizsäcker. Es, por decirlo de algún modo, la historia de los "males sociales" y el intento, logrado o no, de curarlos.

La historia política escrita ha sido en su mayor parte la historia de las actuaciones de unos cuantos individuos. Los bienes conciernen a todos, pero sólo una minoría dispone de poder, y el rango para tomar las decisiones se destina a muy pocas personas dentro de esa minoría. La lucha de esos pocos por conseguir ese rango y, ya siendo poseedores de él, por tomar las decisiones, constituye la parte de historia política más notoria en toda la historia de la humanidad. Las masas participan en "la vida política" obedeciendo órdenes, como en la guerra, y también, pero en muy contadas ocasiones, interrumpiendo la actividad de los que ostentan el poder generando una revolución. El tema a lo largo de las eras ha sido en gran parte la historia de las guerras o, cuando menos, nos sigue recordando Weizsäcker, «de las tensiones anteriores a las guerras y de los tratados de paz».

Para comprender la historia tendríamos que considerar, en general, los condicionamientos culturales, sociales, económicos y también, en particular, los motivos que hicieron actuar de una u otra forma a quienes tomaban las decisiones. Nos equivocamos al creer únicamente en sus nobles motivaciones tanto como al atribuirles sentimientos exclusivamente abyectos. En mi modesto caso, y salvando las distancias, yo realmente quise defender los derechos de los estudiantes en mi "república escolar", y "gobernar" en paz, pero ostentar el poder fue algo muy atrayente entonces para mi inmadura personalidad. Debo confesar que hubiera podido hacer casi cualquier cosa por ganar ese rango, y algo hice. Mi particular guerra tuve que librar.

Comprender no es tarea fácil, nunca es algo acabado porque siempre es susceptible de nuevas correcciones y el hecho de comprender transforma a la misma persona que comprende. El ejercicio de ponernos en los zapatos del otro nos revela que, en última instancia, no somos tan diferentes unos de otros, ni de aquellos que ostentan el poder.

> «La civilización es el modelo de conducta que debe conducir al hombre al camino de la verdad. El compromiso con el deber y la observancia de la ética son los dos puntos básicos. Para observar esa ética, es necesario mantener la mente libre de pasiones. Es decir, conociéndonos a nosotros mismos.»
>
> M.K. GANDHI

«La mente es como un pájaro, que ansía comer más de lo que le cabe y siempre está insatisfecho», continuará Gandhi. Cuanto más indulgentes somos con nuestras pasiones y deseos, más incontrolables nos convertimos, así que habrá que revisar en profundidad nuestras motivaciones y asumir responsabilidad, porque de todas formas la vida mientras se vive aumenta, va a más. No importa si nuestra situación en ella es buena o mala, siempre tendremos el deseo de más: mayor libertad, más amor, más conocimiento.

La evolución de la humanidad, su civilización y cultura, ha supuesto la búsqueda y práctica del amor y la verdad. Valores que derivan en libertad, cooperación, justicia, igualdad, tolerancia, coraje, y que ayudaron a unificar los pequeños clanes nómadas de hace millones de años para convertirse en las siempre crecientes sociedades. Con tales valores, los grandes visionarios y pensadores comenzaron a soñar y a esforzarse por crear una gran sociedad libre de la mentira y la violencia.

Pero la evolución de la civilización también ha contemplado lo opuesto, como no podría ser de otro modo en un mundo perceptible sólo a través de los pares de opuestos.

Hemos necesitado toda nuestra historia, con sus más y sus menos, para ser lo que somos ahora. Las fuerzas opuestas van y vienen como las olas del mar. Cuando vemos que el viejo orden se hace obsoleto e inservible, bloqueando todo posible progreso, se produce un giro en los acontecimientos. En tales circunstancias, es natural y necesario que surjan y se busquen nuevas vías para el progreso. El orden precedente ha de ser absorbido por el progreso, pero no borrado. No hace falta empezar de cero, así como no hace falta regresar a las cavernas para intentar una nueva estructura social.

El equilibrio se consigue buscando la armonía entre las actividades o fuerzas que se oponen. Pero si éstas fueran completa y permanentemente iguales, el equilibrio sería inmovilidad, estancamiento y consecuentemente la negación de la vida. La vida es movimiento y el movimiento es el resultado de una ponderada alternancia: calor después del frío, relajación después de la tensión, el día después de la noche. Se nos olvida que sin el cambio continuo no podría existir la vida y, si acaso pudiera, su monotonía sería insoportable.

Actualmente nos encontramos en medio de una de esas transformaciones que marcan época. La humanidad parece haber llegado a una vía "muerta" y está buscando una salida.

Algunos protagonistas de esa vía muerta nos recrean la atractiva imagen de un mundo sin pobreza manteniéndonos en ella. Intentan convencernos de que buscan la igualdad y libertad en el ámbito de las relaciones sociales y de la democracia de hecho en la política. En realidad, sería erróneo negar los progresos alcanzados en ese sentido, tanto como lo sería negar que en este contexto tales pretensiones son sólo una ilusión. El propósito parece seguir siendo competir por el control de los recursos naturales del planeta y estrechar el lazo de la explotación sobre la gente corriente para servir a los intereses de unos pocos.

Ya nos recuerda la Dama, Aung San Suu Kyi, que «el miedo a perder el poder corrompe a aquellos que lo manejan, y el temor al castigo del poder corrompe a los que están sujetos a él».

Hay quien esgrime las ideologías socialistas y comunistas que surgieron en el siglo pasado como respuesta a la "ferocidad" del capitalismo, ignorando que aquéllas también erraron en la comprensión y solución de la causa raíz: la codicia por el poder. El sueño comunista de derrotar el capitalismo demostró ser una quimera que, con su hipnótica atracción, fracasó al no ser consciente de la verdadera causa del problema.

Creo que el mundo entero desea profunda y urgentemente una nueva salida, pero no un nuevo "ismo".

Tampoco se trata de generar nuevas alternativas, "porque haberlas, haylas". El problema en estos momentos es la ausencia de una voluntad política para actuar y acabar con los intereses establecidos. Y la voluntad política a la que me refiero no es sólo la de "los políticos", sino la suya y la mía, como los nuevos y legítimos protagonistas de una historia que ya no puede contarse por unos pocos. Es el tiempo de todos y todas, no podemos seguir lavándonos las manos y permitiendo que sean "ellos" quienes decidan para después echarles la culpa.

> «Por primera vez hay muchísimas personas que pueden ele-
> gir y su número crece con rapidez. Por primera vez tendrán
> que gestionarse a sí mismas. Y la sociedad no está prepara-
> da para ello.»
>
> PETER DRUCKER

La sociedad dominante requiere de personas que coope-ren dócilmente en grupos numerosos que quieran consumir más y más, cuyos gustos estén estandarizados y que puedan ser fácilmente influidos y anticipados. Esta sociedad lacera-da necesita hombres que se sientan libres o independientes y que, no obstante, estén dispuestos a ser mandados, a hacer lo previsto, a encajar sin roces en la máquina social. Estos hombres que son guiados sin fuerza, conducidos sin líderes, impulsados sin ninguna meta, salvo la de continuar un andar sin sentido, son los autómatas que describe Erich Fromm en *El corazón del hombre*.

Pero el movimiento por el cambio global se está abriendo paso a pesar de los antiguos protagonistas y de los autóma-tas. La evolución sigue su curso, no importa cuánto nos es-forcemos por detenerla. Lo vemos en la influencia que las re-des sociales e Internet están teniendo sobre nuestros hábitos de vida y consumo, en la política, en la Primavera Árabe, o, al momento de escribir estas líneas, la Spanish Revolution.

El pronosticador de tendencias Gerald Celente adelan-tó en una entrevista con King World News, que los distur-bios desde Irán hasta España eran el comienzo de otra guerra mundial, la primera del siglo XXI, precipitada por los precios de los alimentos, el desempleo y la desigualdad. Ya había afirmado antes que 2011 traería un «¡Que les corten la cabeza 2.0!» y la predicción parece acertada.

Enrique Dans en su *blog* escribió: «Resulta curioso releer el período previo a la Revolución Francesa desde la óptica de un país con una democracia teóricamente sólida y asentada. Entre la vocación por la sangre y la guillotina característica de la gran ruptura francesa y la búsqueda pacífica de una restauración democrática que subyace tras las peticiones de los indignados españoles, hay, por supuesto, muchísima distancia. Pero llama la atención ver los paralelismos en el comportamiento de los políticos: aislados en sus sedes, rodeados de los lujos y privilegios que les han convertido en "la clase política" y empeñados en luchas intestinas y discusiones bizantinas para conservar un poder que entienden casi como un legado divino».

Pero, destaca Celente, «Los jóvenes se han dado cuenta, conocen el montaje. Ellos son los que están por delante de todas estas revoluciones, porque saben que votar por cualquiera de los partidos mayoritarios de España significa más de lo mismo. Es como votar a favor de la familia criminal Gambino o la familia del crimen Bananno. Y quieren una tercera vía. Están recogiendo el testigo donde las revueltas egipcias lo dejaron. Están en la calle y no la dejan, porque, repito, cuando pierdes todo y ya no tienes nada más que perder, pues te las juegas. Éstos son jóvenes, como ya he dicho, con títulos universitarios devaluados, que están conectados a Internet, es el periodismo 2.0, y están logrando que todo el mundo se les una, porque saben que si no luchan contra la máquina, la máquina los va a moler en trocitos. Esta revolución se va a extender durante el verano por toda Europa y en el invierno va a ser global».

Quizás sea muy pronto para tener una lectura amplia de estos eventos y sus consecuencias, pero la realidad más fundamental que salta a la vista es que los seres humanos no son simples cosas a las que se deba administrar desde la motivación y el control. Estos jóvenes a quienes hemos hipotecado su futuro y les estamos dejando en herencia una tierra desesperanzada, nos están recordando, entre otras cosas, que los seres humanos somos seres *multidimensionales e interrelacionados*.

> «El individuo está relacionado tanto con la sociedad humana como con el entorno físico que le rodea. Un individuo no puede sobrevivir sin ambos. Así que la cuestión de la relación del individuo con la sociedad y con la creación es muy importante. Es la falta de entendimiento adecuado de la relación entre los tres lo que da lugar a todo tipo de problema.»
>
> Manmohan Choudhry

Resulta incuestionable que los individuos necesitan de la sociedad para sobrevivir. El ser humano no puede nacer por sí mismo ni vivir sin la cooperación de los demás. Cada individuo nace dentro de la sociedad, es alimentado por ella, vive y trabaja en ella. No se puede concebir al individuo y a la sociedad, la entidad y la colectividad separadas. Son otro par de opuestos que, ante la visión consciente, son reconciliables.

Una sociedad es una red tejida por las relaciones entre los individuos que la componen. Cuando se habla de las relaciones entre individuo y sociedad, tenemos que considerar el hecho de que no hay un auténtico conflicto entre los intereses de ambos, porque en realidad ambos son uno. Sin embargo, nos hemos acostumbrado a que cada individuo cuide sólo de sí mismo o, como mucho, de los suyos, pues considera a la sociedad en la que vive como algo separado de él y, por lo tanto, como algo que no está bajo su responsabilidad. Es más, tiene una clara tendencia a extraer tanto como pueda de la sociedad y a importarle menos el contribuir o hacer algún sacrificio por ella. No es consciente de que la sociedad ha contribuido y continúa haciéndolo de mil maneras directas e indirectas, en formarle y mantenerle con vida.

La felicidad de la humanidad como un todo cohesionado depende del bienestar de las unidades personales en el orden social, de allí que la sociedad provea al individuo de las condiciones necesarias para su desarrollo. Por tanto, no sólo es el deber moral de cada persona reparar su deuda con la sociedad, sino también darle algo más mediante el servicio de lo que obtiene de ella.

La sociedad avanza sólo cuando hombres y mujeres exceden en algo la prestación de sus servicios. Si ninguna persona cumpliera al máximo su responsabilidad actual, habría un claro retroceso en todo. Quienes no ocupan de lleno sus lugares son un peso muerto para la sociedad en su conjunto y tienen que ser cargados por otros a un costo muy alto. Ninguna sociedad humana podría avanzar si cada individuo se exime a sí mismo de su responsabilidad social.

La cohesión social existe en todas las formas de vida. Encontramos que toda la creación es un ejemplo único de interdependencia y de existencia colectiva. Los aparentes conflictos surgen debido al egoísmo, la ignorancia y la tendencia de algunos a dominar y a explotar, lo que les hace comportarse de manera dañina con los demás, aunque a la vez, generan la presión necesaria para forzar un cambio.

Los individuos son fuente de desorden en la sociedad al mismo tiempo que medio de nuevos conocimientos, habilidades, visiones y acciones que hacen que la sociedad avance. Los buscadores espirituales, los visionarios, pensadores, científicos, artistas y líderes emergentes realizan enormes esfuerzos para estrechar sus sentimientos con los de los demás. Su experiencia de unidad con la creación, su capacidad de disfrutar y apreciar la vida, de despertar el potencial que subyace en todo ser y que pueden utilizar para hacer del mundo un lugar mejor en el cual vivir, lo extienden a la gente para que vivan sus vidas con más belleza, alegría, amor y sentido.

El verdadero bienestar de la sociedad y de los individuos no consiste en sacrificar los intereses de la persona ni de la sociedad, sino en el crecimiento de ambos hacia una mayor perfección y armonía.

La interdependencia de los seres humanos entre sí y con sus sistemas sociales se extiende a toda la creación. Mirando detalladamente la creación, encontraremos que aunque las cosas parezcan existir por separado, todas están relacionadas con las demás.

El universo parece una colección de objetos dispares, pero todas estas cosas en apariencia no relacionadas realmente son parte de un todo integral. La unidad es inherente a la diversidad. Todo lo que vemos, e incluso lo que no vemos, está relacionado y es interdependiente. Todo tiene su propio lugar y papel asignado en la naturaleza. Todo comparte el mismo espíritu.

> «El espíritu es el poder de manifestación que trae al ámbito de nuestra sensación todas las apariencias que constituyen nuestro medio ambiente. Todo lo que conocemos es una apariencia del Espíritu Único, es la realidad velada por las diversas formas que vemos.»
>
> P. F. CASE

El espíritu es lo que los hindúes llaman *prana*, lo que la Biblia expresa con el uso de la palabra *ruaj* cada vez que la utiliza en el Antiguo Testamento, o *pneuma* en el Nuevo. Y en casi todas las lenguas humanas las palabras que significan aire, viento o aliento se emplean también para designar vida y energía consciente.

En general se piensa que lo espiritual es una abstracción metafísica, pero el espíritu también tiene aspectos físicos. La espiritualidad afirma que lo divino se manifiesta en cada grano de arena, en cada partícula de materia. Ahora la física también ha llegado a la misma conclusión de que la materia y la energía no son distintas. La materia es una forma de energía omnipresente que se ha condensado en partículas nucleares que a su vez se han unido para formar átomos, moléculas, compuestos químicos y todas las cosas vivas y no vivas. Vemos que no hay diferencia alguna entre ellas, los elementos de una molécula de plomo son iguales a los de una de oro. Todo está "hecho de lo mismo".

Así pues, el espíritu no es un poder vago y sobrenatural. Es una energía natural definida que aparece en el mundo físico como los diferentes objetos que percibimos por medio de nuestros sentidos. Todas las cosas materiales son en realidad ese Espíritu Único manifestándose por medio de una combinación de vibraciones que se encuentran dentro del ámbito sensorial.

Lo percibido se interioriza y forma parte de la actividad mental a la que sólo puede tener acceso el propio sujeto. En esencia, el espíritu es la conciencia pura que, en el caso del ser humano, integra y desintegra las formas por medio de la vibración sonora, lo que sus sentidos "le dicen". Logra esta integración y desintegración por medio de las palabras, y así tenemos que el lenguaje natural del espíritu es todo el ámbito de manifestación de las apariencias.

Este lenguaje articula una ley común que gobierna toda la creación, todos somos UNO.

«Ningún hombre es una isla, ni está completo en sí mismo; todo hombre es un trozo de continente, una parte de la totalidad; si un pedazo de tierra fuera barrido por el mar, daría igual que pasara en Europa, o en un promontorio, o en la mansión de tus amigos o en la tuya propia; la muerte de cualquier hombre me empequeñece, porque estoy integrado en la humanidad; por eso no envíes a nadie a preguntar por quién doblan las campanas, porque doblan por ti.»

John Donne

La conciencia de unidad y de unión con la humanidad es omnipresente en toda literatura sacra y se remonta hasta textos tan lejanos como las *Upanishads*. La antigua sabiduría nos enseña que en el jardín de la mística las distinciones como yo, tú, él y ella no existen.

Si imaginamos una gota de mar que se considera independiente del océano, veremos que, separada de él, es débil, pero en cuanto retorna a su fuente es tan poderosa como el mismo océano. Wayne Dyer, en su *Sabiduría de todos los tiempos*, nos dice que «Cuando somos como islas, completos en nosotros mismos, perdemos el poder que nos suministra nuestra fuerza común y mermamos la humanidad entera. No obstante, en el jardín de la mística, donde el "nosotros" y el "nos" sustituye al "yo" y el "tú", la guerra es imposible porque en un planeta redondo no es posible elegir lados opuestos».

También África nos brinda su filosofía ancestral de Ubuntu, que contempla el concepto de humanidad en toda su extensión como un todo armónico. La palabra forma parte de la expresión zulú *umuntungumuntungabantu*, que significa "una persona se hace humana por razón de las demás personas". Es una forma de pensamiento muy alejada del individualismo. El pensamiento Ubuntu preconiza: «Formo parte de un todo, por eso existo», una máxima que sitúa inmediatamente al individuo en la comunidad, socialmente cohesionado, y como ideal Ubuntu promueve la cooperación entre individuos, culturas y naciones.

El doctor Ichak Adizes, uno de los principales expertos mundiales en la mejora del rendimiento de las empresas y los gobiernos a través de la gestión del cambio, observa desde dentro a los gobiernos occidentales que trataron de hacer frente a una crisis financiera, y que fue viral en cuestión de horas, ilustrando lo que siempre ha resaltado: «Si los países no pueden aprender a vivir y trabajar juntos, no podrán sobrevivir».

«Los analfabetos del siglo xxi no serán aquellos que no sepan leer y escribir, sino aquellos que no sepan aprender, desaprender y reaprender.»

Alvin Toffler

Esta perspectiva de unidad supone un cambio radical de la noción de separación que aprendemos de nuestro entorno. En vez de identificarnos por aquello que nos diferencia, nos definimos por aquello que tenemos en común. Ya no nos fijamos en las apariencias, sino en lo importantes que somos los unos para los otros.

La tendencia actual involucra un reemplazo cada vez mayor de los rasgos del liderazgo establecido con una presencia más profunda y un propósito que apunta hacia un cambio radical en la definición del liderazgo y en cómo los líderes lideran. Este "renacimiento del liderazgo" afectará la propia identidad de los líderes, sus acciones personales, sus relaciones y cómo ven el mundo.

Tal tendencia sugiere cambios sociales que afectan los negocios, gobierno, educación, religión y nuestro sentido global de comunidad.

Un papel fundamental tienen aquí los llamados movimientos de base, *grassrootsmovements*, que son una forma de asociación, constituidos por los miembros de una comunidad. La creación del movimiento implica el apoyo natural y espontáneo del grupo, destacando las diferencias con comunidades promovidas por las estructuras de poder.

Una sola brizna de hierba no es nada. Pero cuando se suman muchas podemos llegar a tener una gran cantidad de césped. De este modo, se aplica la idea de la organización de activistas desarrollando pequeños grupos en ciudades, pueblos y barrios. Es un movimiento social que emerge poco a poco y que requiere dedicación, constancia y paciencia.

Ejemplo de ello en España es el Movimiento 15-M, que aspira a una nueva ley electoral, la separación efectiva de los poderes y controles ciudadanos para la exigencia de responsabilidad política. En Bolivia, con la cooperación de políticos y organizaciones de base, se quiere aprobar la Ley de Derechos de la Madre Tierra que garantice a la naturaleza los mismos derechos y protecciones que a los humanos. Esta ley tiene por objeto *«reconocer los derechos de la Madre Tierra, así como las obligaciones y deberes del Estado plurinacional y de la sociedad para garantizar el respeto de estos derechos»*.

La orientación del nuevo liderazgo combina la capacidad directiva y visionaria con las acciones de base. El líder *emergente* no llega el primero, «llega con todos y a tiempo», nos puntualiza Antoni Gutiérrez-Rubí en los primeros Encuentros por un Liderazgo Emergente. Pero ese líder está llamado a ser también un líder sagrado, agregará Andrew Harvey, y tiene que combinar sus habilidades de liderazgo con el poder espiritual de la co-creación sagrada. Debe «ir más allá de la aquiescencia o el control, hacia la comprensión de la inteligencia colectiva y el milagro de la co-creación en comunidad».

La mirada que Harvey tiene sobre la crisis global sintoniza con las diferentes visiones que nos muestran un renacimiento de la humanidad. La llama La Noche Oscura de las Especies y asegura que estos nuevos líderes serán las "matronas" que asistan en este nuevo nacimiento. Esta asistencia se verá principalmente en tres vertientes de cooperación:

1. En la agrupación de miles de personas en asociaciones y ONG, el establecimiento de redes y el impulso de los movimientos de base.
2. Desde las nuevas tecnologías que darán paso a nuevos conocimientos, para que, entre otras cosas, no sigamos dependiendo del petróleo ni de cualquier energía no sostenible.
3. Con el surgimiento de un misticismo universal que hará accesible las metodologías sagradas de los diferentes sistemas místicos, de modo que todos los que así lo deseen puedan transformarse a sí mismos.

Lo que es esencial para todos es darnos cuenta de que una fuerza naciente está disponible para la humanidad, y a esa fuerza la llama Harvey activismo sagrado. Esta fuerza está alineada con el poder divino y es la fusión de las dos pasiones más nobles del alma humana: la pasión del místico por lo sagrado y la pasión del activista por la justicia. Cuando estas dos pasiones se unen, nace una inconmensurable fuerza de amor y sabiduría en acción.

A partir de aquí, la pregunta que surge es cómo o qué tienen que hacer los líderes sagrados para ser las matronas de esta nueva humanidad. La propuesta de Harvey incluye los Cinco Servicios del Activista Sagrado y las Siete Leyes para el Líder Sagrado, de los que quiero destacar el trabajo continuo con la sombra.

Toda persona necesita reconocer sus fortalezas para impulsarse y sus debilidades para observarse y aprender. Más aún un líder. El trabajo continuo con la sombra es un reconocimiento de esas debilidades que se esconden en la oscuridad interior. Un líder necesita ver que tiene que lidiar con dos sombras relacionadas: la sombra colectiva de la humanidad, que está aumentando en un psicótico intento de dominar la naturaleza, envuelta en desesperación y codicia, y la forma en que la propia sombra individual coopera y contamina la colectiva. Es un trabajo difícil porque requiere altas dosis de humildad, pero es esencial para lograr la nobleza y compasión necesarias para trabajar con una habilidad divina.

El planteamiento no es nuevo, lo que es nuevo es su entendimiento y su alcance.

Muchos años han pasado desde mi pequeña república escolar. En ella descubrí mi pasión por la justicia, pero la vida guardaba un largo y escarpado camino por delante en la búsqueda de la pasión que me faltaba. Con tantas miserias humanas mancillando ideales, mi responsabilidad política la ejercí siempre en *petit comité*, porque ¿dónde encontrar las condiciones ideales para que el líder pase sin romperse ni mancharse en la política?

No estaba lista entonces, ni lo estoy ahora. Pero, parafraseando a Harvey, «la gracia divina está lloviendo en este momento sobre nosotros, y debemos saber que lo tenemos todo para llevar a cabo y con éxito la liberación del liderazgo emergente». Aunque como todo gran trabajo, exige un gran coraje y valor.

> «El presente no es el pasado en potencia, es el momento de la elección y la acción.»
>
> SIMONE DE BEAUVOIR

15. POLÍTICA ZEN

MIGUEL AGUADO

Miguel Aguado Arnáez, vallisoletano residente en Madrid, máster in Marketing in Telecommunications por el INSEAD (Francia) y graduado en Masters in Bussiness and Institutional Comunication por The Graduate School of Political Management, Universidad George Washington (USA), es profesor invitado en diversas universidades como la Universidad Autónoma de Madrid y la Universidad Ramon Llull de Barcelona, así como en instituciones y empresas como la Comisión Europea, CIEMAT, Fundación de la SEPI, etc. Ha desempeñado puestos directivos en diversas empresas españolas.

Político en activo como diputado socialista en el Parlamento Regional de Madrid y responsable de medio ambiente de su partido en este entorno, Miguel Aguado trabaja como consultor y divulgador científico, especializado en comunicación y sostenibilidad, y participa de forma habitual en cursos, jornadas, actos y programas de televisión, radio, prensa e Internet. Asimismo, es un usuario activo de redes sociales, siendo el promotor, entre otros *blogs*, del suyo personal: SOCIALISMO ZEN (www.socialismozen.es).

«Hemos de aprender, y hacer comprender a los demás, que la política debe reflejar el deseo de contribuir a la felicidad de la sociedad, y no a defraudarla y violentarla...»
PETRA K. KELLY (política alemana ecopacifista)

EL FONDO

Espiritualidad y política: ¿seguro que hablamos de lo mismo?

Desde hace años, los mismos que llevo en política activa (¿es posible estar en política "inactiva"?), suelo responder con frecuencia a una pregunta: ¿se puede ser político y budista a la vez? Yo inicio la respuesta con una afirmación: «Igual que cristiano y político». Es decir: desde una visión espiritual o humanística de la vida, parece a los ojos de mucha gente que las formas actuales de hacer política son contrarias a unos valores de honradez, compasión, ética, apuesta por la verdad y un largo etcétera. Cuando trato de explicar mi confianza en que no sólo se puede, sino que se debe, muchos me dicen sentenciando: ¡ya te darás cuenta de tu error! Y en ello estoy.

Vivimos en unos tiempos en los que coloquialmente se considera que aquel que muestra en su lenguaje términos económicos, complejos datos y referencias "técnicas" es una persona cercana a la realidad. Nos habla de lo posible, de lo real y en cierta forma nos hablan en masculino. Mientras que aquel que habla de sentimientos, de ideales y de valores es un idealista o utópico, simpático, pero ajeno a la realidad. Tiene un enfoque muy femenino de la sociedad. En política esto se aprecia de forma muy evidente. Por eso hay en puestos relevantes en política, en general, más hombres que mujeres, más economistas que filósofos, más discusión que consenso... Sin embargo, la realidad es muy distinta.

Como afirmó su santidad el Dalai Lama: «Tanto si uno cree o no en la religión, no hay nadie que no aprecie la bondad y la compasión». Esto es extensible a una escala de valores claramente marcada en las personas: la verdad frente a la mentira, el diálogo frente a la discusión, la tranquilidad frente al conflicto; en definitiva, todos, incluso los animales, buscamos valores identificables con la felicidad, frente a los identificados con la infelicidad. El axioma «Nadie quiere ser infeliz» es aceptado por todos, pero nos parece que es algo individual; cuando hablamos de grupo, de sociedad, de la gestión y mejora de ésta, es decir, de la política, ponemos en valor aspectos contrarios.

Fijarnos en el Zen como una de las corrientes orientales del budismo más conocida nos podría servir para poder entender la unión que debería tener la política, la vida y la espiritualidad. El Zen no es una religión. Podríamos definirlo como una sabiduría, una manera de relacionarse con todas las cosas de tal forma que se busca siempre la justa medida, la superación de los dualismos y la sintonía con el Todo.

Lo primero que se plantea desde el Zen es destronar al ser humano de su creencia de estar ubicado en el centro de todo, especialmente del yo, núcleo básico del individualismo occidental y poco adecuado en la gestión de lo colectivo o social. Nos plantea que no estamos separados de la naturaleza, somos parte del todo. Enseguida vemos que hay razones más altas, más "elevadas" que la razón convencional. En política, hablamos de principios y valores, cuestiones más elevadas igualmente que las cuestiones individuales. Desde ambas visiones se niega a tratar la realidad con conceptos y fórmulas. El Zen se concentra con la mayor atención posible en la experiencia directa de la realidad tal como la encuentra.

Tradicionalmente, se define el Zen como «las cosas cotidianas; cuando tienes hambre, comes; cuando tienes sueño, duermes», algo que parecería que hacen todos los seres humanos, pero la realidad es que «los seres humanos normales cuando comen piensan en otra cosa; cuando duermen, no pegan ojo porque están llenos de preocupaciones». Ya lo dijo la mística cristiana santa Teresa: «Cuando gallinas, gallinas; cuando ayuno, ayuno». Ésta es la actitud Zen. Empieza por hacer con la máxima atención las cosas más cotidianas. Entonces ya no hay dualidad: estás todo tú en todo lo que haces. Nos centramos en el fondo, en la verdad, en la esencia y no nos debemos distraer en representaciones o en dobles usos de las palabras. ¿Se diferencia mucho esto de la visión real que todos queremos de la política? Pienso que nada.

Leonardo Boff afirma: «Esta actitud le ha faltado al Occidente globalizado. Estamos siempre imponiendo nuestra lógica a la lógica de las cosas. Queremos dominar. Y llega un momento en que ellas se rebelan, como estamos constatando actualmente. Si queremos que la naturaleza nos sea útil, debemos obedecerla. No dejaremos de producir y de hacer ciencia, pero lo haremos con la máxima conciencia y en sintonía con el ritmo de la naturaleza. Es otra forma de vivir que puede enriquecer nuestra cultura en crisis».

El fondo de las ideas

Muchos años antes de hacerse famoso en todo el mundo como gurú de la comunicación progresista con sus libros *No pienses en un elefante* y *Puntos de reflexión*, el norteamericano George Lakoff coescribió un libro prácticamente desconocido, entre la lingüística y la filosofía, titulado *Metáforas de la vida cotidiana*, que la Universidad de Chicago publicó allá por 1980. El entonces treintañero Lakoff elaboró con el filósofo Mark Johnson una tesis provocadora: que las metáforas condicionan de manera decisiva e invisible nuestra forma de percibir la realidad, de pensar y de actuar. Si el lenguaje nunca es neutro, las metáforas son el elemento más tendencioso de todos.

Lakoff y Johnson ponen un ejemplo ingenioso para demostrar hasta qué punto nos dominan las metáforas. Para nuestra cultura, discutir es combatir. En castellano, como en muchos otros idiomas, aceptamos sin rechistar la metáfora «Una discusión es una guerra», y la reforzamos mediante un vocabulario belicista y una lógica de confrontación, en la que un interlocutor ataca los puntos débiles del otro, se tira con bala si se dispone del suficiente arsenal dialéctico y se atacan los argumentos del contrario, que puede atrincherarse en sus posiciones, defender su territorio o contraatacar de forma combativa, hasta que uno se impone y gana la discusión. Imaginemos lo distinto que sería discutir si perteneciéramos a una cultura donde rigiera la metáfora «Una discusión es un baile». Los interlocutores tendrían que colaborar entre sí y marchar al compás, y primaría la armonía sobre la victoria, el ritmo sobre la refutación, el goce estético sobre el dialéctico.

En una sociedad avanzada y acomodada como la nuestra, solemos dar por supuesto que nuestra calidad de vida viene determinada por nuestro bienestar material. Sí, aceptamos que la salud y el amor también importan, pero solemos asumir que para sentirnos satisfechos lo decisivo son el dinero y las cosas materiales que podemos comprar con él. Ya lo dijo Homer Simpson: «¡Bart, con 10.000$ seremos millonarios! Podremos comprar todo tipo de cosas útiles, como... ¡Amor!». La evidencia de que muchísima gente es feliz aun viviendo en sociedades pobres e incluso míseras no consigue poner en cuestión nuestra metáfora cultural de «Más dinero es mejor». Bueno, esto está cambiando. La consabida crisis económica, y sobre todo de valores, está obligando a revisar este punto de vista. Es obvio que muchos occidentales, y sobre todo muchos europeos, están matizando su materialismo y evolucionando hacia un postmaterialismo que les hace medir su bienestar en términos no exclusivamente económicos. En esa línea, siempre he pensado que si como personas nuestra aspiración máxima es ser felices, como sociedad nuestro anhelo colectivo ha de ser procurarnos (o rozar) esa felicidad. En tal caso, es evidente que el deber de los políticos es intentar que la gente sea feliz, más feliz o en el peor de los casos menos infeliz. ¿Suena ingenuo?, pienso, como Petra K. Kelly, que se debe estar en política por creer en ello y tratar de lograrlo. Aquí encuentro un claro punto de fusión entre política y espiritualidad: trabajar para la felicidad de los demás; o como me dijo un muy alto oficial de la Guardia Civil: «Aguado, la Guardia Civil y los políticos tenemos un objetivo en común: trabajar por los demás». Era el reflejo del lado espiritual de la Guardia Civil, que igualmente lo tiene.

Cada vez son más los que opinamos que el indicador PIB como elemento del nivel de una sociedad no es un indicador válido. Las primeras referencias eran hasta no hace mucho el estado de Bután, un país que comenzó a valorar de forma seria y técnica el medir con otro indicador "el índice de felicidad". Medir la evolución y progreso de su país con indicadores ligados, además de al desarrollo económico, con aspectos educativos, de salud, de sostenibilidad ambiental, de respeto y cuidado de los más débiles y un largo etcétera. Sonaba bien y además algo exótico ubicado en un pequeño país budista. Un país que no aceptaba la metáfora «El bienestar es prosperidad material» y propuso como alternativa «El bienestar es felicidad». Pareció más serio cuando el gobierno británico de Tony Blair, el cual hizo muchas cosas buenas, aunque todas ellas tiradas por la borda con su participación a la guerra de Irak, comenzó a estudiar la incorporación de este tipo de criterios en la valoración de su país. Hoy muchos más estados lo están valorando, España entre ellos, e incluso la conservadora Unión Europea acaba de publicar un informe bien sustentado en este sentido.

Hoy podemos ver de forma clara con nuevos datos que la situación de un país debe medirse con nuevas miras. Recientemente, se ha ofrecido un dato revelador y digno de un buen debate: la economía china es ya la segunda del mundo, sólo por detrás de Estados Unidos, modificando un podio en vigor desde 1968. China ha superado a Japón. No obstante, en términos de PIB per cápita, se expresa otra realidad bien diferente: según el Fondo Monetario Internacional (FMI), el de China ascendió a 4.283 dólares en 2010, ocupando la posición 95 en el *ranking* mundial, frente a los 42.325 dólares de Japón, diez veces superior al de China. Es un hito para China, pero distorsionante en extremo. China ha superado a Japón en algo más de 400 millones de dólares en valor bruto del PIB.

Las cifras: el PIB chino es de 4,4 billones de dólares de valor bruto frente al japonés de 4 billones. Parece claro: China supera a Japón. Al tiempo, la renta per cápita de un japonés es ¡diez veces superior a un chino! La población china a su vez es 10 veces superior numéricamente a la japonesa. Un país es más rico que otro, pero sus ciudadanos son 10 veces más pobres.

Es un buen ejemplo para valorar. Si además incluimos otros valores como la libertad, la democracia, el respeto a los derechos humanos y un largo etcétera, preferiría ser japonés antes que chino; aunque la verdad es que me gusta más aún ser español y europeo.

Debemos valorar la situación de una sociedad con otros ojos, con otros valores que los meramente economicistas. Porque cambiar una sociedad a un modelo más socialdemócrata donde las personas son, no podría ser de otra manera, el eje central exige medir y valorar de otra manera. Tenemos que introducir como valor la política, el corazón, en la hoja de cálculo.

No debemos temer hablar de la concepción de la política como una mezcla de ternura y subversión, o rechazo de lo inmóvil. La nueva política debe dirigirse hacia un caminar por la vía suave. Se necesita inexcusablemente solidaridad, paciencia, cooperación, diálogo, ponerse en el lugar del otro, ternura y tolerancia, con el fin de que coincidan los medios y los fines. Si reprochamos a los "políticos tradicionales" su falta de sensibilidad, su incapacidad de convivir con lo inescrutable, con lo trascendente, se debe ser capaces de demostrar que la sociedad sí es sensible, que debemos aspirar a la ternura, al amor, al afecto y la tolerancia, medios y fines de una política con mayúsculas.

Por otra parte, y por alguna extraña razón, el pesimismo y la negatividad tienen un prestigio desmesurado en nuestra sociedad. Se dice a menudo que un pesimista es un optimista bien informado. La actitud descreída, cínica o agorera tiene un plus de credibilidad, y parece que es un signo de agudeza o de superioridad intelectual dar por sentado que las cosas van a ir mal, que las cosas están yendo mal y que, como dijo Jorge Manrique, cualquier tiempo pasado fue mejor. Pues no. Yo estoy firmemente convencido de todo lo contrario. La confianza aporta más que el miedo. Ser positivo te mueve más a la acción que ser fatalista. Y por cierto: cualquier tiempo pasado fue peor. Nunca tuvimos una sociedad más cohesionada, más informada, más justa, más dinámica, más rica, más integrada ni más equitativa que ahora. Nunca tuvimos mayor conciencia ni mejor disposición para afrontar nuestros retos medioambientales, los derechos de las minorías, la protección de los socialmente desprotegidos. Y todo eso no ha logrado con pesimismo.

¿Quién decide aplicar las ideas?

Si las ideas y los valores son vitales en nuestra sociedad, y no entenderíamos una acción política sin éstos, ¿por qué no otorgamos la misma importancia a las personas que las deben llevar a cabo?

Quizás podríamos definir que, cuando la política se aleja de los valores humanos o espirituales, ésta se vuelve más inútil y más lejana y las personas se alejan de la misma. Por el contrario, si nos fijamos en los grandes líderes que han marcado grandes logros en nuestra sociedad: desde Gandhi, Martin Luther King, John F. Kennedy hasta Vicente Ferrer, a todos les recordamos por sus discursos, sus afectos, sus palabras y la consecuencia de sus acciones; no por su técnica presupuestaria, su innovación en la técnica jurídica o similares. Pensaron, hablaron y actuaron con el corazón. Hicieron POLÍTICA, que no gestión de lo posible.

Sin llegar al extremo que nos plantea de nuevo Homer Simpson cuando ante el comentario de «Hay muchas personas que no tienen escrúpulos» él afirma: «Sí, se les llama congresistas», deberíamos considerar y preguntarnos si las personas que deciden, eligen, tomas decisiones y priorizan el gasto público, en general, responden al interés general o quizás al particular suyo o a un interés específico: grandes corporaciones, *lobbies*, etc. De todo un poco hay, la verdad.

Para ayudarnos a entender algunas cosas, nos encontramos en Europa con un dato significativo: en la mayoría de los parlamentos regionales, nacionales o el propio europeo, tres de cada cuatro parlamentarios tienen un origen laboral público, excepto en los países anglosajones que se reduce hasta la mitad. Serían aquellas personas que vivían de lo público y seguirán viviendo del mismo. Esto no sería malo de por sí. Pero su inclinación por la determinación de las prioridades y las líneas no son un fiel reflejo de la sociedad. Un mayor equilibrio entre la procedencia sería más adecuado. Si miramos más en detalle, podemos ver que, de aquellos que tienen un origen laboral privado, en su inmensa mayoría son abogados. Es decir, profesionales liberales que igualmente lidian todos los días con normativas y procedimientos públicos y que el paso por la política les aporta, razonablemente, bagaje, conocimiento y experiencia. Podríamos decir de forma clara que no todo el mundo puede pasar por la política: democráticamente, sí; pero realmente hay grandes dificultades para muchos colectivos como son los autónomos, comerciantes, emprendedores, asalariados de medianas compañías, etc.

En línea con la opinión de Daniel Innerarity, catedrático de Filosofía Política, debemos considerar y tener claro que gobernar no es imponer las propias ideas a la sociedad que se controla, sino articular lo que esa sociedad quiere. Ya no hacen falta líderes clarividentes que nos dirijan, porque no existe un único centro de decisiones que necesite un hombre providencial. La democracia es el modo más eficaz de una forma de gobierno porque en ella se acaba componiendo una sociedad colectivamente más inteligente que cualquiera de sus miembros.

Este debería ser el reto: avanzar en la democracia para que la opinión de más personas influya más en la toma de decisiones, eso se llama democracia participativa, y, entre otras cosas, la mayor cultura democrática y las redes sociales nos permiten avanzar y mucho en ello, así como potenciar y poner en valor a aquellos que trasladan ideas, valores, sentimientos frente a los que nos dicen «Esto es lo único que se puede hacer, es lo posible». Y, finalmente, deberíamos avanzar en sistemas de control más eficaces para que prevalezca la política del interés general frente al "uso" de la política para el interés particular. En definitiva, hacer valer el axioma: los problemas de la democracia se arreglan con más democracia.

LA FORMA

El viaje de ida y vuelta
de Europa a Estados Unidos

En plena campaña de las presidenciales norteamericanas, en un simposio en la Universidad de Nueva York sobre «La neurociencia de las elecciones y la toma de decisiones», Jost y Amodio concluyeron que el candidato derechista McCain podía ganar votos «difuminando o estirando la verdad», en tanto que el demócrata Obama halagaría a los suyos «haciendo afirmaciones documentadas y equilibradas». Alguien del auditorio objetó que parecía un análisis prodemócrata, algo que sus autores aceptaron con una lógica aplastante: claro, los científicos tendemos a ser progresistas a causa de nuestra predilección por la verdad, nuestra creatividad y nuestra tolerancia a la falta de certidumbre, vino a decir. La aversión al riesgo o la innovación es un rasgo conservador; saber convivir con la incerteza es un rasgo progresista.

La ciencia apunta claramente hacia ahí. El psicólogo y estratega político Drew Westen explicó en su libro *El cerebro político* que los partidos conservadores activan mejor los circuitos neuronales emocionales de los votantes indecisos, mientras que los progresistas revelan «un compromiso emocional e irracional hacia la racionalidad». El mencionado George Lakoff detecta en su ensayo *La mente política* una propensión mucho mayor (quizá excesiva) de la izquierda a valorar la verdad y la racionalidad. Tenemos que asumir el reto de dirigirnos a la inteligencia de las personas, no a sus miedos.

Si el pesimismo es el refugio de los mediocres, y el miedo la cosecha de los conservadores, en cambio el optimismo es el distintivo de los creadores, y la confianza, su fruto. Los optimistas, los positivos, los constructivos son los que hacen avanzar a la sociedad. Según el psicólogo Àlex Rovira, autor del libro *La buena vida*, en el fondo los pesimistas no sólo son más mezquinos, sino también más vagos. La pereza es el corolario del pesimismo. Escepticismo, desidia e inacción no son fruto de ninguna sofisticación intelectual, sino eslabones de una cadena que lleva de la premisa "Todo está mal" a la conclusión "Yo no haré nada por mejorar las cosas". Seamos ingenuos y pensemos que sí podemos hacer algo.

Este pensamiento dirigido hacia la esencia de los valores surge cada vez con más fuerza en Estados Unidos. La política de las personas corrientes, de corazón a corazón. Hablar de sentimientos, para llegar a las personas.

Lo curioso es que esta visión innovadora en estos momentos, que tiene su origen en la concepción política más arraigada en las raíces europeas, tiene auge en América y se echa en falta en la actual Europa.

Hacia la década de los 80 gran cantidad de expertos en comunicación política viajaron a Estados Unidos para aprender las nuevas estrategias del momento en materia del entonces denominado *marketing* político. Se comenzó a valorar la "forma" de persuadir al ciudadano como si fuese un "cliente" de una gran superficie: la importancia de los colores, los mensajes, la segmentación del "público", los grandes eventos-espectáculo y muchas cosas más. Este nuevo concepto en el que la forma era más importante que el contenido causó furor en la vieja Europa. Era el fin de los candidatos feos, aunque fuesen listos y tuviesen algo que decir. Una sonrisa prevalecía por encima de lo que fuese a decir.

Pasados los años, muchos de esos expertos crearon escuela en Europa. El peso político de los "gestos", los mensajes, las formas era total. El resultado evidente.

Paralelamente, en Estados Unidos la campaña de Obama volvió a dar una vuelta. El mensaje, el susurro al oído, las ideas, las formas coherentes con las ideas dieron su fruto. Incluso, se rebajó el tono de las formas a propósito. No es casualidad que en la principal potencia del mundo, el candidato con mayor presupuesto de la historia tuviese actos con una escenografía tan "cutre" (micrófonos con cable, atriles de madera, escenarios de colegio, etc.) en actos de pocas personas, pero hablando de tú a tú a millones de personas que a su vez tomaron la palabra y organizaron actos por propia iniciativa. Las redes sociales libres fueron una de las principales claves de su éxito. Mientras, en Europa los políticos de todos los colores siguieron organizando mítines de lujo, con grandes medios, las mejores tecnologías y diseños y escenarios propios de un gran concierto de rock rivalizando por "llenar" los actos. Si bien es cierto que usando igualmente las redes sociales, pero claramente de forma unidireccional: del candidato o partido al "comprador-elector". Poco cambio.

La visión de la política con valores como modelo europeo cambió a la mercadotecnia al mirarse en Estados Unidos y, finalmente, deberá volver a la cuna de la democracia tras su paso por América. Curioso viaje de ida y vuelta.

Didáctica frente al **marketing**

Decía Einstein que está bien hacer lo más simples posible las cosas, pero no más allá de eso. Y de eso se trata. No debemos pretender buscar mejores formas de llegar al "cliente-elector", sino mejores formas de convencer, de persuadir, de trasladar ideas y de cambiar la cultura social hacia estadios mejores para todos. Ése es el cambio.

El *marketing*, en general, estudia al individuo para conocer sus costumbres, sus gustos, sus ideas o tendencias y hacerle llegar un producto o un servicio a su gusto.

En ese sentido, mucha de la actual política se hace de esta manera: se hacen estudios de opinión para saber que quiere la población, segmentando por edades y tipologías, luego se adorna con formas atractivas y, finalmente, se les "vende" esas ideas con esas formas como "ofertas" electorales. Una forma simple de vender sobre seguro, pero sin avances. Se trataría de hacer o proponer lo que las personas demandan, sin margen para el error. Surgen así varios problemas. Si los estudios dicen algo contrario a las ideas o valores del político, en el caso de tenerlos, se modifican éstos porque "es lo que la gente quiere". Si los estudios son rigurosos y correctos, todos los partidos ofrecerán lo mismo, sólo que quizás cambiando las formas de presentarlo "hay que diferenciar el producto". La política o la gestión de lo público se ubica en manos de técnicos y de "actores", se dejan las ideas de lado. Esta política de las formas, de la marca y del envoltorio debe estar en franca retirada. La sociedad demanda algo más, sobre todo más sincero.

Por el contrario, la política real, la que emociona, la que cambia la cultura social es aquella que busca la mejor manera de transmitir, de llegar, de convencer y de dialogar sobre ideas y propuestas. Aquí el *marketing* ya no sirve, aquí se necesita como siempre la didáctica.

La didáctica es la mejor forma de convencer con argumentos, reflexiones y participación sobre cambios sociales, vías de mejora y avances. Sólo pueden ser buenos didácticos aquellos que tienen claro lo que quieren y lo que sienten.

Aquellos que tratan de compartir nuevas ideas y nuevos valores. Prevalece el fondo, asegurando las mejores maneras de hacer llegar el mensaje.

Si cuando las mujeres no podían votar la política hubiese sido la del *marketing,* hoy seguirían sin poder votar. Afortunadamente, grandes personas que hablaron con el corazón y buscaron las mejores formas de convencer a la sociedad lo lograron. La mayoría, mujeres. Porque hablar con el corazón se corresponde más con el lado más evolucionado de las personas: el femenino.

PowerPoint frente a Excel

Tenemos ejemplos a nuestro alrededor que nos pueden terminar de ilustrar. Bil Gates nos ofrece uno de forma clara: la diferencia de uso de las herramientas informáticas Excel y PowerPoint. Puede parecer poco política esta reflexión, pero considero que tiene su lógica.

Sin entrar en grandes cuestiones informáticas, podríamos decir que Excel es una hoja de cálculo que a partir de datos que se introducen en ella nos realiza cálculos programados. A partir de ella podemos lograr datos calculados de forma seria, rigurosa y científica. Si los datos introducidos y las fórmulas son correctos, las conclusiones lo serán igualmente.

Políticamente, podríamos identificar la forma clásica de hacer política, la del *marketing* con esta herramienta informática. Se introducen datos, estudios, y de forma automática nos dice qué se puede hacer. La política de lo posible, lo calculado.

Pero como la clave está en los datos y en quién los suministra, muchas veces la operación aritmética es correcta, pero el resultado no sirve. Siempre tenemos la sensación de que para todo hay una estadística, como de nuevo nos recuerda

Homer Simpson: «Oh, la gente puede venir con estadísticas para probar cualquier cosa. El 14% de la gente sabe eso». Así, por poner ejemplos: ninguno de los políticos de "hoja de cálculo Excel" predijo la crisis, ninguno de los técnicos y grandes expertos en la toma de decisiones con Excel y un gran poder de decisión consideró posible que una central nuclear ubicada al nivel del mar en medio de una falla tectónica tuviese problemas con un *tsunami* en el país que inventó esa palabra, y un largo etcétera.

Sin embargo, Gates nos ofrece otra herramienta que tiene más que ver con esa visión nueva y humana de la política: PowerPoint. Una herramienta que sirve para crear presentaciones gráficas con el objetivo de hacer llegar de la forma más visual y creativa posible ideas, propuestas y también datos que nos hagan llegar a reflexiones. De partida, tenemos que tener claro varias cosas para tener éxito con una presentación: hemos de saber qué queremos decir, hemos de conocer a la gente a la que queremos dirigirnos y pensar en cómo llegarles con nuestro mensaje, y sobre todo hemos de tratar de ser eficaces y lograr comunicarnos directamente. No suena mal en clave política.

En la política actual hay más políticos de hoja de Excel que de PowerPoint, más políticos grises y tecnócratas que motivadores y persuasivos. Cambiar esto es cambiar la forma de concebir lo público y lo político.

Un detalle interesante de estas herramientas informáticas es que una hoja de cálculo en Excel puede integrarse en una presentación en PowerPoint, pero no al revés. Por algo será.

Aprender de lo distinto

También dijo Albert Einstein: «En los momentos de crisis, sólo la imaginación es más importante que el conocimiento».

Creo que es una buena reflexión que se puede aplicar en estos momentos de crisis económica y de valores.

En la ciencia, la medicina, la economía y en muchas disciplinas, se usa un criterio muy lineal: lo que sirve para una cosa, sólo sirve para eso. Es, una vez más, una visión lineal y utilitarista. Así se crean analgésicos para quitar el dolor, pero luego descubrimos que tienen otras cualidades, formas de medir la economía que tienen otras aplicaciones en la ecología, por ejemplo.

Ver las cosas en la vida desde distintos ángulos nos permite dos cosas: ver realmente las distintas caras que tiene y nos obliga a ponernos en el lugar de otros. Dos actitudes esenciales en la política. Complementariamente, es bueno, muy bueno, observar los problemas y buscar las soluciones con las "gafas" de otros. Nos dará igualmente varias perspectivas.

Tenemos en estos momentos tendencias muy innovadoras en este sentido. Resaltaré dos:

Una muy interesante en la investigación médica: la hormona del crecimiento (HC). Desde que se conoció se aplicó para su principal función: ayudar a crecer a aquellas personas que tenían un crecimiento limitado y podían utilizarla. Parece simple y correcto. Pero, pasados bastantes años, alguien, el doctor Devesa, en Galicia, se planteó la posibilidad de utilizarla para regenerar conexiones nerviosas. En concreto, su teoría a partir de la decisión de ayudar a su propio hijo que se quedó en coma después de un accidente de tráfico a los veintiún años le llevó con el tiempo a desarrollar una terapia con hormona de crecimiento exógena que, acompañada de fisioterapia y estimulación, tiene la capacidad de generar células madre neurales que pueden transformarse en neuronas y sustituir a las dañadas a nivel cerebral o medular, desempeñando un papel neuroprotector generalizado. De una necesidad, una visión distinta de las cosas y un no dar todo por vencido salió una buena solución. Como a veces debería ser en política.

La otra tendencia sería el modelo económico defendido por Gunter Pauli y que denomina economía azul. Un modelo que, frente a la visión clásica y egocéntrica de la economía, plantea servirse del conocimiento acumulado durante millones de años por la naturaleza para alcanzar cada vez mayores niveles de eficacia, y traducir esta lógica del ecosistema al mundo empresarial. Sugiere Pauli estimulantes posibilidades: desde aplicar la estructura de los termiteros a la arquitectura bioclimática, a teléfonos móviles que se recargan sin batería gracias a la diferencia de temperatura entre el aparato y el cuerpo humano, pasando por la reutilización de los desechos agrícolas. Plantea cien iniciativas empresariales innovadoras que afirma pueden generar cien millones de empleos nuevos en el mundo en los próximos cien años. Sin saberlo Gunter Pauli, o quizás sí, aplica criterios Zen en su concepción y visión del modelo: quita al hombre del centro para mirar las cosas del entorno, y es desde allí, desde lo sencillo, desde donde surgen, ya estaban, las soluciones.

Una política Zen sería, en definitiva, aquella que de forma tranquila, sencilla, con distintas miradas, con valores humanos o espirituales y más femeninos y con capacidad de comunicación pretende buscar la felicidad para todos. Nuevas formas de ver las cosas, nuevos valores; nuevas formas y sobre todo corazón en todo ello. Sencillo y complejo a la vez. Por eso creo firmemente que se puede ser budista, cristiano o simplemente humano y político; es más, no creo que pudiese ser de otra forma.

Gracias.

16. METAPOLÍTICA
Y SUPRAMENTALIDAD

VICENTE MERLO

Vicente Merlo es doctor en Filosofía. Ha vivido varios años en la India, especialmente en el *ashram* de Sri Aurobindo (Pondicherry). Fue socio fundador de la Sociedad de Estudios Índicos y Orientales, así como de la Asociación Transpersonal Española. Ha sido miembro del Consejo Asesor del Parlamento de las Religiones del Mundo (Barcelona, 2004) y actualmente es miembro de la Sociedad Española de Ciencias de las Religiones y profesor asociado de la Universidad Autónoma de Barcelona, así como fundador y profesor del Máster de Historia de las Religiones en la Universidad de Barcelona. Imparte la primera asignatura universitaria de teoría y práctica de la meditación. Merlo es autor de diversos libros, entre los que destacan: *Las enseñanzas de Sri Aurobindo*, *La fascinación de Oriente*, *La llamada (de la) Nueva Era: hacia una espiritualidad mística y esotérica*, *La pasión filosófica: semillas filosóficas de Oriente y de Occidente*.

Aquellos que estamos convencidos de estar viviendo en un momento planetario crítico, en un período crucial para el futuro de la humanidad, en la juntura entre el final de un gran ciclo −no sólo una era de 2.100 años, tránsito de la Era de

Piscis a la Era de Acuario, ni siquiera de 5.125 años (trece *baktunes* del calendario maya), sino quizás del gran ciclo zodiacal de 25.920 años– y el comienzo de otro, pensamos que es preciso replantear no sólo la cuestión de la relación entre espiritualidad y política, sino también la naturaleza y el sentido de cada una de esas dos dimensiones del ser humano.

Aquellos que estamos convencidos de que el final de este ciclo ha de ser interpretado como el acabamiento del *kali-yuga*, la edad oscura, en terminología hindú, y el amanecer de una nueva era, una era de luz, era del alma, era del Espíritu, no podemos dejar de ser profundamente optimistas respecto a nuestro futuro.

Optimismo no quiere decir ingenuidad, ni voluntarismo ciego; quiere decir que tenemos fe anímica, profunda, en la bondad esencial de la naturaleza humana y de la realidad toda, así como en el adecuado desarrollo de la humanidad y de la conciencia planetaria. Eso no evita el realismo necesario, antes al contrario, lo supone, para ser conscientes de los riesgos que nos acechan, de las desviaciones que hay que corregir, de las fuerzas que se oponen egoístamente a que el cambio necesario sea lo menos traumático posible.

Todo final de ciclo es un tiempo de síntesis. Síntesis personal para saldar las cuentas kármicas acumuladas y para terminar de aprender las lecciones de vida propuestas para dicho ciclo, síntesis colectiva para limpiar nuestro pasado, aligerar la carga que llevamos a cuestas, producto de nuestros errores, nuestras ambiciones, nuestros odios, nuestras cegueras, nuestros apegos, para poder pasar a otra "historia"; una historia no ya de tribus, ni de países, ni de Estados egoístamente soberanos, ni de comunidades continentales o civilizaciones en pugna, sino la historia de "la humanidad", una historia planetaria, la historia de Gaia, nuestro planeta, consciente, auto-consciente, sujeto principal de su propia historia.

Unidad pues, sin excluir la diversidad, es una de las claves de nuestro tiempo. Unidad que nos permita reconectar todas las redes neuronales que llevan a cabo la unión de los dos hemisferios y que la Red de la Noosfera se siga manifestando en múltiples redes de luz, unas de cable óptico, otras de pensamientos luminosos que re-construyen el cerebro global, instrumento de expresión de la Conciencia planetaria de la que formamos parte, cual células (conscientes ya) de un solo Organismo, hologramas del Holograma inteligente o la Inteligencia holográfica que guía a nuestro cuerpo planetario, Gaia, en su viaje, en su peregrinar, en su nuevo parto para dar a luz a una nueva humanidad.

¿QUÉ ESPIRITUALIDAD NECESITAMOS?

La historia de la humanidad en los últimos cinco mil años que más o menos conocemos ha sido, en buena medida, la historia de las religiones. Religiones institucionalizadas que con mucha frecuencia han formado alianzas con el poder político. Lo conocemos en la historia de la cristiandad no menos que en el desarrollo del islam o el hinduismo, por recordar tres de las grandes tradiciones religiosas. Y desde la perspectiva actual, al menos para muchos de nosotros, la historia de las religiones ha sido un claroscuro, una peligrosa mezcla de luces y sombras, de apoyos para el desarrollo de la humanidad y de obstáculos al mismo. Corrupción, violencia, muerte, no han faltado en tal historia. Generalmente, fruto del dogmatismo y del fanatismo que se han hallado en el origen de muchas guerras, de demasiado sufrimiento, a través del cual la humanidad ha ido aprendiendo que la corrupción de lo mejor puede convertirse en lo peor.

Actualmente, en muchas ocasiones, el resurgir de la fuerza de las religiones institucionalizadas, ha sido un reforzar tendencias reaccionarias que perpetúan hábitos y costumbres del pasado ya trascendido, hábitos de dogmatismo y exclusivismo, de fanatismo, odio y violencia, de miedo y falta de libertad, de control y manipulación.

Por ello se ha ido imponiendo una distinción entre religiones y espiritualidad. A nadie se le oculta que en cada una de las religiones fuertemente institucionalizadas hay personas, grupos y corrientes luminosas que luchan pacíficamente, desde dentro de cada una de ellas, para evitar que el dogmatismo, el fanatismo y la corrupción reinen. Quienes defendemos una concepción de la realidad, de la historia y del ser humano en la cual la dimensión espiritual desempeña un papel central, como eje del desarrollo humano, no podemos olvidar que el corazón puro de las religiones ha sido el latido más vivo de nuestra historia, el hilo dorado que nos ha mantenido unidos a nuestra esencia. Sin embargo, parece que las múltiples desviaciones producidas invitan a que en la actualidad realicemos una distinción entre las religiones fuertemente institucionalizadas y la espiritualidad.

Una espiritualidad planetaria, que se quiere mística y esotérica, sin por ello rechazar la dimensión mítica y ritual, una vez hemos comprendido el sentido profundo de ambas expresiones, tan centrales en el pasado de las religiones. "Mística" porque participa de una dimensión experiencial, en la que la experiencia mística, la experiencia de lo sagrado, de lo numinoso, de lo trascendente, se convierte en una base necesaria para mantener viva la llama del espíritu. "Esotérica" (quiero seguir empleando este término a pesar de la mala prensa que ha llegado a tener y de los usos y abusos cometidos contra el mismo) porque integra saberes y capacidades que antes habían quedado reservados para unos pocos y con el nuevo despertar vuelven a estar a disposición de un número mucho mayor de personas que no ven necesidad de separar el sentimiento religioso de las técnicas psicoespirituales que permiten la participación creativa en la permanente re-creación de nuestra realidad.

Una espiritualidad creativa y gozosa, que sin renunciar a todas las enseñanzas del pasado, no está dispuesta ya a perpetuar sus dogmas y estrecheces, sus limitaciones y sus imposiciones. Una espiritualidad libre (de otro modo, no es espiritualidad), alejada del autoritarismo, sin que por ello rechace la existencia de genuinas autoridades. Una espiritualidad que reconozca la igualdad esencial de los géneros y supere el patriarcalismo androcéntrico tan arraigado en casi todas las religiones, sin por ello militar en "ismos" parciales. Una espiritualidad "ecológica", ojalá ecosófica, que reverencie a la Madre Tierra como cuerpo propio en el que habitamos y restaure la salud de la naturaleza, con un sentimiento de reverencia y de amor materno-filial, de cuidado y de responsabilidad, consciente de que somos "carne" y parte de ese "cuerpo" único que nos engloba y nos da casa y cobijo.

Una espiritualidad que nos abra las puertas del cielo y nos permite residir en él, pero no para subir y quedarnos allá arriba (de estados de conciencia estamos hablando, obviamente) alejados de los problemas de la tierra, sino que afine las herramientas para hacer que el cielo descienda a la tierra, que el gozo espontáneo de nuestra naturaleza espiritual profunda bañe las vidas cotidianas, reduciendo, si no erradicando, el sufrimiento tan punzante y lacerante en nuestra historia. Que el arquetipo de la pasión, crucifixión y muerte deje paso al arquetipo de la resurrección y la ascensión. Que el arquetipo de la humanidad sufriente, del sufrimiento omnipresente (*sarvam dukkham*) deje paso al arquetipo del gozo compartido. Que el arquetipo de la sacralización de la guerra deje paso al arquetipo de la entrega y el abandono confiado, desarmado y no-violento que debería caracterizar al espíritu verdaderamente religioso.

Una espiritualidad, por tanto, transreligiosa, que no renuncie al rico pasado religioso, pero que no quede encerrada en parroquia ni en templo exclusivista alguno, por muchas joyas que haya en su interior, por cómodos que sean sus bancos. Trans-religiosa porque asume e integra las aportaciones de las diversas tradiciones religiosas, que se ven ya como hermosas flores de un ramo único que está creándose, mientras se eliminan las espinas que tanta sangre han producido, no siempre por error, pero siempre con horror. Una espiritualidad comprometida social y políticamente, una espiritualidad solidaria y compasiva en la que la bondad amorosa ha descartado todo egoísmo desgarrador y toda violencia conquistadora. Una espiritualidad comprometida políticamente, sí, pero ¿qué política queremos?

La política y el arquetipo del poder: armonía a través del conflicto

Si podemos decir que la espiritualidad es el arte de establecer contacto con nuestra naturaleza más profunda, de sintonizar con la música del alma, de sincronizarnos con los ritmos de la naturaleza y del espíritu, de comunicarnos con lo Sagrado, de trascender el ego y descubrir que no es nuestra identidad última, sino un instrumento para la expresión del Misterio a través de nosotros, quizás podríamos decir que la política es el arte de organizar la vida pública, de pautar la convivencia en la *polis*, en el espacio social que compartimos, pues vivir es vivir-con, con-vivir, compartir con otros nuestra existencia. Y esta organización –por lo que vemos a lo largo de nuestra historia– ha mostrado no ser nada fácil. Nada fácil porque si la espiritualidad se relaciona especialmente con los arquetipos del amor y la luz, podría decirse que la política tiene que ver, ante todo, con los arquetipos del conflicto y del poder. Y se ha mostrado que resulta difícil lidiar con ellos.

Cuando Platón, en una de sus obras maestras, *La república*, lleva a cabo una reconstrucción imaginaria de los orígenes de la sociedad, narra como pronto se pasa de las necesidades que hay que satisfacer a los deseos y caprichos que se quieren cumplir, y pronto se desatan las ambiciones, los odios y los conflictos. Sean cuales sean los orígenes reales de las sociedades, lo cierto es que la convivencia social no es nada fácil y hay que organizarla, estableciendo algún tipo de autoridad (autocrática o democrática) que a su vez posea el "poder" de hacer cumplir las leyes y si es preciso sancionar las transgresiones. Cuando las cuestiones económicas y sociales se complican, hace falta gestionar el poder político para armonizar los intereses individuales con los intereses colectivos.

La modernidad dio un paso en falso cuando Maquiavelo invitó a liberar la política de sus compromisos no sólo religiosos y metafísicos, sino también éticos. No hay "razones de Estado" que justifiquen las acciones moralmente condenables, no hay fines que justifiquen unos medios reprobables. La acción política, los actos de gobierno han de estar subordinados, si no a un marco metafísico-religioso, sí al menos a una moral mínima compartible por quienes están afectados por tales acciones. La "política real" no puede olvidarse completamente de la "política ideal" como ideal regulativo que dirige nuestro horizonte convivencial.

Tenemos suficientes ejemplos históricos recientes como para no exclamar rápidamente que una política ética es imposible, incluso una política que no ha perdido de vista su horizonte espiritual. Entre los muchos casos que podrían mencionarse, basten los de Mahatma Gandhi, Martin Luther King y Nelson Mandela. Y es que la libertad, de los individuos y de los países, es una cuestión tanto espiritual como política. Y los medios no-violentos para lograr los fines que nos proponemos son una cuestión tanto política como ética y espiritual. Pero no vamos a recordar aquí el quehacer político de éstas ni de otras grandes figuras del siglo xx. Son suficientemente conocidos. Quisiéramos, aprovechando nuestra mirada a la India a través de Gandhi, evocar como hilo conductor de nuestra reflexión la trayectoria de otro indio coetáneo del Mahatma. Me refiero a Aurobindo Ghose.

Lo metapolítico y la transpolítica

Esa relación no-dual entre política y religión (o más bien, hoy, espiritualidad) que hemos insinuado antes fue tematizada de manera original por Raimon Panikkar en la noción de "lo metapolítico", entendiendo por esto esa dimensión constitutiva del ser humano en la que ambos aspectos están unidos, o como él gustaba afirmar: «Lo metapolítico es la presencia en lo político mismo de algo que lo supera sin por ello negarlo". Podría decirse que es la aplicación al campo de la política de algunas de sus nociones centrales como la tempiternidad y la secularidad sagrada. La tempiternidad es el cruce de lo temporal (lo político) y lo eterno (lo espiritual); la secularidad sagrada es el tomarse tan en serio como si fuera sagrado todo lo relativo al tiempo, a la historia, al siglo (secularidad).

En realidad, es un intento de aplicar la concepción a-dualista, advaita, no-dual, al problema de la existencia, especialmente a la relación entre política y religión. Ni son dos (esferas totalmente independientes, autónomas), ni son una (colapsando y reduciéndose la política a religión, o subordinando aquélla totalmente a ésta, como en el cesaropapismo y las teocracias; o bien reduciendo todo el ser humano a animal político, negando toda dimensión religiosa, espiritual o relegando ésta al campo de lo estrictamente privado, sin incidencia alguna en lo público, como en la hiperpolitización, por ejemplo en algunas versiones del marxismo).

No se trata de una espiritualidad o religiosidad que niega valor al mundo y a la política y se encierra en el vuelo hacia lo Uno, en la vida contemplativa, en la meditación o la oración en el monasterio o el *ashram*, ni de una politización totalmente ajena a la dimensión religiosa del ser humano, libre de lo espiritual y hasta de lo ético, como en Maquiavelo o Hobbes. Se trata de participar políticamente en los asuntos de la cosa pública y al mismo tiempo tomarse en serio la dimensión espiritual de la existencia. Vemos esto no sólo en Gandhi, Luther King y Mandela, sino también actualmente en el Dalai Lama o Thich Nath Hanh desde un compromiso budista, así como en los teólogos de la liberación en Latinoamérica, desde Ignacio Ellacuría a Leonardo Boff o Gustavo Gutiérrez y tantos otros.

DEL COMPROMISO METAPOLÍTICO A LA ACCIÓN SUPRAMENTAL: LA FIGURA DE SRI AUROBINDO

En la figura de Aurobindo Ghose (1872-1950) hallamos una particular relación entre la espiritualidad y la política que quisiéramos recoger aquí para plantear aspectos quizás menos tratados de este binomio. El joven Aurobindo Ghose comenzó diseñando su rostro poético para pasar pronto a forjar su dimensión política (ambas cosas mientras se hallaba estudiando en Inglaterra, a finales del siglo xix, enviado por su padre para que no se viera influido por ninguna religiosidad supersticiosa, ni hindú ni cristiana). Al volver a su país natal, la India, agudiza su conciencia de la injusticia política que el Reino Unido está cometiendo allí y asistimos a un intenso período revolucionario que podemos situar entre 1902 y 1910. Líder del partido nacionalista radical, articulista y conferencista de encendidos discursos políticos, abogando por la liberación india del yugo británico, sin las concesiones y medias tintas que criticaba en el Partido del Congreso, en el que militaban tanto Gandhi como J. Nehru, termina siendo encarcelado durante un año en la prisión de Alipore, acusado de "alta traición", tras haber sido declarado el hombre más peligroso para el Imperio británico en la India. Efectivamente, en mayo de 1908 es arrestado y encarcelado. Hacía sólo medio año (a finales de 1907), ya con treinta y cinco años, que había descubierto la espiritualidad y había gozado de sus primeras experiencias con el yoga y la meditación. Primeras, pero decisivas, pues en tan sólo tres días de intensa meditación, guiado por un yogui, Vishnu Baskar Lelé, tuvo la experiencia, la realización directa y estable, de lo que en la tradición hindú se denomina *nirguna brahman*, el Absoluto más allá de toda caracterización particular, una experiencia que denominó también la experiencia del nirvana (término que suele asociarse con el budismo, pero que es utilizado también en el hinduismo). Años después lo narró así: «Alcanzar el nirvana fue el primer resultado radical de mi propio yoga. Fui proyectado de repente en una condición por encima del pensamiento, limpia de cualquier movimiento mental o vital [...]. Lo que aportaba era una paz inexpresable, un estupendo silencio, un infinito de liberación y libertad».

El año que estuvo en prisión comenzó la unión de política y espiritualidad. Sólo después de sus propias experiencias espirituales se interesó en serio por la espiritualidad hindú y comenzó a leer los textos sagrados de su tradición, especialmente los *Vedas*, las *Upanishads* y la *Bhagavad Gîtâ*. Al mismo tiempo, se fueron sucediendo nuevas experiencias yóguicas, espirituales, que le llevaron a una concepción más integral del yoga y del *vedanta*, llegando posteriormente a elaborar toda una filosofía que denominaría *pûrna advaita*, un *vedanta* que se concebía como "no-dualismo integral".

Al salir de prisión, en mayo de 1909 funda dos revistas semanales, *Karmayogin*, por una parte, y *Dharma*, por otra. Sus nombres son bien representativos. *Karma-yogin* hace referencia al *karma-yoga*, el yoga de la acción, que tanto en el caso de Gandhi como en el de Sri Aurobindo implica también "acción política". El karma-yogui representa esa unión de espiritualidad (yoga) y acción política (karma), ejemplarmente encarnada por Gandhi. Recordemos su afirmación de que no era un santo que hacía política ("santo" lo consideraban buena parte de sus conciudadanos, un alma grande, de corazón magnánimo –*mahâtma*–), sino un político que aspiraba a convertirse en "santo".

Dharma, por su parte, es un concepto polisémico, muy rico, central en las tradiciones indias, tanto en el hinduismo como en el budismo. *Dharma* es el orden cósmico-ético que rige nuestras vidas, pero es también el "deber" que cada uno tiene que cumplir con la "función" o la "misión" que le es propia en la existencia, según su naturaleza más profunda (*svavâbha*). En ocasiones, ha sido también el término que se ha empleado para traducir la noción occidental de "religión", como cuando el hinduismo habla de su tradición como siendo *sanâtana dharma* y se traduce como "la religión eterna".

No obstante, en 1910, Sri Aurobindo decide abandonar la política activa, directa, visible en parte por el acoso al que se veía sometido por los ingleses, y se traslada a Pondicherry (al sureste de la India, cerca de Madrás/Chennai), protectorado francés que le permitiría dedicarse a una nueva vida, atendiendo a la llamada que cada vez había ido sintiendo con más fuerza, una vida yóguica-espiritual.

Muchos de sus compatriotas no entendieron que "el profeta del nacionalismo indio", como se le ha llamado, abandonara la política y se retirara a una vida interior, aparentemente ajena a la grave situación política de su país, por el que tan encarnizadamente había luchado y cuya exigencia de libertad había proclamado. En más de una ocasión explicó sus razones para tal cambio. Escuchemos sus propias palabras: «La India posee en su pasado, un poco oxidada y fuera de uso, la llave del progreso de la humanidad. Es hacia ese lado hacia donde ahora dirijo mis energías, más bien que hacia una mediocre política. Ésta es la razón de mi retiro. Yo creo en la necesidad de *tapasya* (una vida de meditación y concentración) en silencio, para la educación y el autoconocimiento y para la liberación de energías espirituales. Nuestros antepasados utilizaban estos medios bajo diferentes formas, porque es lo mejor para llegar a ser un trabajador eficiente en las grandes horas del mundo».

A partir de entonces, 1910, y hasta su muerte en 1950, tiene lugar una profunda transformación y Aurobindo Ghose, el poeta y político, se convierte en Sri Aurobindo, pensador, yogui, místico y maestro espiritual. Como pensador, escribe multitud de libros, entre ellos *La vida divina*, aclamada como una de las obras más importantes del siglo XX. Como yogui y místico bucea en las profundidades de su ser y de la realidad toda y narra sus experiencias en *Síntesis del yoga*, *Cartas sobre el yoga* y, muy especialmente, en su síntesis personal entre poesía, filosofía y mística, en su magno poema *Savitri*. Como maestro espiritual, a su alrededor se va formando espontáneamente un *ashram*, una comunidad para la práctica del yoga, en el que no faltan algunos de sus antiguos compañeros de lucha política (entre ellos, Nolini Kanta Gupta) y otros buscadores que van reconociendo la altura de su realización espiritual.

¿Quiere decir esto que Sri Aurobindo se olvidó por completo de la política para dedicarse a la vida contemplativa, una vez más según los antiguos esquemas religiosos de huida del mundo? No. Rotundamente no. Y esto es lo que quisiéramos explicar para mostrar la verdadera interdependencia de la espiritualidad y la política, tal como la vivió Sri Aurobindo.

Es cierto que el sabio de Pondicherry nunca volvió a la política directa, a pesar de las peticiones y las tentadoras ofertas recibidas durante esos cuarenta años. Es cierto que sus obras más conocidas tienen que ver con la exposición de una profunda y compleja cosmovisión que no ha dejado de influir hasta nuestros días, con la filosofía, el yoga y la espiritualidad, una "espiritualidad integral" que no ignora ni el cuerpo ni la política, cuestiones ambas descuidadas en buena parte de la espiritualidad tradicional.

Ahora bien no sólo su preocupación por los acontecimientos políticos, tanto en su país como en el resto del mundo, sino también su "acción supramental" sobre dichos acontecimientos, desempeñan un papel central en su vida y su obra. Como pensador, Sri Aurobindo dedicó varias obras a cuestiones históricas, sociales y políticas, entre las que cabe destacar *El ciclo humano* y *El ideal de la unidad humana*. En la primera de estas obras, tras realizar un interesante recorrido por la historia de la humanidad, distinguiendo cinco etapas fundamentales, termina mostrando la necesidad de una transformación espiritual para que pueda inaugurarse una nueva era en la que política y espiritualidad vayan unidas. Por ello dice: «Los individuos que más ayudarán al futuro de la humanidad en la nueva era serán aquellos que reconozcan una evolución espiritual como el destino, y por tanto la gran necesidad del ser humano» (CH: 250).

En la segunda de las obras citadas todavía destacan más sus reflexiones histórico-políticas y podríamos decir que construye una filosofía de la historia en la que el objetivo es la unidad humana, habiendo partido de asociaciones fragmentarias y disgregadas: familias, comunas, clanes, tribus, *polis* (ciudades-estado), hasta llegar en la modernidad a las naciones y a lo largo de todo el camino a distintos intentos de imperios más o menos abarcadores. Su obra apunta hacia la consumación del proceso de unidad planetaria. Como siempre, defensor de la libertad, aunque no menos de la igualdad y la fraternidad, no se ahorra críticas a los Estados omnipotentes y omnicompetentes –como él los llama– y comenta lo que denomina "el triple evangelio moderno" en los siguientes términos, en un texto que creo merece citarse en toda su extensión: «Fraternidad existe sólo en el alma y por el alma; no puede existir a partir de ninguna otra cosa. Porque esta fraternidad no es un asunto de parentesco físico, de asociación vital o de acuerdo intelectual. Cuando el alma exige libertad es la libertad de su autodesarrollo, el autodesarrollo de lo divino en el hombre, en todo su ser. Cuando el alma exige igualdad, lo que exige es esa libertad igual para todos y el reconocimiento de la misma alma, la misma divinidad en todos los seres humanos. Cuando lucha por la fraternidad, es fundando esa igual libertad de autodesarrollo en un objetivo común, una vida común, una unidad de mente y sentimiento basados en el reconocimiento de una unidad espiritual interna. Estas tres cosas son, de hecho, la naturaleza del alma, porque libertad, igualdad y unidad son los eternos atributos del espíritu» (IUH: 547).

En 1950 añade un capítulo, en el cual integra la experiencia de las dos guerras mundiales, de los proyectos de la Sociedad de Naciones primero y de la ONU después, el holocausto nazi, y demás experiencias traumáticas de la primera mitad del siglo XX. Sigue pensando que, pese a todo, pese a los repetidos fracasos, «la unidad internacional es una necesidad histórica que responde a una voluntad y un propósito en la Naturaleza misma». Y para lograr esta unidad internacional, planetaria, vislumbra tres posibles modelos: *a)* un Estado mundial centralizado, de cuyos riesgos es muy consciente y cuyo poder uniformizador le preocupa y termina rechazándolo; *b)* una federación estricta, y *c)* una confederación de pueblos basada en la libertad, por la que se inclina, reconociendo que es un ideal irrealizable todavía, pero que conviene que vaya madurando en las mentes de los hombres.

Sin duda puede pensarse que elaborar una "filosofía política" no es manera de hacer política, que es necesaria una "praxis" más concreta, ensuciarse las manos, descender a la arena política y combatir de modo más directo. Pero es esa separación tajante entre teoría y práctica lo que no tiene sentido. Sobre todo desde una concepción de la realidad según la cual todo está inter-relacionado, todo es inter-dependiente. Y queremos concretar esto un poco más con el compromiso político de Sri Aurobindo a través de lo que podemos llamar su "acción supramental" sobre los puntos políticamente "calientes" del planeta. Y de este modo, obviamente, apuntamos más allá de los límites del pensamiento y la acción específicamente aurobindianas, para señalar la existencia de esa acción transformadora integral (también de lo político), de modos que pueden parecer ajenos a lo político. Pero, de modo similar a la reivindicación feminista de que "lo personal es político", podríamos decir que "lo espiritual es político". ¿En qué sentido?

LO ESPIRITUAL ES POLÍTICO:
TRANSFORMANDO LA RED DE INDRA

Pues porque cuando la realidad se experimenta, o se concibe como una "red de Indra" multidimensional, en la cual la activación de un punto de la red produce una cambio, una transformación en toda la red, aceptamos que mi transformación personal afecta a la totalidad, que mis pensamientos y mis emociones afectan a la totalidad, que del mismo modo que mi egoísta falta de cuidado en la salud de la biosfera perjudica no sólo a mi entorno inmediato, sino al planeta en su totalidad, mi egoísta falta de cuidado en la salud de la noosfera perjudica a todo el planeta. Es decir, que en el cosmos multidimensional en el que vivimos, nos movemos y tenemos nuestro ser lo que sucede en mi conciencia sucede a la Conciencia planetaria, que mis pensamientos y emociones no quedan encerrados en los circuitos neuronales de mi cerebro y en los componentes químicos de mi sangre, sino que afectan a toda la conciencia planetaria, pudiendo polucionar no sólo las aguas y los aires de la biosfera, sino también las emociones y los pensamientos de la psicosfera y la noosfera. Que hay, pues, también, una "ecología de la mente" que no sabe de fronteras ni nacionales ni individuales, ni políticas ni psicológicas. Todos los seres humanos, y todos los seres vivos, incluso todas las existencias minerales estamos realmente inter-relacionados, lo sepamos o no, lo queramos o no, es inevitable, pues responde a la estructura misma de la realidad.

No sólo se trata de que mis pensamientos y mis emociones van a producir mis acciones, sino también de que mis pensamientos y mis emociones van a producir pensamientos, emociones y acciones en todas las terminales individuales que forman parte de esa conciencia única, planetaria, que compartimos. El océano planetario de emociones y pensamientos es responsabilidad nuestra, de cada uno. Mi mente y mi corazón son centros receptivos, pero también emisores, de distintos tipos de energías, no por invisibles menos efectivas, que colaboran, positiva o negativamente, en la salud planetaria, en el estado del planeta, de su noosfera. Nuestros campos de conciencia-energía personales son parte de campos de conciencia-energía interpersonales (unos prepersonales, otros transpersonales), y soy responsable de lo que sucede en ese campo de conciencia-energía que comunica constantemente con otros campos de conciencia-energía, formando campos de conciencia-energía (holones) cada vez más amplios, de los que participo consciente o inconscientemente. La acción local (emocional, mental o espiritual) es también, ya siempre, acción global. El planeta está en nuestra conciencia, holográficamente, mágicamente, espiritualmente.

Ahora bien, una cosa es la repercusión que no sólo mis acciones físicas y mis palabras tienen en los demás y en mi entorno, también mis emociones y pensamientos, más o menos automáticos y condicionados, de escaso alcance, de un pequeño radio de acción, aunque nada despreciable, y otra cosa una "acción transpolítica" llevada a cabo de manera deliberada, por el poder de una mente capaz de alta concentración y lucidez, de un corazón entrenado en el amor compasivo, y sobre todo de un alma que maneja sabiamente altas energías espirituales capaces de afectar de manera más profunda los cimientos planetarios. ¿Qué quiere decir esto y cómo se relaciona con el caso de Sri Aurobindo?

La acción de
la conciencia-energía supramental

La clave de bóveda de la obra, teórica y práctica, de Sri Aurobindo es la conciencia-energía supramental. En su visión evolutivo-espiritual, igual que la vida (los seres vivos) brotó a partir de la materia (entes inanimados) y la mente (seres mentales, pensantes, humanos) a partir de la vida, ahora es el momento evolutivo en el que de la mente puede surgir la supermente, la conciencia supramental (y seres que encarnen dicha conciencia nueva). Decimos que la obra no sólo teórica, sino también práctica de Sri Aurobindo descansa sobre la conciencia-energía supramental, porque además de sus exposiciones teóricas sobre el futuro de la evolución humana, su vida (y la de Mirra Alfassa, su compañera espiritual y co-creadora del yoga integral y supramental) estuvo centrada en facilitar el "descenso" de dicha conciencia-energía primero a sus personalidades psicológicas y sus cuerpos, luego a su entorno inmediato y finalmente a toda el aura planetaria, transformando así la conciencia planetaria en su totalidad. Es como si, una vez establecido el contacto consciente con el plano supramental (algo que según Sri Aurobindo ya habían hecho los *rishis* védicos), fuera posible ayudar a que su peculiar conciencia-energía (*cit-shakti*) descendiera hasta el plano mental, luego al plano emocional y vital, y finalmente hasta el plano físico denso, produciendo a su paso una honda transformación de cada uno de esos niveles de la realidad (algo que no habían podido hacer los *rishis* védicos, pues la humanidad en su conjunto no estaba preparada para ello todavía).

Esto de un modo general, pero donde queríamos llegar es al testimonio ofrecido por Sri Aurobindo respecto a su "acción supramental" dirigida a lugares políticamente conflictivos. Estas informaciones las debemos sobre todo a las conversaciones particulares habidas entre Sri Aurobindo y un grupo reducido de discípulos, con ocasión de una fractura que sufrió en una de sus piernas. En *Talks with Sri Aurobindo*, vemos cómo su preocupación política sigue muy viva, manteniéndose al tanto de los acontecimientos políticos más relevantes, en su país y fuera de él. Y no sólo eso, sino actuando sobre ellos. ¿Cómo? Dirigiendo su atención, su conciencia concentrada, su energía supramental a esos lugares, a veces centrándose en personas concretas (baste decir que hasta España en plena Guerra Civil es mantenida en la conciencia de Sri Aurobindo y menciona al general Miaja como aquel que resultaba algo más sensible a la influencia de la conciencia-energía supramental).

Un caso destacado es el del Hitler y el nazismo. Sri Aurobindo no dudó en ver desde el comienzo que se trataba de una grave amenaza para la humanidad, y pese a su oposición a la política británica en la India no dudó en afirmar públicamente que el destino de la humanidad estaba en juego si el nazismo seguía con sus conquistas, invasiones y crueldades. No sólo eso, sino que incluso colaboró económicamente con los Aliados, convencido de que, a pesar de las posibles críticas parciales a sus políticas, era absolutamente necesario que las oscuras fuerzas que se agitaban detrás del nazismo fueran derrotadas.

Lo que insinuamos es que este modo de "actuar trans-políticamente" no es una originalidad de Sri Aurobindo, sino que constituye una manera frecuente de influir en los asuntos mundiales por parte de aquellos que poseen una visión más profunda de la realidad multidimensional en la que nos movemos, en algunas presentaciones denominados "maestros de sabiduría y compasión". Otro ejemplo de este actuar "metapolítico" puede verse en la obra de A. Bailey, especialmente en *La exteriorización de la jerarquía*, coincidente además, en gran medida, con el análisis del nacionalsocialismo alemán que hemos esbozado en el caso de Sri Aurobindo.

Quizás nos cueste aceptar no sólo que un "trabajo" así sea posible, dirigiendo conciencia-energía supramental a lugares, situaciones y personas, enviando energía mental o espiritual a países o conflictos determinados, sino también que el desarrollo espiritual de algunas personas permita realizar esto con un grado de eficacia, con una potencia, muy superior a la que estamos acostumbrados o imaginamos. Volvemos aquí a la imagen de la Red, pero ahora nos gustaría representar esa Red multidimensional en forma piramidal, e insinuar que existen muy distintos niveles de desarrollo espiritual, de despertar, de luminosidad anímica, entre los seres humanos, y que la intensidad lumínica de las almas que se hallan en los segmentos superiores de la pirámide evolutiva irradian con un poder transformador tal que su "acción a distancia" (la distancia en los planos superiores no opera como en el plano físico-material), cuya precisión y eficacia puede estar acompañada de lo que hoy se denomina "visión remota", nos resulta inimaginable.

Una actividad análoga que nos permite comprender mejor el tipo de "participación transpolítica" al que me estoy refiriendo es "la oración de los santos", por emplear un lenguaje religioso y más tradicional. Claro que aquí la plegaria es vista como un proceso comunicativo que moviliza también energías sutiles, quizás no menos potentes que "la meditación de los sabios", donde meditación no significa reflexión y pensamiento discursivo, sino sobre todo concentración dirigida, irradiación focalizada. En algunas tradiciones en las que los mantras son tomados en serio y practicados con regularidad, unidos a determinados tipos de visualizaciones, bien podría decirse que la "meditación mántrica" puede ser empleada

–como uno de sus muchos usos– en el sentido transpolítico en el que aquí estamos indicando. Un mantra es un "sonido sagrado", una "palabra de poder", una frecuencia vibratoria determinada, capaz de producir poderosos efectos, no sólo personales, sino también "metapolíticos". Si al poder del mantra, de determinados y muy específicos mantras, claro está, no de cualquiera de ellos, unimos la potente irradiación de un alma que se halle en niveles elevados de luminosidad espiritual, podremos imaginar que son las raíces de la existencia multidimensional las que están con-moviéndose; los cimientos de la realidad en cuya construcción y desarrollo colaboramos, en mayor o menor medida, los que se están conmocionando. Dicho de otro modo, al mover las raíces del árbol de la existencia, son todas las ramas las que se mueven. La irradiación luminosa espiritual de un *avatar* o de una "gran alma" (*mahâtma*), de un "sabio", de un verdadero maestro espiritual, de un iniciado, de un ser en un alto nivel de iluminación, es tal que, enfocada su luz en situaciones concretas, a modo de canal a través del cual pueden circular y dirigirse energías espirituales de alto voltaje, los efectos transformadores pertenecen a un orden no por más sutil menos efectivo, antes bien al contrario, pues la transformación se produce desde dentro, iluminando y transformando primero los niveles más sutiles de las personas o las situaciones, después sus manifestaciones más externas.

OBSERVACIONES FINALES

¿Significa lo anterior un descuido de las circunstancias económicas, sociales y políticas concretas? De ningún modo. Lo único que se trata de señalar es que los modos de participación en los acontecimientos políticos son múltiples y que es demasiado fácil y frecuente criticar sin suficiente conocimiento de causa a las personas cuya vida externa no denota un compromiso político claro y evidente. Ni que decir tiene que es absolutamente necesario estar luchando por las mejoras concretas de la sociedad, actuar localmente, aunque se piense globalmente, participar en los espacios públicos para que la justicia, la libertad y la igualdad se implanten cada vez en mayor medida. No podemos olvidar que también "el poder es sagrado" y no es posible ya desentenderse de las cuestiones de poder, en los distintos ámbitos de la existencia, incluido el político. Pero hemos querido mostrar que la participación política se realiza de muchos modos y no siempre los más visibles y externos son los más eficientes y profundos.

Justamente desde la clara comprensión de que todos los planos de la existencia están estrechamente relacionados y de que en la gran red ontológica de la que formamos parte cualquier acción activa las redes neuronales del cerebro de Gaia, pone en funcionamiento el holograma general de la conciencia planetaria e influye en todos los campos, nuestros juicios acerca de la participación y la eficacia política han de ser más cautos. Se necesitan trabajadores de luz amorosa y compasiva en todas las esferas de la existencia, y justamente la política es una de las más necesitadas, pues precisamente el terreno de la política ha sido desprestigiado y escindido de la espiritualidad con demasiada frecuencia. Es urgente ya integrar la preocupación y la acción, política, metapolítica, transpolítica, en una concepción genuinamente espiritual e integral de la existencia. Y, por qué no, anhelar una vez más que los verdaderos "sabios", los auténticos maestros luminosos movidos por el amor compasivo desinteresado ocupen también cargos políticos de importancia, para que el veloz tren de la humanidad, que corre sin saber hacia dónde

se dirige, pueda ser reconducido y las cuestiones tan fundamentales como urgentes de la paz, la justicia, la libertad y la
igualdad vayan formando parte de esta nueva época en la que
estamos entrando.

17. LA INTUICIÓN

ÁNGELES ROMÁN

Ángeles Román, nacida en Avellaneda, provincia de Buenos Aires, Argentina, optó por la nacionalidad española (oficina de censo electoral de Málaga) y reside desde pequeña en la ciudad de La Plata. Se graduó como profesora de Filosofía y Ciencias de la Educación y ha publicado un libro de poesía *El aleteo del colibrí* y poemas en antologías y revistas. Trabaja en Cultura de la Municipalidad de La Plata e imparte ciclos de conferencias.

En el ser humano existe una dimensión que no se puede expresar con palabras. Pertenece al silencio. Desde ese silencio surge la intuición. Los primeros seres que habitaron la Tierra, cuando todavía no existía la palabra, vivían en un presente continuo, donde lo simultáneo predominaba sobre el tiempo y recibían desde el silencio los mandatos de la naturaleza. Ni un atisbo de comprender sus leyes físicas, pero fluían con el cosmos y estaban conectados a un Todo.

Apareció la palabra y con ella las comunidades prehistóricas perdieron para siempre la percepción directa con las cosas, el símbolo las nombró y separó a los humanos de su seno natural. Comenzó el lenguaje y se desarrolló la facultad de la razón. Le siguió la abstracción, el pensamiento analítico y el descubrimiento de las leyes físicas, con el consecuente predominio del hemisferio izquierdo.

Después de miles de años de evolución, como humanidad nos encontramos preparados en esta época, para comprender las leyes naturales que nos contienen y poder integrar de una manera permanente a la conciencia intuitiva.

El destacado psicólogo Carl Jung se pronunciaba con respecto a la intuición, como un proceso extraconsciente del que de vez en cuando nos damos cuenta.

La filosofía ha considerado la intuición como un conocimiento inmediato y verdadero. Ahora bien, al ser inmediato no hay mediación del tiempo y, al ser verdadero, la verdad es la evidencia de algo que no necesita comprobación.

En el presente capítulo vamos a sostener que es una facultad inherente al ser, que se manifiesta como una información o aviso y surge desde una dimensión no-temporal.

En la primera mitad del siglo XX, Sri Aurobindo nos legó una profunda intuición en un corto escrito llamado *La evolución supramental*, el siguiente párrafo ha de ser la matríz del presente ensayo. Nos decía: «[...] aun en el inconsciente hay un consciente secreto que –podría decirse– trabaja mediante una complicada y oculta intuición que le es propia. En cada escena de la vida, esta intuición asume un trabajo apropiado, perteneciente a la escena y a los actos que detrás del telón soportan y refuerzan la inmediata necesidad de las fuerzas creativas. Hay una intuición que sostiene y guía el juego de la vida, además del desarrollo de la vida en la materia, antes de que ésta se encuentre lista para la evolución mental de la que el hombre es vehículo [...], la intuición sólo toma su forma cuando trasciende el plano mental e ingresa en el dominio espiritual; porque ahí es cuando avanza dejando detrás el telón, ya que debe revelar su completa y verdadera naturaleza. Con la evolución mental del hombre se trasciende a otro proceso evolutivo, preparando de este modo el terreno para el ser espiritual y supramental. Ambos tienen dos líneas de acción: una, el descubrimiento de fuerzas secretas en la naturaleza y los ocultos planos de los universos apartados de nosotros por la acción del mundo de la materia; el otro, el descubrimiento del alma del hombre, del ser espiritual».

Sri Aurobindo también habla de una "conciencia supramental gnóstica", con este término nos indica que por encima de la mente existe un conocimiento que está en la eterna posesión de la Verdad, al ser absoluto e intuitivo como correlato instantáneo entre la divinidad y el ser.

A través de los aportes de científicos y filósofos espiritualistas actuales, veremos que esta potencia se halla presente en cada ser humano; está al alcance de todos el poder llegar a comprenderla e integrarla de forma permanente.

Existe una teoría conocida desde la antigüedad que sostiene que la materia sutil produce y gobierna la materia densa, pero toda la materia forma un continuo.

El profundo pensamiento que nos legara el físico David Bohm afirma que en la realidad hay un orden oculto al que ha denominado el orden implicado y es el origen de la materia visible en el universo llamado orden manifiesto u orden explicado, que se despliega en el espacio y en el tiempo, con todo lo que ello abarca, energía, materia, vida, conciencia. A su vez, existe otro orden en la profundidad del *orden implicado* que es infinito, al que llamó orden superimplicado. Este orden es fundamental y desde él se da un holomovimiento causal que genera y sustenta la totalidad implicada-manifiesta. Este último pertenece al misterio, correspondería al abismo de los místicos.

Por medio de la física cuántica se puede observar el orden implicado, haciendo una metáfora de los órdenes ocultos, el orden implicado sería la materia y el orden superimplicado la conciencia.

El orden oculto es una *totalidad* que contiene al mundo *manifiesto*, y el futuro no sería otra cosa que la profundidad del *orden implicado* que sencillamente es y se despliega.

En una entrevista que pertenece al libro *Diálogos entre científicos y sabios*, Bohm nos dice que «todas las personas tienen diferentes potencialidades y cierto potencial diferente a los demás. Aunque se tenga este potencial específico, la energía no proviene de nuestras predisposiciones. Deben servir a la totalidad. La energía proviene del Todo, básicamente de la Intuición».

David Bohm ha sido un brillante conocedor de la teoría cuántica, o sea de la naturaleza última de la materia, y haciendo a su vez una metáfora de este orden, nos dice que la materia es la ola en la superficie de un océano de energía sutil.

Tomando esta metáfora, vamos a señalar en forma general cómo funciona la ola en la superficie, es decir, el mundo físico-biológico del espacio y del tiempo, materia densa u orden manifiesto, y a continuación trataremos de esbozar ese orden oculto del océano de materia sutil que es el orden implicado.

Conocemos que la evolución es un lento proceso y que a través de la materia inerte ha surgido la vida, la mente y el espíritu. El ser humano integra un sistema dentro de otros sistemas naturales y éstos son precisos porque existen regularidades de comunicación en la biosfera, hay mensajes en las comunidades de organismos y relaciones y diferencias comunicativas en ellos, ya sean internas o con el exterior. Además cada átomo de la materia se organiza a través de un campo cuántico de información con significado.

La comunicación en todo el mundo natural es ordenada, determinante e implacable, la ley fundamental del cosmos y de la naturaleza es mantener los sistemas físicos y biológicos integrados y equilibrados.

Existe un desconocimiento del hombre con respecto a las facultades que lo integran y a su relación con el mundo; al ser un sistema con otros provoca desequilibrios hacia sí mismo, hacia los otros y hacia los distintos sistemas que lo rodean, con el consecuente sufrimiento humano y daño natural.

Las facultades del ser humano tienen su sustrato en el cerebro. Sabemos por las neurociencias que poseemos tres cerebros en uno, de acuerdo con sus funciones, pero interactúan entre sí; en ellos están inscriptas las etapas evolutivas de la humanidad. Estos tres cerebros son: el cerebro reptílico, de reptil, primitivo, instintivo, que tiene como función la preservación y actúa a través de los sentidos; el cerebro mamífero, que corresponde al sistema límbico, es el intermedio y es el centro de los sentimientos y emociones, y por último el neocortex, cerebro humano, de función racional, con sus dos lóbulos (en el izquierdo radica el pensamiento analítico-racional y en el derecho el pensamiento sintético-holístico). Por último tenemos la intuición, que es una facultad inherente al ser, abarcativa, que opera en el instante, a través de la captación espontánea de una información o aviso y el mismo opera a través de cualquiera de las otras facultades: sentidos, sentimientos o razón.

Ahora veremos también de forma muy general el orden oculto o implicado, ese océano de materia sutil que pertenece a la escala más pequeña del universo, la que se rige por las leyes de la física cuántica.

En los últimos años, físicos, biólogos y filósofos han realizado aportes muy significativos hacia la comprensión de cómo funciona la manifestación de la vida. Ervin Laszlo ya sostenía en su libro *El universo informado* que la información es una característica del universo y que es transmitida a través de un campo fundamental presente en toda la naturaleza, o sea que el cosmos es una unión de campos continuos y fuerzas que llevan información y está lleno de significado. Las últimas investigaciones de los científicos en base a realidades demostradas por la termodinámica y la física cuántica señalan que la información es una entidad que subyace al mundo material, o sea que a partir de la información se construye la materia y atraviesa en su totalidad al mundo físico y biológico, desde un átomo hasta una galaxia.

Las leyes del mundo cuántico son diferentes a las del mundo visible, los objetos subatómicos pueden estar en más de un lugar a la vez, dos partículas en extremos opuestos de una galaxia pueden compartir información instantáneamente. Ahora bien, la intervención de un observador puede modificar un fenómeno cuántico, o sea que mente y materia integran el mundo de la información.

En relación con la información biológica, vemos que además de ser instructiva es significativa, tiene capacidad de referencia y sentido en cada contexto natural. Las aves y mariposas codifican y decodifican la dirección e intensidad de los campos magnéticos en sus migraciones, la fotosíntesis en las plantas es otro ejemplo del proceso cuántico, pero observamos que en la naturaleza existe una interacción activa sin intención, la información llega, según el contexto natural o se bloquea por desórdenes ajenos al orden natural.

En el ser humano, mente y materia interactúan con respecto a la información, que puede llegar o no. En el nivel orgánico, la información actúa con autonomía y siempre llega, pero en el nivel de la conciencia podemos darle apertura o crear barreras que imposibilitan su recepción. Nuestra interacción con el mundo es fundamental para crear orden o caos, esto depende de captar la información, y esta captación tiene que ver con incorporar de manera permanente la intuición, que funciona en pos del equilibrio de las partes de un Todo.

En la evolución existen hábitos básicos, en base a los cuales se construyen patrones más complejos. Nuestra conciencia crea nuevos patrones, y toda creación es una captación de información de un orden espiritual.

Cada acción, en un escenario múltiple donde todos somos actores, va modificando y creando la realidad.

El ser humano no actúa desde el fluir intuitivo a pesar de ser una potencia inherente a él, por dos motivos fundamentales, en primer término porque se considera individuo separado de todo lo que lo rodea y desde allí ignora las facultades que lo sostienen y sus funciones, las leyes naturales que lo abarcan y la íntima relación con el flujo de información que subyace.

En segundo término, se aparta de la intuición al vivir exclusivamente desde el pensamiento y su discurrir entre pasado y futuro, pierde entonces la atención del instante, que se capta en el presente desde sus otras facultades, desde allí aparece el flujo intuitivo, de manera inmediata, antes que surja un pensamiento racional.

Bohm nos decía sobre la intuición, que es una inteligencia activa que no presta atención al pensamiento, puentea, por así decirlo, el pensamiento. La información se experimenta por alguna de nuestras potencias, los sentidos, sentimientos o captación intelectual.

A veces se confunde la intuición con algún producto del pensar, o con ciertas habilidades cognitivas o técnicas basadas en la memoria, pero éstas emplean exclusivamente la razón. Los pensamientos dan como resultado razonamientos basados en una lógica de conceptos y usan un vocabulario; esta razón discursiva ha sido y es una preciosa herramienta para sortear problemas relativos a la supervivencia, pero el mapa no es el territorio, tuvimos que llegar a este tiempo evolutivo para que a través de la razón comencemos a conocer el territorio.

El ser humano posee una conciencia que si se ancla en un presente atento puede observar los laberintos que toman los pensamientos y dejarlos ir, puede nadar en la profundidad del silencio y puede, cuando opera desde la potencia intuitiva, tener la percepción directa y verdadera de los acontecimientos.

El instante carece de tiempo, por eso el presente es atemporal, y la conexión de un momento con otro no está en el tiempo, sino en el orden superimplicado o eternidad, de allí que el universo sea simultáneo, la información viene desde el futuro.

El pensamiento implica un comportamiento individualista en tensión con los otros seres, pues el criterio de razón individual produce las diferencias y fragmentaciones sociales.

La historia de la humanidad ha sido una sucesión de razones impuestas, hoy el mundo se encuentra en un momento de extrema tensión, producto del desequilibrio interior del ser humano; el conceder al dinero el valor de bien supremo y el ansia de su acumulación hacen girar una rueda marcada de injusticias contra todos los sistemas de la vida.

Dicha acumulación es contraria al funcionamiento de las leyes naturales, biológicas y cósmicas. Cuando la vida se mide bajo los índices de mercado, y todo el engranaje se mide por factores económicos, en manos de unos pocos poderes, se pierde la fuerza solidaria inscripta en el orden natural, se ha deshumanizado al mundo.

La educación está basada en adquirir conocimientos para el logro de metas personales que den ganancia y seguridad en beneficio propio. Krishnamurti nos decía en *La educación y el significado de la vida*: «El hombre ignorante no es el iletrado, sino el que no se conoce a sí mismo [...]. La comprensión sólo adviene mediante el conocimiento propio, que es el darnos cuenta de nuestro proceso psíquico total, de nuestros pensamientos, sentimientos y experiencias, ello mantiene nuestra inteligencia vivamente alerta; y una inteligencia alerta es intuición, que es la única verdadera guía en la vida».

Desde la razón propia y el individualismo, el ser humano no ve que es parte de un Todo; prima la conveniencia para sí, sin mirar a qué o a quién se daña, discurre entre pasado y futuro, se pierde el milagro del instante, que es siempre nuevo, que es siempre oportunidad y espontaneidad.

Es fundamental incorporar los nuevos conocimientos desde todas las disciplinas que contemplen un sentido del "nosotros" y del no-daño.

Los seres humanos poseen una unidad psicobioespiritual y la intuición es la facultad que opera a través de las diferentes potencias que la abarcan; su flujo de información es de orden espiritual y su captación tiene íntima relación con los valores que tienden hacia el bien común, en cada escena cotidiana. Haciendo referencia a las palabras de Sri Aurobindo: «Hay una intuición que sostiene y guía el juego de la vida». Ella es la evidencia de que formamos parte de un Todo Superior, pues, como sostienen los físicos actuales, el universo es un despliegue de información-leyes naturales-materia.

Regresando a la teoría de David Bohm, él nos ubicaba en un orden manifiesto que pertenece a la realidad que está en el espacio y el tiempo, pero a su vez hay un orden oculto, implicado, que contiene a todos los fenómenos manifiestos, y el orden fundamental superimplicado, que está más allá de todo concepto, pues es inefable. Ahora bien, este orden superior es esencial a nuestra naturaleza consciente, podemos percibir su profundidad desde tres vertientes: a través de la sincronicidad, la intuición y la mística.

La sincronicidad ha sido estudiada afanosamente por Carl Jung y expuesta de manera magistral por David Peat, consiste en una respuesta material a un orden mental. Es una intuición, pero que deja una clara emoción positiva; es una evidencia del mundo material que responde a una toma de decisión, pregunta o inquietud interior en ciertos momentos de la vida, siendo una clara manifestación del orden profundo que subyace a todo.

Desde este orden profundo o conciencia integradora surge también la intuición en cada escena de la vida, y depende de nuestra comprensión y evolución el poder fluir en el mismo sentido.

Además, sabemos que existen estados especiales de conciencia, como la experiencia mística. Dicha vivencia ha sido captada por hombres y mujeres a lo largo de la historia, se ha experimentado en lapsos breves de tiempo y quizás sólo una vez en la vida.

Es una experiencia suprema que no se puede comparar con ninguna vivencia terrenal. En este estado se produce una integración de conciencia espiritual, entre el ser y ese océano de conciencia divina que pertenece al orden superimplicado pronunciado por David Bohm; se experimenta un amor y una paz inconmensurable y por lo tanto imposible de transmitir con palabras, la conciencia se encuentra fuera de la dimensión temporal y espacial, en una dimensión de eternidad.

Desde esta experiencia suprema, se comprueba que la eternidad contiene al tiempo, y es a la vez evidencia de que somos parte de un Todo.

Intuición, sincronicidad y mística surgen desde ese océano inefable.

En todas las épocas han surgido seres que, con una visión diferente, han guiado a las civilizaciones hacia otro paradigma, para dar orden a los profundos desequilibrios en que se encontraban, desde los grandes iniciados de la historia hasta los maestros que en la actualidad trabajan en red y transmiten sus conocimientos basados en los valores, como es el caso de la Escuela del Estudio de la Intuición.

Sus enseñanzas se imparten de manera gratuita y se trabaja de dos maneras: una forma teórica, para hacer conscientes las leyes naturales que nos sustentan y la comprensión del ser humano; y también de una manera práctica, que consiste en reflexionar en los errores cotidianos y darles identidad, es decir, observar el aviso previo que siempre está, hasta llegar a operar desde la intuición en todo el despliegue del vivir.

De esta forma, se ordena el ser y se acelera la comprensión de la vida, al darnos cuenta de que desde el aviso se protege a las partes en cada situación cotidiana.

Se sostiene que a medida que se hace consciente la información, este conocimiento se incorporará a la genética, porque el aviso intuitivo siempre señala lo correcto, lo verdadero. Sin embargo, el ser humano ha utilizado sólo la razón para resolverlo todo, y desde allí el hombre no ha aprendido de los errores.

La Escuela del Estudio de la Intuición considera como ley natural "la interacción activa sin intención", se ve con claridad que todos los elementos son solidarios entre sí, y la función fundamental de la naturaleza es la de mantener el equilibrio.

Cada elemento toma lo necesario para su crecimiento. El hombre desde la razón y sus razones muestra la pequeñez de su entendimiento, no le interesa el equilibrio, ni la supervivencia de los demás, y actúa con una intención contraria al orden natural, porque sus pensamientos están imbuidos de intención para sí, de soberbia, fanatismo, etc.; no se habla de bueno o malo, justo o injusto, sino de comprender las leyes superiores que nos abarcan y de cómo funcionan las facultades del ser, porque el ser humano no se conoce.

También se considera que por la educación desde la razón se ha comprendido el funcionamiento natural a través de la pregunta "¿cómo?": ¿cómo crece?, ¿cómo son las etapas?, etcétera, pero se tendría que incorporar a la educación la pregunta "¿para qué?", basada en el orden superior: ¿para qué está la planta?, ¿para qué hago esto? La naturaleza presiona sobre la incapacidad del ser humano, y cuando responde al "¿para qué?", comprende un orden en pos del equilibrio de los elementos de una totalidad.

La Escuela del Estudio de la Intuición señala, entre otros temas, que se ha de dar importancia a los pensamientos que tenemos, pues el afuera es la respuesta a nuestro interior, y surge otra ley natural, "el medio se adapta al ser", el medio lo abarca todo, lo social, lo familiar, lo laboral, lo natural, y se encuentra invadido por la acción humana. Desde la razón no se puede cambiar la situación; si el interior cambia, cambia el medio; si nuestra actitud se modifica, se modifica el afuera.

Darse cuenta del aviso intuitivo es entrar en la línea de la evolución del ser. Si se toma a la sociedad sólo para acrecentar el individualismo y no se da, directa o indirectamente se lastima al otro. La generosidad de la vida responde al no individualismo, pues cada parte actúa en función del Todo, este Todo que late en todos los seres. La vida es integradora, pues mas allá de los pensamientos existe una conciencia que nos informa en cada acto, en cada situación; esa conciencia integra pasado, presente y futuro y abarca a todos los seres en el espacio y el tiempo.

El principio fue siempre, cada uno es un principio en sí mismo, el cuerpo tiene un límite, la conciencia no termina nunca.

Vemos a partir de todo lo expuesto que la intuición supera el nivel de la razón, y para percibirla de manera permanente, el ser humano debe comprender las leyes naturales inscriptas desde siempre y que tienen directa correspondencia con los valores que tienden hacia el bien común. También debemos conocer nuestra facultades: sentidos, sentimientos, razón e intuición, darnos cuenta del desorden mental y vivir desde un estado de conciencia en el presente. Esta conciencia de orden espiritual a través de la escucha intuitiva entra en sintonía con el orden superior, porque no hay separación; desde allí, somos uno con el Todo.

Regresando a la matriz de este ensayo, que nos legara Sri Aurobindo, nos damos cuenta de que estamos a las puertas de otro proceso evolutivo. El maestro nos decía que para que este proceso se diera, se vería desde dos líneas: en la primera se descubrirían las fuerzas secretas de la naturaleza y los ocultos planos de los universos apartados de nosotros por la acción del mundo de la materia, y en la segunda se descubriría el alma del hombre, del ser espiritual.

Desde el conocimiento de que la información es antes que la materia, descubrimos los secretos de la naturaleza y el hacer consciente la intuición; es el descubrimiento del espíritu en el ser humano.

Vivir desde la intuición es tener plena confianza en el misterio de la vida, porque sabemos que el Todo nos contiene, a pesar de la disolución de las formas temporales. Cada ser, cada elemento, cada instante son únicos; la vida es un continuo re-crear, un milagro, y nuestra conciencia espiritual tiene la libertad de entrar en sintonía con ese orden.

Podemos decir que la intuición es una facultad inherente al ser humano, su naturaleza es espiritual y opera por medio de una captación de información a través de cualquiera de las otras potencias; surge desde el no-tiempo o eternidad y proviene de un Todo omnipresente que protege a las partes, señalando lo correcto en cada suceso próximo o lejano.

Como dijo Albert Einstein, Dios no juega a los dados, el orden que subyace oculto es perfecto, el orden del despliegue está haciéndose en el tiempo, allí se encuentra la incertidumbre, la interacción entre los elementos está marcada por las capacidades o incapacidades, la ignorancia o sabiduría, el orden o desorden de los seres. Evolucionar es comenzar a escuchar los mensajes que informan y protegen a cada ser o elemento, entonces la información no se pierde, la certeza o verdad no será una utopía, y la potencialidad de cada uno y su florecimiento serán la aceptación y confianza en saberse una gota de la divinidad que emerge hacia la superficie, y esa gota es lluvia y rocío, nube y manantial, riego y nutrición, y es río que regresa a la inmensidad del océano, para quizás volver a la superficie o continuar en las profundidades insondables del Todo.

Despertar es conocer, y ese conocer marcará la evolución del *Homo sapiens* al *Homo spiritus*.

Los poetas místicos vislumbraron y eternizaron en palabras al Todo que sostiene la vida.

Versos de Walt Whitman en *Hojas de hierba*:

> Aprenderás a escuchar en todas direcciones
> y dejarás que la esencia del universo se filtre por tu ser
> [...].
> ¡Yo y este misterio estamos aquí! [...]
> y lo invisible se prueba por lo visible,
> hasta que lo visible se haga invisible y sea probado a su
> vez [...].
> Deja las palabras,
> la música y el ritmo;
> apaga tus discursos [...];
> túmbate conmigo en la hierba
> solo el arrullo quiero,
> el susurro
> y las sugestiones de la Voz [...].
> Conocí entonces la paz y la sabiduría que están más allá de
> las disputas de la tierra [...].

y ahora sé que la mano de Dios
es la promesa de mi mano;
que el espíritu de Dios
es hermano de mi espíritu […].
Todo va hacia delante
y hacia arriba.
Nada perece.

18. MANIFIESTO POR UN DESARROLLO RESPONSABLE

ANDRÉS SCHUSCHNY

Andrés Schuschny es licenciado en Ciencias Físicas y doctor en Economía. Ha llevado a cabo investigaciones en temas tan diversos como el análisis económico cuantitativo, los métodos estadísticos, los sistemas de información geográficos y los sistemas complejos adaptativos aplicados a la evaluación de impactos de políticas públicas, el desarrollo sostenible, el cambio climático y los procesos de trasformación cultural en la sociedad Red, época que denomina como transmodernidad. Ha impartido clases como profesor universitario en cursos de grado y posgrado en la Universidad de Buenos Aires, la Universidad Nacional de Quilmes, la Universidad de Santiago de Chile, la Universidad de Chile, la Universitat Jaume I y la Universidad de Bolonia. Se desempeña como funcionario en la División de Recursos Naturales e Infraestructura de la Comisión Económica para América Latina y el Caribe, CEPAL, Naciones Unidas. Administra el *blog*: http://humanismoyconectividad.wordpress.com y suele *twittear* asiduamente (http://twitter.com/schuschny).

Toda la historia está hecha de crisis, pero nunca como hoy la crisis tomó dimensiones tan universales y se extendió a tantos aspectos de la vida social e individual. El surgimiento de la economía global ha dado lugar a una concentración de las fuerzas productivas en manos de algunas corporaciones multinacionales cuya propiedad pertenece a muy pocas personas y a la internacionalización de las operaciones financieras especulativas, alcanzando una magnitud tal que han hecho temblar las bases económicas y sociales de numerosos países. Semejante acumulación de poder sin precedentes en la historia se ha visto apoyada por la influencia omnipresente de los medios masivos de comunicación, que hoy son controlados por pocos operadores privados, generando una capacidad de dominio sobre la mente de las personas, a quienes desinforman para manipularlas y ponerlas al servicio del consumismo y sumergirlas en la apatía e indiferencia a los problemas sociales y ambientales que padecemos.

Cerca de la tercera parte de la población económicamente activa del mundo está desocupada o subocupada; la pobreza crece tanto en términos absolutos como relativos. A diario, miles de niños mueren de hambre debido a causas evitables ligadas a la pobreza y la desnutrición. Se dice que los niños y jóvenes son el futuro, la tercera parte de la población mundial, pero la mayoría no tiene otro porvenir que la miseria, ni otro presente que el sufrimiento. Un nuevo feudalismo se cierne en nuestro mundo: el 20 % más rico de la población mundial es dueño de aproximadamente el 80 % del PIB mundial. La desigualdad social, que siempre existió, se desbocó con la globalización y ha alcanzado proporciones "grotescas", poniendo en tela de juicio las teorías del derrame que postulan que el crecimiento económico puede resolver por "chorreo" los problemas de equidad e injusticia social imperantes.

Mientras que la riqueza es acaparada por una minúscula minoría, la mayoría de los habitantes del planeta permanece sumida en la extrema pobreza. La brecha entre los ricos y pobres crece en todas las sociedades, entre países y regiones. Pavorosamente, la mayoría de los pobres son niños y la mayoría de los niños son pobres sin ningún futuro. Las muertes por hambre se deben principalmente a desnutrición crónica. Mitigar el hambre no requiere de cuantiosos recursos, sin embargo las sociedades prefieren invertir esos recursos adquiriendo armas que son usadas en las guerras que destruyen el producto de la acción humana por generaciones. Nuestra civilización dispone de suficiente arsenal bélico para destruirlo más de treinta y seis veces. Si se utilizará la cuarta parte de los presupuestos de defensa, se eliminaría el problema del hambre en todo el planeta. Sin embargo, como apuntó Gandhi, «el mundo tiene suficientes recursos para todos los seres humanos, pero no los tiene para satisfacer sus codicias».

Los mercados financieros mueven diariamente más de dos trillones de dólares premiando las ganancias de corto plazo y desalentando inversiones de largo plazo. La ganancia cortoplacista constituye el parámetro actual del comportamiento racional de las empresas. La pretensión de que todo tiene un precio hace que el dinero sea el más alto de los valores que la sociedad enarbola, transformando el mercado en la institucionalización del individualismo, la codicia y la irresponsabilidad. Los mercados financieros, lejos de motorizar el financiamiento de proyectos generadores de empleo, se han transformado en verdaderos casinos globales. Las guerras de antaño se han convertido en mercado; el sufrimiento que éstas producían no se cuantifica en los campos de batalla, sino en el campo social donde se libra la peor y más silenciosa de las batallas: la del hambre, la pobreza, la desigualdad y el desamparo.

Los múltiples estímulos que recibimos nos han anestesiado hasta el punto de la insensibilidad frente al sufrimiento ajeno, engendrando un individualismo desenfrenado por un sistema publicitario que se basa en la exaltación y culto a la personalidad y la superioridad. Hemos gestado una civilización que se vanagloria de sus superficiales y frívolas metas. Una sociedad no es necesariamente desarrollada porque disponga de cuantiosos medios materiales producidos al servicio del mero deseo aspiracional, sino cuando logra expandir las potencialidades humanas y comunitarias de los individuos que la conforman.

La mayor parte de la población mundial vive en ciudades, con el aspecto contaminante que eso implica al corromper nuestra visión; esto se debe probablemente a la falta de contacto del ser urbano con un medio ambiente natural que le confiera paz y serenidad e inspire verdadera sabiduría, sensatez y cordura. Como en las ciudades las personas quedan completamente escindidas del contacto con otras formas de vida que no estén domesticadas, el sentimiento de pertenecer al medio ambiente no puede cobrar vida y como resultado desconsideramos todo aquello que precisamente se necesita para vivir, como el agua, el aire y la vegetación. La contaminación de este mundo no solamente es química, sino también espiritual. Padecemos una suerte de cercenamiento cognitivo que desnaturaliza nuestra íntima relación con la naturaleza, lo que queda reflejado en nuestras cotidianas acciones.

Por eso el desarrollo no debería comenzar en los mercados, sino en la gente. Es necesario el desarrollo de las capacidades humanas, el aprendizaje de los modos de relacionarse y de hacer las cosas, la energía social y comunitaria que pueden ser desplegadas tras objetivos compartidos; más que factores materiales se requiere de la formación de nuevos comportamientos, de una ética de responsabilidad individual y social, de determinados hábitos de trabajo y métodos de organización humanizados espiritualmente sanos: un desarrollo que quisiera denominar como "desarrollo responsable".

Sin embargo, el mundo de hoy nos impone la irresponsable cuantificación elefantiásica y el resultadismo cortoplacista. ¡Error! Es imperativo que la calidad complemente a la cantidad. Las cifras elevadas no siempre reflejan un espíritu optimista, pueden indicar monstruosidades, epidemias, desastres y extinciones. Vivimos hoy la paradoja de constatar que la aceleración del crecimiento económico suele estar acompañada de la desaceleración del desarrollo social y ambiental. Pensar sólo en el crecimiento económico como objetivo de la sociedad es equivocado, pues claramente tiene un cariz canceroso. El término mismo puede representar un peligro potencial, si lo que crece es la deuda, el desempleo, la pobreza, la contaminación, la población, el costo de la vivienda, el colesterol o la obesidad. Aumentar puede significar declinar. Lo que en un tiempo fue la medida de progreso, hoy tal vez sea una mala señal que evidencia desequilibrios futuros.

Hay una paradoja subyacente entre dos poderosas visiones: *la economicista*, sustentada en el concepto de crecimiento material, y *la visión de la sostenibilidad, base mensurable de la "acción responsable"*, basada en el concepto de desarrollo. Aunque frecuentemente se confunden estos dos conceptos, hay claras diferencias entre ellos: crecimiento es un aumento en tamaño o en número, mientras que desarrollo es un aumento en capacidad y potencialidad, por lo que involucra el aspecto cualitativo. Así, por ejemplo, un basurero o un cementerio crecen, pero no se desarrollan, mientras que una persona puede desarrollarse aun después de haber dejado de crecer. Si bien la palabra "desarrollo" apunta claramente a la idea de cambio direccional, es válido afirmar que el desarrollo no significa necesariamente crecimiento cuantitativo. En la sociedad, el mejor reflejo del crecimiento económico es el nivel de vida, mientras que el mejor reflejo de su desarrollo es su calidad de vida. Claro está que la calidad es mucho más difícil de tratar que la cantidad, de la misma manera que el ejercicio de juzgar es una función más alta que la habilidad de contar y calcular.

La mayoría de los consumidores desconocemos hasta qué punto los productos que consumimos pueden afectar al medio ambiente, y tal vez peor, ignoramos cómo muchas empresas operan explotando brutalmente a sus trabajadores, a veces niños, valiéndose de la precaria condición laboral admitida en muchos países bajo el imperativo de las ventajas competitivas. Mientras ello suceda, el intercambio global de mercancías nunca será justo. La nivelación del mercado mundial exige un cambio profundo de conciencia, una transformación cultural que redefina el concepto de desarrollo desde una nueva perspectiva. Debemos idear un nuevo concepto, el del *"desarrollo responsable"*.

Vivimos en un mundo de obsolescencia programada donde se consumen miles de toneladas de bienes sin tener en cuenta la cantidad de basura que se genera y no se internalizan los costos de su procesamiento o aquellos derivados del empeoramiento de las condiciones ambientales. Muchas empresas, que en un tiempo fueron inspiradoras de progreso, están provocando la obsolescencia intencional de bienes durables, convirtiéndose en instigadores de la destrucción medioambiental. Nuestras decisiones económicas descartan los impactos adversos que pudieran sufrir las generaciones futuras. El fenómeno del cambio climático debido a la acción antrópica, la creciente desertificación y pérdida de superficie cultivable, las crecientes tasas de extinción de especies con la consiguiente pérdida de biodiversidad, la fragmentación de nuestros bosques y la expansión de los basurales y las zonas arrasadas por la acción humana revelan un comportamiento alejado de toda responsabilidad.

Vivimos en un mundo de miseria. La gran mayoría de las personas no tienen las mínimas necesidades básicas satisfechas para tener una vida digna. Ya me he referido a la pavorosa pobreza y desigualdad que se expande por el mundo. Pero está también la miseria del consumista desbocado que no atiende al daño ambiental que contribuye a generar. Los lujos de nuestros padres son nuestras necesidades. Nunca como hoy el hombre ha tenido a su disposición medios materiales tan eficaces, pero nunca como hoy se ha visto a sí mismo tan privado de valores que confieran sentido a su vida. La funcionalización de la vida nos convierte en meros engranajes de un sistema alocativo-productivo y nuestro sentido de pertenencia se limita al lugar que nos toca en determinado segmento del mercado. Trabajamos en lo que odiamos para consumir lo que no necesitamos. La sociedad moderna y el enajenado racionalismo de mercado se encargaron de producir gente enferma para tener una economía sana al servicio de la ganancia de unos pocos. Las personas nos hemos convertido en productores, consumidores, cifras, estadísticas, horas de trabajo, y en esa transformación los sueños de democracia, libertad, solidaridad y ciudadanía han dado paso a una vida cotidiana de agresividad, codicia y competencia, una vida que sólo se realiza al penetrar los umbrales de esos no-lugares que son los *shopping centers*.

El modelo productivista de pensamiento ha servido al consumo (como etapa final en el proceso de producción) y no al consumidor, que está cada vez más inmerso en esa miseria que origina la ausencia de sentidos y significados, la miseria de la indiferencia, de la apatía, de la falta de solidaridad y tolerancia entre las personas. Peor aún, este modelo elefantiásico de crecimiento ha transformado en seres desechables a todos aquellos que no posean acceso al crédito; los pobres, por sus escasos niveles de ingreso, los ancianos y enfermos terminales, por la esperanza de vida limitada que tienen, y las minorías étnicas, por estar al margen de la marea consumista.

Hay sociedades "pobres" que tienen demasiado poco, pero ¿dónde está la sociedad "rica" que diga: «¡Ya, paremos un poco, dejemos de competir, ya tenemos suficiente!»? Como afirmaba Ernst Friedrich Schumacher (1911-1977) en *Lo pequeño es hermoso*, hemos llegado a una instancia en que debemos buscar como sociedad la forma de «maximizar las satisfacciones humanas por medio de un modelo óptimo de consumo y no maximizar el consumo por medio de un modelo óptimo de producción». El esfuerzo que se necesita para este cambio nos impele a la acción individual y colectiva responsable; a una verdadera transformación cultural; a sustituir nuestros hábitos de consumo; a desconectarnos de la red de marcas mundiales que nos mantiene atrapados en el darwinismo aspiracional; a cambiar nuestra ciega búsqueda de confort por una exploración interna en busca de verdaderos significados que den sentido a nuestras vidas.

Vivimos en el mundo de la diversión, de la búsqueda de la evasión. Divertirse proviene del latín *divertere*, que significa "alejarse", "ir más allá", "evadirse". Todo aparece de improviso y desaparece velozmente. Se busca la rapidez, la superficialidad del impacto emotivo y toda la cultura se termina reduciendo al aislamiento del "*zapping*", a la búsqueda de lo evanescente, de lo insustancial, y, en ese proceso, la miseria se extiende a todos los órdenes de la vida. El hombre, cosificado en audiencia, desfallece ante la velocidad misma del hombre y se hace incapaz de recordar las atrocidades del mundo ante el bombardeo continuo de banalidades insustanciales. Pasamos horas frente al televisor y así aprendemos que la pasividad ilusoria es "la" manera de relacionarnos con el mundo. Los mecanismos de producción cultural proponen una identidad precaria, mutable y desintegrada. Nos gratifica el éxito inmediato, cultivamos lo ilusorio, intentamos reflejar nuestro estatus en las marcas que consumimos para reconocernos y ser reconocidos por los demás.

Según numerosos estudios realizados en el ámbito de la psicología positiva, se ha demostrado que, en la sociedad occidental, el poseer riqueza material y poder de compra no es precisamente sinónimo de felicidad y plenitud. Todo parece indicar que la correspondencia entre bienestar y bienes materiales es muy baja, e incluso negativa. Si una persona se esfuerza por alcanzar un cierto "nivel de opulencia", creyendo que la riqueza la hará más feliz, cuando lo logre proyectará escalar a otro nivel, y así sucesivamente. La búsqueda de logros materiales tiene el límite de la situación de cada persona, pero los deseos no. Desde este patrón de comportamiento, a pesar de lo que se posea, siempre habrá insatisfacción y vacío existencial, cuyo origen yace en lo que se denomina como "privación relativa": una suerte de envidia, que hace que las personas evalúen sus posesiones no en términos de lo que necesitan para vivir bien, sino que se realiza la comparación con aquellas otras que tienen más, y como resultado se llega a la frustración y la infelicidad. La búsqueda desenfrenada de bienes materiales, lejos de proveernos plenitud, desvían o, mejor dicho, desvarían nuestras energías haciendo que nuestra sensibilidad hacia valores como la amistad, el trabajo comunitario, la cooperación, la introspección, el arte, la literatura, la filosofía, la reflexión, la meditación, etc., decrezca. No somos nuestro empleo, no somos el auto que tengamos, no somos los viajes que hacemos, no somos el dinero de nuestras billeteras, y mucho menos los bienes que poseemos…

Millones de personas toman píldoras para dormir, para despertarse, para adelgazar, para la ansiedad, para la depresión, para estimularse, para la musculación... Más de cuatrocientos millones de personas en el mundo sufren de depresión. El consumo de antidepresivos, hipnóticos, sedantes, tranquilizantes, psicoestimulantes, ansiolíticos y neurolépticos se incrementa cada año. La farmacoterapia termina produciendo dependencia psicológica. Mucho se ha dicho sobre las adicciones: adicciones al alcohol, al tabaco, a las drogas, a las comidas, al sexo, ciberadictos, *trabajólicos*, adictos a la televisión, etc. La propagación de tantas adicciones no hace otra cosa que mostrarnos el grado de enfermedad que nuestra sociedad está alcanzando. Más aún, la vida en los centros urbanos nos impone otras adicciones y nos ha habituado a un estado de conciencia tan apático que nos hemos convertido en adictos a la mediocridad, a la anomia, al desgano, la indiferencia y la insensibilidad.

Vivimos en una sociedad que desalienta la audacia, que pretende encolumnarnos detrás de las expectativas hedonistas y consumistas que el modelo productivista nos trata de imponer desde la televisión. *Hedonistas*, porque parecería que el máximo objetivo que debemos alcanzar es el placer de la tenencia material. Un placer que, al buscar su satisfacción donde no debe, ensancha la frustración. No es en un nuevo perfume donde hallaremos la posibilidad de encontrar una pareja, ni en un automóvil donde encontraremos la solución a nuestras inhibiciones. *Consumistas*, porque se pretende equiparar la potencia del ser humano con su capacidad de compra. El éxito estaría en relación directa con el inventario de objetos suntuarios que se poseen, y en esa carrera ilusoria, las cosas dejan de servir a las personas, pasando las personas a ser siervos de ellas. En la sociedad de hoy, la imagen está por encima del pensamiento, se privilegia lo que se "ve". Así, un todoterreno es mucho más visible que la ternura, la solidaridad o la honestidad. La radiografía de muchas personas a las que "les va bien" se caracteriza por el pensamiento moldeable, las convicciones sin firmeza, la pusilanimidad en sus nulos compromisos, la indiferencia ante la necesidad ajena, el relativismo moral, la ideología pragmática; suelen tener normas de conducta basadas en lo que está de moda y en la idolatría a la imagen, vidas que se asemejan a una desteñida publicidad televisiva.

Estamos perdiendo de vista aquello que nos hace felices. Nos gustaría ser más altos, o más delgados, o más rubios; más algo respecto de los demás. Jamás estamos satisfechos con el dinero que ganamos, y raramente con el trabajo que hacemos. La disconformidad no es, en sí misma mala, ya que puede estimular la búsqueda. El problema es que la sociedad del consumo ha inoculado en nosotros un plus de insatisfacción para transformarnos en los ávidos consumidores que el mercado requiere para su funcionamiento. La devastadora espiral del consumo que desvela a la economía de mercado se basa en que nadie esté conforme con lo que tiene, y dicha insatisfacción, por sutiles mecanismos, va en dirección de su propio beneficio. Convertimos el consumo en nuestra droga, en nuestro calmante existencial.

Hemos asimilado ideas que, como los muebles de una vieja casa, permanecen en el mismo lugar durante décadas y dirigen cada movimiento en los hábitos de nuestro pensar y accionar. Las albergamos, pero sin saberlo, nos gobiernan. Somos una sociedad de *enajenados* que sólo cumplimos con el *ajeno* deseo social que nos pauta cómo trabajar, cómo amar, cómo distraernos, en definitiva, cómo ser no siendo. Incluso hemos degradado palabras imprescindibles para el desarrollo de una ética trascendente, palabras como virtud, amor, felicidad, compasión, plenitud y responsabilidad. Nos hemos convertido en ignorantes sin ninguna formación en un tema que, entre todos los concebibles, pareciera ser el más trascendente: el conocimiento de uno mismo, la fuente generadora de toda acción responsable emanada de la sabiduría esencial.

Vivimos en una sociedad hipermóvil. Nuestra organización ya no se basa en asociaciones prolongadas basadas en la lealtad, la responsabilidad y el compromiso. Estamos movidos por asociaciones pasajeras, que son a la vez competitivas, interesadas, parasitarias y depredadoras. Perdimos de vista el placer por compartir. El amor al prójimo ha sido reemplazado por el miedo al prójimo. El miedo a que nos quiten el trabajo que tenemos, miedo a que no nos den el trabajo que necesitamos, miedo a que nos roben lo que poseemos, miedo a que nos maten porque nos interponemos en la frenética tarea por juntar más y más cosas. Nos encerramos en nuestros hogares, instalamos alarmas, tendemos cercos, compramos armas de fuego, y en nuestra soledad nos dedicamos falazmente a acaparar y consumir. Estamos gobernados por el deseo y el miedo, el contrasentido de la responsabilidad consciente.

La corrupción y el "sálvese quien pueda" están presentes en cada momento. Corrupto es aquel que se apropia de lo que no le pertenece, aprovechando alguna situación de poder. El hedonismo social engendró políticos que buscan "acomodarse" sin considerar a sus representados. La búsqueda del poder, ese gran afrodisíaco egocéntrico, tiene por objeto acceder a la enorme maquinaria estatal para distribuir empleo entre los obsecuentes del ganador. La participación política ha sido reducida a un vacío en el que el *marketing* político reemplaza a las ideas y el dinero a los votos. Los medios masivos de comunicación son funcionales a este vaciamiento de contenido social, ya que intencionalmente fabrican y moldean la opinión pública al servicio de intereses espurios.

Tal vez, como nunca en la historia, estamos siendo testigos de una tremenda paradoja, la creciente inseguridad que

experimentamos frente al futuro es percibida como una consecuencia del desarrollo económico, o sea precisamente del
esfuerzo colectivo cuyo sentido no es otro que proporcionarnos dicha seguridad. Es pertinente preguntarnos si la moder-
nización de la vida, sin ningún tipo de consideración por los
valores humanísticos y espirituales, ha producido resultados positivos. Los problemas sociales y económicos que nos
aquejan no son producto de la escasez de recursos materiales
o de la perversidad que nos infiere la naturaleza y el contexto, sino de nuestra deficiente condición para darnos cuenta
de que cada uno de nosotros es parte del problema. No vemos
que no vemos. Las revoluciones no cambian una sociedad.
Los verdaderos cambios históricos y sociales ocurren cuando
un número suficientemente grande de individuos en una sociedad madura hacia un nuevo pensar.

Ningún sistema social o económico o teoría económica
alguna se sostiene por sus propias bases: están inevitablemente erigidas sobre una *plataforma metafísica*, es decir un
punto de vista básico que se tiene sobre la vida, su significado y su propósito. Los sistemas sociales no son sino las
encarnaciones de las más esenciales actitudes, cualidades y
aspiraciones del ser humano. Hasta hoy, nos hemos adoctri-
nado en el empleo ingenioso de la tendencia humana a la
codicia, el individualismo y el egoísmo como motivador de
nuestra acción. No hay razón para separar el desarrollo humano de la eficacia en el ámbito de los negocios y el trabajo. No hay necesidad de negar que el consumo, la riqueza, la
educación, la investigación y muchas otras cosas son necesarias en cualquier sociedad, pero lo que sí es necesario hoy es
una revisión de los fines a los que se supone sirven estos medios. Se trata de constituir las bases de una civilización sostenible que considere al sujeto como meta y punto de partida:
un "desarrollo responsable" asentado en la interiorización del

potencial humano y que se erija en una verdadera guía para la acción individual impecable.

Necesitamos consolidar un enfoque sistémico-holístico que reinterprete e interrelacione los conflictos de la actualidad en el ámbito de la política, la economía, la ética contemporánea, la ecología y la psicología, con vistas a un renacimiento personal, fuente de la transformación cultural que recree un nuevo modelo de ser humano que ilumine el camino de los tiempos venideros. Un nuevo viraje en donde lo humano represente "el" valor primordial del que pende lo económico, y no a la inversa. Resulta imprescindible promover una percepción integral en donde el hombre pueda vivir adaptando sus intereses al medio, y no adaptando el medio a sus intereses. Se trata de construir, no sólo un nuevo orden económico más justo, sino uno existencial. Sistemas económicos alternativos libran batallas en una guerra que no pueden ganar, a menos que encuentren algún fruto surgido de una visión más humana y espiritual. Es necesario promover una transformación cultural que fortalezca los valores humanísticos y espirituales con miras a convertirlos en la auténtica infraestructura de la sociedad.

Es necesario sintetizar una teoría del desarrollo integral responsable, que sea comprensible para todos y cuyo resultado promueva la realización del esfuerzo común de todos en beneficio de todos. Más allá de las superestructuras de los gobiernos y burocracias, hay vastos recursos en los pensamientos y la cultura de la gente que aún no son tenidos en cuenta. Es la diversidad la que posibilita a la sociedad expresar su propio potencial subyacente; por eso hoy adquiere particular relevancia la necesidad de descentralización. Las ideologías que buscan implacablemente el control y la dominación descartan toda posibilidad de trascendencia. Se hace necesario descentralizar el poder político y económico con miras a una mejor redistribución de la riqueza, entendida ésta en el sentido más amplio de la palabra; porque la riqueza espiritual, hoy más que nunca, también cuenta. Es allí donde se inicia el proceso de desarrollo, en el interior de cada uno. Se trata de retornar a una concepción comunitaria de la sociedad, en donde los individuos participan y re-significan valores e ideales, no basados únicamente en leyes y reglamentos, sino asentados en lazos afectivos, amorosos, solidarios y humanitarios.

La meta por lograr es un cambio de valores en el que se cambie la competencia por la cooperación, el crecimiento material por el desarrollo espiritual, el resentimiento mutuo por la cocreación participativa. Se necesita de una cultura política de profunda implicación ciudadana que dé lugar a compartir los beneficios del progreso material, cultural y espiritual de la humanidad y que se base en cuatro metas esenciales: generar ideales colectivos altruistas, educar al ser humano, instruir en las buenas prácticas de la virtud e incorporar a las personas en movimientos de participación social con sentido comunitario.

El mundo del mercado trata de vendernos algo que en realidad no tiene: acceso a una vida plena. La economía puede ofrecer muchas cosas para experimentar una vida plena: bienestar material, comodidades, confort, entretenimiento, diversión y ciertas formas de conocimiento. Sin embargo, no puede proporcionar empatía social, valores y sentimientos profundos de comunión con el prójimo. Están quienes necesitan y quienes pueden dar. Sin embargo, la clave está en darse cuenta de que todos somos "compartidores", ya que la satisfacción de una necesidad material de unos sería la satisfacción de una necesidad espiritual de otros. Trabajar juntos y responsablemente para reparar los daños de la escasez, tanto material como espiritual.

Imaginemos un mundo donde las personas aprendan por siempre, un mundo donde lo imaginado sea más interesante que lo conocido y donde tanto la curiosidad como la intuición cuenten más que el conocimiento instrumental. Imaginemos un mundo donde lo que regaláramos fuera más valioso que lo que retuviéramos, porque eso es lo que recibimos de otros; un mundo donde la alegría no fuera sólo una palabra, y no estuviera prohibido jugar después de alcanzar la adolescencia. Imaginemos un mundo donde el negocio de las empresas fuera imaginar los mundos donde todos los seres humanos quisieran vivir algún día. Imaginemos un mundo creado por la gente, con la gente y para la gente.

Es necesario superar la fragmentación social mediante la articulación, el aislamiento mediante la asociación y el encuentro, un encuentro en el que los valores de la convivencia humana gobiernen por sobre la codicia de la ganancia no compartida. Es necesario construir un sistema global de economía solidaria, una economía que no se asiente en la codicia del enriquecimiento a costa de los demás, sino que represente una nueva moral, que vincule nuestra búsqueda de auto-realización con el bienestar del prójimo. Es preciso mostrar con experiencias exitosas que la economía solidaria, base del "desarrollo responsable", es una mejor alternativa a la salvaje lucha darwinista por la supervivencia que propone el mercado deshumanizado. Es necesario confirmar que las pretensiones de legitimidad de los intereses particulares pueden dirimirse en un espacio democrático, compartido y participativo. Esta estrategia sólo puede consolidarse mediante una verdadera transformación cultural que comience en las personas.

Se trata de que cada uno de nosotros, los sujetos del "desarrollo responsable", reinvente una relación comprometida con la realidad en su propio ámbito. Cada uno de nosotros, cada idea, cada emprendimiento, cada acción e iniciativa, cada conversación, importa. El mundo nos necesita más que nunca, necesita que tratemos sus problemas desde la raíz, penetrando sus más profundas causas y no sólo atendiendo sus síntomas. Se requiere de nosotros que atendamos consciente y responsablemente las consecuencias de nuestras acciones, y así seamos capaces de imaginar y crear las condiciones para que el ser humano no viva en beneficio del desarrollo, sino el "desarrollo responsable" en beneficio del hombre.

19. ESO

FRANCISCO TRAVER

Francisco Traver, psiquiatra, músico y escritor, es director de salud mental del Consorcio Hospitalario de Castellón de la Plana (España) y co-director del «Máster sobre Nuevas Perspectivas en Psicología y Medicina. El papel de la conciencia en la curación. Nuevos paradigmas». Autor de los *blogs* «Neurociencia, neocultura» (pacotraver.wordpress.com) y «La nodriza de las hadas y el rey carmesí» (carmesi.wordpress.com), ha publicado numerosos artículos y cuatro libros de ensayo (el último *Mito, narrativa y trastornos alimentarios*), la novela *De lo oculto y lo sutil*, y diversos poemarios (*Las voces y los grillos, La huella en el agua, Lubricatum* y *El reino de la espiga*). Es autor, asimismo, de la ópera rock *L'home de cotó en pel*, así como de la *suite* sinfónica *Fadrell*.

> «En la mente sentí una hendidura
> —como si el cerebro se me hubiera partido—.
> Traté de unirlo —comisura a comisura—.
> pero no lo he conseguido.»
>
> EMILY DICKINSON

La primera vez que me pasó "eso" me asusté. La segunda vez casi me pasa desapercibido. En la tercera ocasión traté de encontrarle un significado y no lo encontré. La última vez me limité a disfrutar de "eso" y renuncié a comprenderlo; más aún: renuncié a describirlo.

Hoy, después de varios años, me decido a escribirlo por si a alguien le pudiera aprovechar y también –justo es decirlo– porque el hombre tiende a poner en palabras, a comprender racionalmente o a escribir para saber cómo piensa. No sé si lo conseguiré, pues cuando tratamos de poner palabras a aquello que no puede nombrarse (es por eso llamado lo inefable), corremos el riesgo de no ser tomados en serio, o peor: de que la descripción resulte banal y tan alejada de la experiencia real que acabe pareciendo una calcomanía intrascendente o algo exagerado, esperpéntico o atemorizador.

Pues ¿cómo traducir en palabras ese instante de júbilo, de felicidad inexplicable que no responde a ningún dato objetivo de la realidad, que no puede asociarse con nada concreto? No se trata de una comprensión súbita al estilo del *insight*; es más parecido al éxtasis. Pero tampoco es un éxtasis propiamente dicho, pues no va unido a imágenes, ni a recuerdos, no hay memoria ni existe aquella quietud que describen los místicos con el nombre de arrobamiento o "pajarismo" cuando no se sabe nombrar el paroxismo o rapto; es algo que invoca una contemplación preñada de quietud o de estrechamiento del campo visual. Es una experiencia sensible pura, sin cognición, ni memoria, y que no impele a conducta alguna. Ningún observador podría apercibirse de que "eso" está ahora en mí. Pues uno sólo puede saber algo de "eso" cuando eso está en él, y desafortunadamente la mayor parte de las personas reaccionan como yo al principio de todo: con miedo o con indiferencia, pues en estado de vigilia toda señal incomprensible es indistinguible del ruido.

Se trata, pues, de una experiencia que sólo puede vivirse en primera persona (como todas las experiencias), pero que, a diferencia de las experiencias comunes, no puede comunicarse, pues no existen consensos sobre ella. No es tener la mente en blanco, no es un bloqueo, ni un ataque epiléptico, no es una convulsión ni un *dejà vu* ni una de esas sincronicidades –coincidencias significativas– que a veces nos parecen bien siniestras o bien maravillosas. Quizá la palabra "rapto" o "paroxismo noético" pudiera describirla mejor que cualquier otra palabra; es una degustación de algo desconocido, una neotimia como un sabor, un olor o una textura exótica o inusual, a pesar de no ser algo perceptual, sino que es algo que en todo caso sigue el camino inverso a la percepción, como si ese algo hubiera penetrado en mí por unos instantes y se desvaneciese raudo, tan veloz que no hay tiempo suficiente para atraparlo.

Y lo peor que podemos hacer cuando "eso" nos penetra es pretender apresarlo, pues apenas lo intentamos se desvanece.

Todo lo sagrado se desvanece en cuanto tratamos de verle el rostro, tal y como nos contó Virgilio. Por alguna extraña razón, lo sagrado se nos muestra siempre de espaldas.

Nuestra primera intención es atraparlo para diseccionarlo, para volverlo a evocar a voluntad, para entender, para comprender cómo "eso" hace para –inesperadamente– tomarnos como rehenes, como fuente parásita de sus emisiones, como si el cerebro fuera una antena, un repetidor de una secuencia que procede de otro tiempo y lugar, tal y como Rupert Sheldrake nos contó.

Hay que estar advertido para que cuando "eso" vuelva no pretender enjaularlo cognitivamente en una interpretación. "Eso" no tiene sentido ni mucho menos significado, sino que es la fuente de todos los sentidos y de todos los significados. Por ello se resiste a cualquier interpretación; más aún: nosotros los humanos carecemos de un sistema de referencia para entenderlo, por ello es frecuente que muchas personas que han sido puestas en contacto con "eso" enloquezcan y comiencen a elaborar poderosos e irracionales sistemas de pensamiento que esclarezcan la sustancia de "eso". Ningún delirio lo logrará, y parece que la mejor estrategia cuando "eso" llega, si estamos despiertos, es que obturemos su presencia con el ruido del mundo; eso hacen las personas sagaces o cuerdas. Más difícil de dominar a través del ruido es cuando "eso" aparece en los sueños; ahí sólo tenemos dos opciones: despertar o contemplarlo. Si usted opta por esta última acción, hágalo –tal y como recomendaba Shakespeare– como desde la cabeza de un alfiler. Sólo es necesario una pequeña apertura, un hilo de luz que contiene *el aleph* entero.

Pero, hasta llegar a estas conclusiones, hube de buscar. Fue así como supe que "eso" había dado lugar a sublimes creaciones de la conciencia humana: pasajes poéticos, místicos, científicos, espirituales y artísticos de lo más variado. Supe así que "eso" no sólo me había sucedido a mí, sino que era una experiencia conocida por muchos que me precedieron –y también en algunos de mis coetáneos–, en la intuición de que "eso" era una manifestación de la Totalidad, algo que procede de otra dimensión donde nuestros conceptos espacio-temporales no sirven: la totalidad es una singularidad física. Por eso muchos no emplean el pronombre neutro que yo mismo inventé, sino que existen denominaciones diversas del mismo concepto: hasta los hindúes definen al *Brahman* como esa matriz, esa Unidad de donde procede nuestro universo sensible.

Lo cierto es que "eso" o bien no se presenta a todas las personas con la misma intensidad, o bien existe algo en las personas que tienden a escotomizarlo. Fue por ello que pregunté a Garnier-Malet acerca de la posibilidad de que "eso" fuera en realidad una apertura temporal. Garnier-Malet es de esa opinión, pues la idea procede de su propia experiencia y es además físico: que la singularidad tiene como túneles o aperturas por donde se cuela hacia nuestra experiencia sensible. Pero también pregunté a Julian Huxley, que mantiene una teoría más próxima a la de la creación del mundo a partir de esa singularidad que llamamos Big Bang. Para él lo que explotó es precisamente un orden completo, una simetría. El universo que percibimos sería entonces una sección tridimensional de aquella simetría perfecta que otros como Bohm han llamado "orden implicado".

Pero nuestra asimetría tiene rendijas y tiene orificios por donde se cuelan proyecciones –sombras– tetradimensionales de aquella simetría original, de aquel Todo que perdimos y que muchos de nosotros presentimos y añoramos como Real a través de esas experiencias periódicas de fusión que no necesariamente implican percepciones o agenticidad corporal, ni siquiera actitudes extáticas.

Lo conocido y sensible, lo desconocido o sagrado, lo numénico o lo inefable, el sentimiento oceánico, se comunica a través de ciertas experiencias como "eso" se me presentó a mí mismo.

Y no hay más remedio que hablar de "eso" aunque haya renunciado a comprender.

"Eso" y la inspiración

Ayer fue uno de esos días fríos, húmedos y amenazantes de lluvia que convocan en unos la introspección y a otros les lleva a la hiperactiva zozobra del que no sabe estarse quieto y contemplativo: me dediqué a husmear sobre antiguos artículos a fin de encontrar alguna clave para escribir éste.

Fue así, por casualidad, que me detuve con dos de ellos, no importa cuáles, pues no voy a hablarles de ellos, sino acerca de ellos:

En el primero hablo de la diferencia entre los conceptos débil y fuerte del placebo y me ocupo de desvelar las relaciones entre el placebo fuerte y el concepto de *cambio*, oponiéndolo al concepto de control u *homeostasis*. Elijo unos párrafos del citado artículo que me llamaron la atención ayer, cosa que resulta algo complicada de entender, dado que yo mismo fui (nótese el tiempo pasado) su autor. Los párrafos en cuestión son éstos:

> «La acepción fuerte del efecto-placebo es aquella versión que identifica placebo con cambio. Lo que es lo mismo que decir que la permanencia es lo que se opone al placebo o consigue resultados contrarios (efecto nocebo). Dicen los teóricos de la teoría de sistemas que sobre los sistemas vivos operan dos tipos de fuerzas: unas que tienden a la homeostasis o permanencia y otras que tienden al cambio; del equilibrio entre ambas se supone que depende la salud de una persona. Lo curioso de esta formulación es que se parece mucho a las leyes que gobiernan nuestro universo: efectivamente, nuestro universo se encuentra en expansión desde el momento del Big Bang original que inauguró el espacio-tiempo tal y como lo observamos, pero si el universo se encuentra en expansión es porque la velocidad de esta expansión es superior a la velocidad crítica necesaria para que no se colapse debido a la gravedad. Es decir, la velocidad de expansión del universo es algo mayor que la gravedad de toda la materia del universo; por eso aún sigue expandiéndose, y esperemos que por mucho tiempo.
>
> Pongo este ejemplo de la física para rotular que la vida se basa en una supremacía de los mecanismos expansivos sobre los constrictivos: una ganancia de desorden, del mismo modo que los mecanismos termodinámicos señalan hacia el futuro (ganando entropía) y también los psicológicos,

y por eso recordamos el pasado y no el futuro: la flecha del tiempo señala hacia el futuro en la dirección de la expansión y la pérdida de orden del universo. Lo que en física llamamos inercia de la explosión del Big Bang o constante cosmológica, en psicología recibe el nombre de cambio, mientras que lo que en física es gravedad de la materia, en psicología se llama homeostasis».

Al leerlo me quedé perplejo, ¿había sido yo quien había escrito tal cosa?, y si es así (y lo es), ¿en qué estado de conciencia lo hice?

Dado que no suelo utilizar drogas psicodélicas para escribir, decidí indagar un poco más sobre este asunto y preguntar a ciertos amigos que saben más que yo de esas cosas: todos apelaron a una palabreja a la que yo jamás presté demasiada atención; la palabra en cuestión es "inspiración", es decir, algo que procede del aliento de un poder sobrenatural.

Decidí buscar en el diccionario.

(Del lat. *inspiratĭo, -ōnis*).
1. f. Acción y efecto de inspirar o inspirarse.
2. f. Ilustración o movimiento sobrenatural que Dios comunica a la criatura.
3. f. Efecto de sentir el escritor, el orador o el artista el singular y eficaz estímulo que le hace producir espontáneamente y como sin esfuerzo.
4. f. Cosa inspirada.

Nótense dos de las cualidades importantes de la inspiración: la de movimiento sobrenatural y la de que sucede sin esfuerzo.

De la lectura del siguiente y antiguo artículo, y relativo al estado de conciencia que me embargó esa tarde, diré que

lo que más me sorprendió fue el no entender nada de lo que
allí decía. Ni siquiera recuerdo lo que quería decir, se trata
de una elucubración sobre la certeza, la duda, la ignorancia,
la creencia o el orgullo, y que al final estalla en una diserta-
ción sobre el delirio y la paranoia. Debo decir en un alarde
que quizá el lector anote como autocomplacencia que me pareció muy inspirado al menos literariamente, aunque la emoción que me invadió mientras lo leía era un profundo extrañamiento de haberlo escrito yo.

Pero, entonces, ¿por qué no lo recordaba? ¿Por qué tenía
la sensación de leerlo por primera vez?

Y es precisamente esta segunda pregunta la buena pregunta, puesto que la inspiración, que los latinos llamaban *Genius*
y los griegos *Daimon*, que atribuían a las musas o a ciertos
psicopompos, tiene también una conceptualización psiquiá-
trica: se le conoce con el nombre de "estados segundos" y se
le atribuye a Julio Cortázar el ser uno de los afortunados por
esos arrobamientos. Y otra literaria: el rapto o la escritura automática: escribir sin recordar.

Para mí y de forma provisional, el "estado segundo" es
una forma de contactar con la fuente original de un Absoluto,
sea la Belleza o la Verdad: ambos artículos me parecen estar penetrados de una profunda e indiscutible verdad. Pero
lo que me importa en este momento no es señalar hacia la
"verdad revelada" –la *aletheia* heideggeriana– que se esconde tras algunos de sus párrafos, sino señalar hacia la amnesia
que procuraron ambos escritos.

Los estados segundos se llaman así porque trajinan con
dos magnitudes y no sólo con una, como solemos hacer en
estado de vigilia; pero no se trata de dos magnitudes o pres-
taciones cualesquiera, sino de dos opuestos aparentemente
contradictorios entre sí. Escribir algo durante un estado segundo implica poner a trabajar la concentración y la abstrac-

ción simultáneamente. Cuando esto sucede, se aproximan los bordes del cable y salta una chispa: se trata en este caso de la inspiración, del contacto con esa Unidad primordial, en este caso a través del intelecto, del raciocinio, aunque este tipo de contactos admiten en cada individuo muchas variedades de experiencias según se pongan en marcha la cognición (como en este caso), las emociones o la percepción.

Y, más allá de ese olvido, otra cuestión: el hecho de que ayer precisamente se presentificaran a través de nuevos significados.

«Si buscas la eternidad, búscala en ese instante que llamamos presente.»

En esta frase se encuentra encerrada la clave para contestar a aquellas preguntas que me hacía más arriba: sólo podemos apresar algo en el presente, en forma de instante, pero en ese instante está inscrita la Eternidad entera, todo el misterio cabe ahí, en esa cabeza de alfiler que algunos han llamado *El Aleph* y otros el *Numen*. Yo prefiero hablar de *lo Sagrado,* aunque algunos psicólogos preferirían llamarlo metaedición.

La metaedición se distingue de la reedición –simple repetición– en que es una presentificación de algo ya vivido, pero que se encuentra en movimiento permanente: nada es como fue y, aunque los materiales de la conciencia se forman a partir de lo conocido (de la memoria), la metaedición sugiere que ciertos trazos de la misma (Hinzman, 1986) son discontinuos y están sometidos a sobreescritura. Más aún: que una vez sobreescritos se disipan, dejando lugar a nuevas reediciones sobrescritas y lo hacen dejando amnesia, pues no estuvieron en la memoria el suficiente tiempo para poderse consolidar, de forma que el significado de algo "metaeditado" aparece en el momento de la recuperación de la información.

Los límites de la comprensión humana se encuentran en esos pequeños momentos discontinuos que acaecen ahora y aquí. El pasado en el momento en que se metaeditó está destinado al olvido –como me pasó a mí con esos textos– y de alguna manera ya no pueden apresarse más que volviendo sobre ellos, en nuevos contextos donde la copia perfecta es imposible.

Lo interesante del pasado es que puede evocarse, pero los eventos pasados, al rememorarse, se modifican, cambian de lugar y adquieren una nueva reformulación en el contexto del presente. El *carpe diem* intelectual o la *mindfulness* psicoterapéutica remiten precisamente a este fenómeno: hay que atrapar el día, el momento, el instante. Es como advertir que cuando estamos en una experiencia creadora del tipo en que estoy ahora –un estado segundo–, esta experiencia está destinada a disiparse, se desvanecerá pronto, apenas me vaya a comer. No hay que fiarlo, pues, todo a lo que escribimos o creamos artísticamente: se impone un tiempo de reposo en el frigorífico. Para retomarlo más tarde y ver cómo resuena.

Como el presente es aquel que contiene toda la Eternidad, resonará más fácilmente con aquello pasado que entre en la misma frecuencia que nos encontremos, y por eso cualquier suceso pasado se reelabora sólo durante un instante: el presente, donde adquiere múltiples significaciones, algunas de ellas compatibles con el extrañamiento o la perplejidad.

Escribimos para saber cómo pensamos y sabemos cómo pensamos después de cierto tiempo de reposo de las ideas, esperando el momento cumbre en que aquello resuene con algo del aquí y ahora. Y entonces decimos que hemos contactado.

Es así como entendí por fin qué cosa era la inspiración y es así como lo cuento.

Eso y el ahora

Todos somos capaces de experimentar –aunque sea por un momento muy pequeño– lo que significa estar sin pensamiento y ser plenamente consciente. Significa que es posible estar consciente del todo (en el sentido más neurológico de la palabra) y, sin embargo, no tener la mente ocupada en ese constante trasiego de imágenes y pensamientos, ese murmullo casi omnipresente que llamamos "parloteo".

Esa experiencia es la que se conoce con el nombre de *mindfulness* o conciencia plena. Me gustaría en este epígrafe añadir algunas cuestiones más a este concepto, me refiero a ciertos atributos que vienen colgados de él. "Presencia" y "ahora".

La mayor parte de nuestros contenidos mentales en estado de vigilia son pensamientos, en cierto modo el hombre moderno es un hombre intoxicado con sus propios pensamientos que de forma constante e interminable aparecen en el horizonte de nuestra mente como si hubiera un motor que los pusiera ahí de forma imperceptible e involuntaria. Es muy difícil mantener la mente limpia de pensamientos, recuerdos, ideas, cancioncillas, creencias, fantasías, anticipaciones o diálogos interiores. Tenemos, pues, muy poco tiempo para mirar, para contemplar.

Pensamiento y presencia se oponen, no es posible adquirir presencia mientras la mente se halla ocupada por los pensamientos. Para que haya presencia, es necesario sólo "estar ahí". La condición para la presencia es la no-mente. Ni el pasado (recuerdo) ni el futuro (anticipación) ni el presente (pensamientos) toleran la presencia, que se desvanece apenas colisiona con cualquier elemento mental.

Presencia puede definirse como estar ahí "aquí y ahora", es decir, se trata de una forma de estar en plena conciencia en un intervalo temporal que no es pasado ni futuro, sino ahora y aquí. Lo curioso de este "ahora y aquí" es que, aun siendo muy intuitivo, es muy poco accesible a la experiencia mental directa. Si adquirir presencia es tan complicado, es por dos causas:

Una es que estamos condicionados a pensar incluso cuando estamos operando automáticamente, como ocurre cuando cosemos, andamos, conducimos, oímos música o contemplamos un cuadro. Todo pareciera indicar que tenemos horror al vacío de la mente y tendemos a llenarla de contenidos de forma compulsiva, como si nuestra identidad fuera a fragmentarse si dejamos de pensar, y es muy posible que este *horror vacui* se encuentre en la base de ciertas experiencias de fragmentación de tipo psicótico.

La segunda causa es que el tiempo transcurre –en nuestra percepción sensible– desde el pasado hacia el futuro, siendo el presente una traza intangible que apenas la percibimos ya ha desaparecido y siempre se nos muestra de espaldas. Sucede porque nuestra conciencia adquiere conciencia de sí misma precisamente a través de una discontinuidad que se transforma en una secuencia ilusoria.

Sin embargo, algunos escritores nos han legado su propia experiencia del fenómeno que se conoce con el nombre de "escritura automática". Es muy posible que "eso" sea un estado de conciencia con presencia y ahora y aquí, donde ciertos procesos inconscientes se dan cita produciendo el mismo efecto que relatan los meditadores.

Lo que explicaría la amnesia relatada más arriba, pues en ese estado es muy poco probable que la memoria a largo plazo realice su función. El estado segundo sería, pues, un estado no ordinario de conciencia donde la inspiración se abre paso precisamente porque hemos sido capaces de conectarnos con esa experiencia de discontinuidad fisiológica de nuestra conciencia, y que aprovecha esa fisura temporal para que el inconsciente se manifieste.

"Eso" es, pues, una lluvia de absolutos, abstracciones de abstracciones metaeditadas, en busca del pasto de nuevas o viejas ideas que sólo pueden vivir en un cerebro, en la cocina de la subjetividad.

20. MANIFIESTO
POR UN NUEVO NOSOTROS

TARIQ RAMADAN

Tariq Ramadan, de nacionalidad suiza y de familia egipcia, es profesor en la Universidad de Oxford y autor de varios libros, entre ellos, una excelente biografía del Profeta: *Muhammad: vida y enseñanzas del Profeta del Islam* (publicado por Kairós). Es, asimismo, el portavoz de los musulmanes en Europa, etiquetado por algunos occidentales de "demasiado musulmán" y definido por ciertas corrientes musulmanas como "demasiado occidental". (Más información en su web http://www.tariqramadan.com.)

MANIFIESTO POR UN NUEVO "NOSOTROS"

Hay razones para estar preocupados. Durante los últimos veinte años, la situación de los musulmanes en las sociedades occidentales no ha sido, hablando en términos generales, sencilla. Y, en los últimos cinco años, las cosas parecen haber empeorado bastante. La guerra contra el terrorismo emprendida a propósito de los acontecimientos del 11 de septiembre de 2001 y la reiteración, por todo el mundo, de los atentados terroristas, junto a las tensiones provocadas por la inmigración y las múltiples tensiones debidas a diversas cuestiones sociales, han convertido al Islam y a los musulmanes en la expresión de una amenaza. Y, como resultado de todo ello, el miedo y su habitual cohorte de reacciones emotivas e irracionales –en ocasiones legítimas y comprensibles y, en otras, manipuladas con fines electoralistas o estrictamente políticos– han acabado instalándose.

Desde Canadá hasta Australia, pasando por Estados Unidos y Europa, no existe una sola sociedad occidental libre de cuestionamientos identitarios, tensiones ligadas a la "integración" y debates sobre el papel que, en su seno, desempeñan los musulmanes. Éstos, por su parte, sienten que la atmósfera se enrarece y el clima de suspicacia se expande, y que acaban convirtiéndose, con mucha frecuencia, en el objetivo de un debate político que no siempre es transparente ni sano. Y esta situación aboca a los musulmanes a una disyuntiva que no puede ser más explícita: o bien someterse a los acontecimientos y asumir una actitud defensiva de "víctima", "minoritaria" y "discriminada", que se encoge farfullando justificaciones, o bien, enfrentándose directamente a las dificultades, convertirse en sujetos de su historia y hacer lo que esté en su mano para cambiar la situación. Ciertamente, tienen razones para quejarse del trato que reciben y pueden criticar el racismo y la discriminación de que cotidianamente son objeto. Pero la pelota está en su cancha y nada cambiará, en el fondo, si no deciden enfrentarse, de manera constructiva, a las críticas y autocríticas y empiezan a responder a la lenta evolución del miedo con una manifiesta revolución de la confianza.

ENFRENTARSE A LOS MIEDOS Y A LAS CUESTIONES LEGÍTIMAS

La población de Occidente se ha visto enfrentada, en los últimos años, a realidades profundas y difíciles. La presencia,

cada vez más patente, de millones de musulmanes entre ellos
les ha obligado a reconocer que sus sociedades han cambiado, que la homogeneidad cultural es un concepto obsoleto,
que su identidad es un asunto cada vez más complejo y que
la heterogeneidad social es un ideal difícil de alcanzar a for-
tiori cuando parecen multiplicarse los problemas sociales
(como el paro, el racismo, la marginación, etc.). Esta inestabilidad (sumada a la percepción de la presencia de religiones y culturas "foráneas") ha generado angustias y preguntas
que, como las siguientes, resultan muy legítimas, aunque, en
ocasiones, se expresen de manera bastante confusa: ¿pueden
los musulmanes vivir en sociedades secularizadas? ¿Sus valores son compatibles con los de la democracia? ¿Están dispuestos a vivir y relacionarse con sus vecinos no musulmanes? ¿Pueden luchar contra las escandalosas conductas que,
en ocasiones, se llevan a cabo en su nombre (como el terrorismo, la violencia doméstica, el matrimonio forzoso, etc.)?
¿Pueden salir de los guetos sociales en los que cada vez hay
más paro, inseguridad y marginación?

Ante todas estas cuestiones, los musulmanes deben asumir y expresar la confianza que tienen en sí mismos, en sus
valores y en su capacidad de vivir y comunicarse serenamen-
te en el seno de las sociedades occidentales. La revolución
de confianza por la que abogamos empieza por la confianza en uno mismo y en las propias convicciones; se trata de
asumir nuestra herencia y desarrollar, al respecto, una actitud intelectual positiva y crítica. Hay que decir, en voz bien
alta, que las enseñanzas islámicas apelan fundamentalmente
a la espiritualidad, la introspección y la reforma de uno mismo. Debemos poder afirmar con fuerza que los musulmanes son respetados por su fidelidad a las leyes de los países
en que habitan. Millones de musulmanes demuestran a diario
que "la integración religiosa" es posible y que se encuentran

en su casa en los países occidentales, cuyos gustos, cultura, psicología y expectativas comparten.

Frente al miedo legítimo, los musulmanes occidentales no pueden contentarse con minimizar o eludir simplemente los problemas. Es imperativo elaborar un discurso crítico que, negándose a asumir el papel de víctima, denuncie las lecturas radicales, literalistas y/o culturales de los textos religiosos. En nombre de los principios mismos del Islam, deben negarse a que su religión se vea instrumentalizada para justificar, por ejemplo, el terrorismo, la violencia doméstica o el matrimonio forzoso. El futuro de la comunidad espiritual musulmana pasa necesariamente, en Occidente, por la creación de instituciones de formación religiosa (como estudios islámicos, islamología, formación de imames, etc.) que satisfagan, asimismo, las expectativas de los ciudadanos occidentales. También es importante que, asumiendo la misma actitud crítica, no contribuyan a aumentar la confusión reinante en el debate social. Problemas sociales como el paro, la marginación y la inmigración no son, a fin de cuentas, "problemas religiosos" y nada tienen, en consecuencia, que ver con el islam. Es imprescindible que nos neguemos a la "islamización de cuestiones educativas y socioeconómicas", que no requieren de soluciones religiosas, sino políticas.

Una de las formas de responder al miedo legítimo consiste en deconstruir la problemática sin llegar a desconectar, por ello, los diferentes elementos que la componen. Y, con la expresión "deconstruir sin desconectar", nos referimos a la necesidad de diferenciar el hecho estrictamente religioso de los problemas escolares, sociales o ligados a la inmigración, y analizar a continuación el modo en que, en el terreno sociopolítico, se establecen las relaciones de causa y efecto. Los ciudadanos de confesión musulmana deben participar en una reformulación más adecuada de los problemas políticos cotidianos. Y es que, si bien, como hemos dicho, el desempleo, el fracaso escolar y la delincuencia no tienen nada que ver con el islam, es imprescindible entender cuáles son las causas que explican que los ciudadanos y residentes musulmanes sean los más afectados por todas estas realidades. ¿Qué nuevas políticas sociales y urbanas podrían contribuir a mejorar este estado de cosas, luchar contra la segregación y la autosegregación y aumentar la justicia y la heterogeneidad social?

La instrumentalización del miedo

El discurso que ayer era casi privativo de los partidos de extrema derecha ha tendido, lamentablemente, a normalizarse en el seno de los partidos tradicionales. Los líderes políticos apelan cada vez más a la carta del miedo para movilizar a su electorado y promueven políticas cada vez más duras en el ámbito de la gestión de los problemas sociales, la seguridad o la inmigración. Despojados de ideas políticas renovadoras y creativas que alienten el pluralismo cultural y sirvan para luchar contra el paro y la marginación social, se contentan con una retórica peligrosa centrada en la protección de la "identidad", la homogeneidad cultural, la defensa de los "valores occidentales", la imposición de un marco estricto "para los extranjeros" y la implantación de leyes para luchar contra el terrorismo. Pero este tipo de discurso político juega con el miedo y la confusión, al tiempo que alienta una visión marcadamente dualista de las cuestiones políticas. Y lo que ello significa, implícitamente, es que nos impone la necesidad de diferenciar entre dos entidades: "nosotros, los occidentales", y "ellos, los musulmanes", aun cuando se trate de ciudadanos que son simultáneamente musulmanes y occidentales.

Este eterno retorno, en el debate político nacional, a las mismas cuestiones (la violencia, la cuestión de la mujer, la integración, etc.) no es inocente y acaba convirtiendo, en muchas ocasiones, la cuestión del "islam" en una pelota de ping-pong que, tratando de socavar a sus adversarios políticos y de atraer a posibles votantes, se lanzan unos partidos contra otros. Así es como, en tiempos de miedo e inestabilidad como el actual, se generalizan de manera natural las afirmaciones racistas y xenófobas, se revisa el pasado negando al islam toda participación en la formación de la identidad occidental (que ahora se considera estrictamente "grecorromana" y "judeocristiana"), se somete a los emigrantes a exámenes destinados a verificar, de forma un tanto arbitraria, su "flexibilidad moral" y acaban imponiéndose leyes destinadas a aumentar la seguridad. Y todo ello por no hablar de los discursos y las políticas intransigentes que acaban criminalizando a los inmigrantes y los solicitantes de asilo.

Frente a todas estas instrumentalizaciones y, en ocasiones, a las manipulaciones derivadas de ellas, los ciudadanos de confesión musulmana deben hacer exactamente lo contrario de la que sería la reacción natural. En lugar de retirarse del debate público y aislarse, deben salir de su gueto religioso, social, cultural o político, ir al encuentro de sus conciudadanos y hacerse escuchar. El discurso de quienes instrumentalizan el miedo apunta precisamente a generar aquello mismo que afirman combatir. Al acusar continuamente a los musulmanes de no estar integrados, de aislarse, de establecer barreras entre "ellos" y "nosotros" y de encerrarse en una pertenencia religiosa considerada exclusiva, los intelectuales que denuncian la "ingenuidad" de los políticos, "el peligro del islam" o el "fracaso" de la sociedad plural o del multiculturalismo están sembrando sospechas, creando fracturas y tratando, en suma, de aislar a los musulmanes. Los ciudadanos deben efectuar una rigurosa crítica de estos discursos alarmistas que apenas si logran ocultar la ideología que alientan. Es, precisamente, en nombre de los valores de las mismas sociedades occidentales que hay que combatir la generalización de un discurso que normaliza el racismo ordinario, el trato discriminatorio y la estigmatización de una parte de la población. La verdadera lealtad ciudadana es una lealtad crítica. Se trata, por tanto, de negarse a tener que demostrar sistemáticamente la pertenencia a la sociedad y, conociendo nuestras responsabilidades, reivindicar nuestros derechos y llevar a cabo una crítica de fondo de la política del gobierno cuando ésta traiciona los ideales de la sociedad democrática.

Un nuevo "nosotros"

Si hay algo que los musulmanes occidentales pueden aportar a sus respectivas sociedades es la reconciliación. Confiados en sus convicciones, esgrimiendo un discurso crítico, sincero y riguroso y dotados de un adecuado conocimiento de las sociedades occidentales, de sus valores, de su historia y de sus aspiraciones, pueden emprender, junto a sus conciudadanos, la tarea de reconciliar a sus sociedades con los propios ideales que afirman. Hoy en día no importa tanto comparar las experiencias o los modelos de sociedad y sumirnos en un debate estéril sobre el mejor de los modelos occidentales (como hemos podido ver entre Estados Unidos, Canadá, Francia y Gran Bretaña), sino simplemente y, de manera más estricta y exigente, valorar cada sociedad comparando los ideales afirmados y reivindicados por sus intelectuales y políticos y el ejercicio concreto, en el terreno social, de los derechos humanos y de la igualdad de trato (entre mujeres y hombres, entre personas de origen o de color de piel diferente, etcétera).

Debemos someter a nuestras sociedades a la prueba de una crítica constructiva que compare discursos y actos. Y esta sana actitud autocrítica que los musulmanes deben mostrar con respecto a su comunidad, deben asumirla también todos los ciudadanos con respecto a su sociedad.

Nuestras sociedades tienen necesidad de un nuevo "nosotros". Un "nosotros" que reúna a hombres y mujeres, a ciudadanos de toda religión o sin ella que luchen unidos contra las contradicciones de su sociedad, por el derecho al trabajo, la vivienda y el respeto y contra el racismo, la discriminación y cualquier tipo de violación de la dignidad humana. Ese "nosotros" debe representar, a partir de ahora, una unión y una dinámica de ciudadanos que, confiando en sus valores, defienden el pluralismo de su sociedad común y, respetando las identidades plurales, deciden combatir juntos en aras de los ideales que comparten en el seno de su sociedad. Ciudadanos integrados, fieles y críticos que, para enfrentarse a la evolución del miedo, emprenden una revolución de la confianza. Es así como, frente a la emoción y las reacciones epidérmicas, es decir, histéricas, acaba imponiéndose la razón, el diálogo serio, la escucha y la visión razonable de cuestiones sociales complejas y difíciles.

LOCAL Y NACIONAL

Es a escala local donde se juega, en primer lugar, el futuro plural de las sociedades occidentales. Es urgente poner en marcha movimientos nacionales de iniciativas locales en las que mujeres y hombres de diferentes religiones, culturas y sensibilidades abran espacios de conocimiento mutuo y de compromiso recíproco, es decir, espacios de confianza. Son los proyectos comunes los que, hoy en día, deben unirnos y

contribuir *prácticamente* a la creación de este nuevo "nosotros". Es cierto que los diálogos "interculturales" o "interreli-
gioso" son importantes y necesarios, pero jamás lo serán tanto como el compromiso a enfrentarnos juntos a las cuestiones
prioritarias, es decir, a la educación, la fractura social, la inseguridad, el racismo, la discriminación, etc.

Juntos debemos cuestionar los programas de enseñanza y
esbozar visiones más inclusivas de la memoria que han constituido las sociedades occidentales contemporáneas. Estas últimas han cambiado y la enseñanza de la historia debe integrar una multiplicidad de memorias, incluyendo también,
evidentemente, sus momentos más oscuros (de los que los
nuevos ciudadanos de Occidente han sido, en ocasiones, las
primeras víctimas). Junto a la Ilustración, el progreso científico y los logros tecnológicos, hay que hablar también de la
esclavitud, la colonización, el racismo, el genocidio, etc. Y
todo ello hay que hacerlo de una manera objetiva, sin arrogancia ni culpabilización. Si no queremos sumirnos en una
competición para ver quién es más víctima, debemos oficia-
lizar una enseñanza objetiva de la historia que sea más objetiva en lo que respecta a la memoria de quienes participan en la
colectividad actual. Debemos dedicarnos, en el plano social,
a pensar en una mayor heterogeneidad en la escuela y en la
ciudad y también debemos poner en marcha políticas sociales y humanas más valientes y creativas. Pero los ciudadanos
pueden emprender ya iniciativas que, a través de proyectos
que movilicen la democracia participativa local, impongan el
encuentro. Y las autoridades nacionales deberían apoyar, facilitar y alentar estas dinámicas locales.

Las sociedades occidentales no ganarán la batalla contra
la inseguridad social, la violencia y la droga centrando exclusivamente todos sus esfuerzos en una política enfocada sólo
en la seguridad. Las instituciones sociales, la educación cívi-

ca, la creación de empleo local y la política que alienta la confianza resultan, a nivel urbano, imprescindibles. Son muchas las cosas que las autoridades políticas locales pueden hacer para transformar el clima de desconfianza reinante, y los ciudadanos, incluidos también los musulmanes, no deberían dudar en llamar a su puerta para recordarles que, en democracia, los representantes electos están al servicio de quienes los han elegido y no al revés. Es urgente comprometerse en cuestiones nacionales y no dejarse llevar por la pasión del escenario internacional. Es evidente que Occidente necesita un discurso crítico sobre la gestión de la inmigración: no se puede despojar al Tercer Mundo de sus riquezas y criminalizar luego a quienes huyen de la pobreza o de los regímenes dictatoriales. Eso no sólo es injusto, sino también inhumano…, es intolerable. Ser y seguir siendo la voz de los sin voz, la voz de Irak, de Palestina, de Chechenia, del Tíbet, la voz de las mujeres maltratadas, la voz de las víctimas, fundamentalmente africanas, del sida (cuando se cuenta con medicación para ello), es también una forma de ejercitar la "reconciliación" en nombre de los ideales occidentales de dignidad, derechos humanos y justicia que, a menudo, se ven sacrificados en aras del cálculo político y de los intereses geoestratégicos. Son la confianza mutua, a escala local, y el espíritu crítico, a nivel global, los pasos que, en tiempos de globalización, fomentan la reconciliación entre civilizaciones.

Los rasgos distintivos del compromiso responsable por parte de todos los ciudadanos de las sociedades occidentales son la revolución de la confianza, la lealtad critica y el nacimiento de un nuevo "nosotros" puesto en marcha por movimientos nacionales basados en iniciativas locales. No en vano se esfuerzan en reivindicar las bondades de una ética ciudadana responsable y en promover la riqueza cultural de Occidente, porque saben que su supervivencia requiere de una nueva política creativa. Los ciudadanos deben trabajar a largo plazo, más allá de los objetivos electorales que paralizan a los políticos e impiden la elaboración de proyectos valientes e innovadores. Cuando el elegido se encuentra en un callejón sin salida, cuando carece de los medios para llevar a cabo sus ideas, corresponde al elector, es decir, al ciudadano, reivindicar y apropiarse de los medios que le permitan alcanzar sus ideales.

BIBLIOGRAFÍA

ALDAI, KOLDO. *El corazón de las palabras (En colaboración con Lola Bastos)*. Barcelona: Editorial Plataforma, 2010.

—. *La gran Comunión. Naturaleza de las Redes Espirituales*. Editorial Nous, 2008.

—. *Testigos de un nuevo tiempo*. Librería Argentina, 2005.

BOFF, LEONARDO. *Ecología: grito de la Tierra, grito de los pobres*. Editorial Trotta, 2006.

—. *La opción-Tierra: la solución para la tierra no cae del cielo*. Editorial Sal Terrae, 2008.

—. *Evangelio del Cristo cósmico*. Editorial Trotta, 2009.

CAPRA, FRITJOF. *El punto crucial*. Ed. Integral, 1985.

CORBÍ, MARIÀ. *Hacia una espiritualidad laica*. Ed. Herder, 2007.

—. *Meditaciones sobre la unidad: más allá de los límites*. Barcelona: Verloc, 2010.

—. *Por los caminos del silencio*. Madrid: Bubok, 2010.

FERGUSON, MARILYN. *La conspiración de acuario*. Ed. Kairós, 1985.

FROM, ERICH. *La revolución de la esperanza*. Ed. Fondo de Cultura Económica, 1970.

GUTIÉRREZ-RUBÍ. ANTONI. *Filopolítica: filosofía para la política*.

—. *32 Tendencias de cambio (2010-2020), junto a Juan Freire*.

—. *Micropolítica. Ideas para cambiar la comunicación política*.

HARGUINDEY, SALVADOR. *Una sabiduría de todos los tiempos*. Ed. La Llave, 2007.

—. *Una nueva visión de la vida y de la política*. Ed., Luz Pradera, 1998.

LASZLO, ERVIN. *La ciencia y el campa akásico*. Ed. Nowtilus, 2004.

—. *El cambio cuántico*. Ed. Kairós, 2009.

—. *El cosmos creativo*. Ed. Kairós, 1997.

LOY, DAVID. *El gran despertar*. Ed. Kairós, 2004.

MAYOR ZARAGOZA, FEDERICO. *Tiempo de acción*. Ed. Universidad de Granada, 2008.

—. *Delito de silencio. Ha llegado el momento. Es tiempo de acción*. Ed. Comanegra, 2011.

—. *La fuerza de la palabra: alcemos la voz a favor de los que no la tienen*. Ed. Adhara Publicaciones, 2011.

McLEOD, MELVIN. *Política con conciencia (editor)*. Ed. Kairós, 2010.

MELÉ, JOAN. *Dinero y conciencia. A quién sirve mi dinero ed. Plataforma Editorial 2009*

MERLO, VICENTE. *La fascinación de Oriente*. Ed. Kairós, 2002.

—. *Las enseñanzas de Sri Aurobindo*. Ed. Kairós, 1997.

—. *La llamada (de la) nueva era*. Ed. Kairós, 2007.

PANIKKAR, RAIMON. *El espíritu de la política*. Ed. Península, 1999.

PIGEM, JORDI. *GPS (global personal social). Valores para un mundo en cambio*. Ed. Kairós, 2011.

—. *Buena crisis*. Ed. Kairós, 2009.

—. *La odisea de Occidente*. Ed. Kairós, 1993.

RAMADAN, TARIQ. *Mi visión del Islam*. Ed. Kairós, 2011.

ROSZAK, THEODORE. *Persona/planeta*. Ed. Kairós, 1985.

SCHUSCHNY, ANDRÉS. *La Red y el futuro de las organizaciones. Más conectados... ¿Más integrados?* Editorial Kier, 2008.

TOLLE, ECKHART. *Un nuevo mundo, ahora*. Ed. Grijalbo, 2006.

—. *El poder de ahora*. E. Gaia, 2001.

TORRENT, RAQUEL. *Evolución integral (Editora)*. Ed. Kairós ,2009.

VILLALBA, DOKUSHÔ. *Zen en la plaza del mercado*. Ed. Aguilar, 2008.

WILBER, KEN. *La conciencia sin fronteras*. Ed. Kairós, 1984.

—. *Una teoría de todo*. Ed. Kairós, 2007.

—. *La visión integral*. Ed. Kairós, 2008.

editorial **K**airós

Puede recibir información sobre nuestros
libros y colecciones o hacer comentarios
acerca de nuestras temáticas en

www.editorialkairos.com

Numancia, 117-121 • 08029 Barcelona • España
tel +34 934 949 490 • info@editorialkairos.com